The Difficulty of Teaching Materials
for Interpreter Trainees—A Text
Structure-Based Approach

基于语篇结构的
口译教学材料难度研究

原蓉洁　著

上海交通大学出版社
SHANGHAI JIAO TONG UNIVERSITY PRESS

内容提要

本书将语篇结构作为研究对象,考察其在交替传译技能习得阶段和夯实阶段对于教学材料难度的影响。全书共分为六章。第1章是对本书研究的整体介绍,包括研究起源、研究问题、研究目的、研究方法和研究意义。第2章回顾前人文献,阐明本书的研究问题是如何在"口译难度影响因素研究""交替传译教学和口译能力发展""交替传译过程和评估研究""语篇结构研究"四大领域文献基础之上逐步形成的。第3章是本书研究的理论基础,将"认知视角下的口译过程"和"修辞结构"理论相结合,搭建理论框架,同时对本书研究涉及的核心概念进行界定。第4章对本书研究所采用的两大研究方法"实验法"和"调查问卷法"进行了详细描述,包括实验材料的选择及变量控制、实验过程和实验对象、问卷内容等。第5章是数据分析和讨论。首先通过统计学检验方法验证语篇结构的两大核心要素"信息层级"和"逻辑关系"在交替传译教学的不同阶段是否会对教材难度造成影响,然后运用文本分析法探讨了存在影响背后的原因。第6章是对研究结论的概括和评价,既讨论了本书研究对于口译教学实践与理论的贡献,也分析了其在研究方法上的局限性。本书对口译教学中科学合理选择口译材料具有较高的参考价值。本书适合高等院校英语专业、翻译专业师生以及从事翻译研究与实践的社会人士阅读使用。

图书在版编目(CIP)数据

基于语篇结构的口译教学材料难度研究/原蓉洁著
. —上海:上海交通大学出版社,2022.8
ISBN 978-7-313-27049-8

Ⅰ.①基… Ⅱ.①原… Ⅲ.①英语—口译—教学研究
Ⅳ.①H315.9

中国版本图书馆 CIP 数据核字(2022)第 117155 号

基于语篇结构的口译教学材料难度研究
JIYU YUPIAN JIEGOU DE KOUYI JIAOXUE CAILIAO NANDU YANJIU

著　者:	原蓉洁		
出版发行:	上海交通大学出版社	地　址:	上海市番禺路 951 号
邮政编码:	200030	电　话:	021-64071208
印　制:	苏州市古得堡数码印刷有限公司	经　销:	全国新华书店
开　本:	710mm×1000mm　1/16	印　张:	16
字　数:	266 千字		
版　次:	2022 年 8 月第 1 版	印　次:	2022 年 8 月第 1 次印刷
书　号:	ISBN 978-7-313-27049-8		
定　价:	79.00 元		

前　言

　　教材开发是口译教学实践与研究领域的重要内容。由于口译教学属于技能型教学，教学材料的难度应该遵循循序渐进的原则，与阶段性教学目标以及口译能力的发展规律相匹配。随着口译教学日渐走向科学性，教学材料的选择也从经验式向客观标准过渡。但是，正如诸多学者所言，口译作为一项复杂的认知活动，其任务难度受到多个因素的共同作用。从微观层面来说，不仅包括词汇多样性、句法结构、语篇结构、讲话主题等文本相关因素，还包括语音语调、语速、肢体语言等讲话人相关因素；从宏观层面来说，口译任务难度还受到工作场合、工作模式、译员能力等因素影响。因此，确认各因素如何单独作用于口译任务难度，多因素如何共同影响口译难度，以及在此基础上开发出口译教学材料难度的分级指标是口译研究者一直以来不断探索的问题。

　　口译教学材料属于教学情境下的口译任务，其难度的设定与甄别应该符合口译教学的特点。本书将研究范围设定为交替传译教学。面对多且复杂的难度影响因素，教师应该根据交替传译的性质和教学目标，首先考察主要因素的影响，这也符合教材开发过程中将因素逐步纳入以增加难度的原则。交替传译的信息处理对象是语篇。交替传译中，译员对信息的处理并不是线性加工，而是根据语篇结构对信息由主及次的提取与整合。因此，语篇结构是交替传译信息处理的关键。在交替传译技能习得阶段，听辨理解、短期记忆、笔记等分项基础技能都要求学生首先识别源语的语篇结构，以获取讲话人的交际意图并存储信息；在交替传译技能夯实阶段，不同语篇结构类型的源语是检验学生技能综合运用的重要指标。因此，本书将语篇结构作为研究对象，考察其在交替传译技能习得阶段和夯实阶段对于教学材料难度的影响。

　　全书共分为六章。第 1 章是对本书研究的整体介绍，包括研究起源、研究问题、研究目的、研究方法和研究意义。第2章回顾前人文献,阐明本文的研究问题是如何在"口译难度影响因素研究""交替传译教学和口译能力发展""交替传译过程和评估研究""语篇结构研究"四大领域文献基础之上逐步形成的。第3章是本书研究的理论基础,本章将"认知视角下的口译过程"和"修辞结构"理论相结合,搭建理论框架,同时对本书研究涉及的核心概念进行界定。第4章对本书研究所采用的两大研究方法"实验法"和"调查问卷法"进行详细描述,包括实验材料的选择及变量控制、实验过程和实验对象、问卷内容等。第5章是数据分析和讨论。本章首先通过统计学检验方法验证语篇结构的两大核心要素"信息层级"和"逻辑关系"在交替传译教学的不同阶段是否会对教材难度造成影响,然后运用文本分析法探讨了存在影响背后的原因。第6章是对本书研究结论的概括和评价,既讨论了本书研究对于口译教学实践与理论的贡献,也分析了其在研究方法上的局限性。由于样本量较小,而且为保证实验的生态效度,实验材料无法完全受人为控制。因此,本书研究只是口译教学材料难度领域的一项探索性研究,其结论还需要更多实证数据进行验证。口译技能的习得需要大量练习,而口译教学材料无疑是学生练习的指向标,教学材料过难或过易都会使口译训练事倍功半。与此同时,忽略口译本质或教学阶段探讨口译教材难度无异于隔靴搔痒。诚然,口译难度研究涉及诸多复杂问题,本书研究也只是盲人摸象,但是我希望本书能够为口译教学中科学合理选择口译材料提供些许参考。

　　书稿付梓之际,我要感谢我的博士导师、上海外国语大学高级翻译学院柴明颎教授。本书是在我的博士论文基础上完善而成,论文从选题到研究问题的提出,从谋篇布局到实验设计,每一步都离不开柴老师的悉心指导。感谢我的硕士导师穆雷教授,穆老师在学术上对我的引导和训练让我受用不尽。在本书的写作过程中,穆老师给了我很多鼓励和启发。此外,我还要感谢英国利兹大学语言、文化和社会学院口译及翻译研究中心讲席教授王斌华老师。每次向王老师请教问题,他总是倾囊相授。和王老师的交流使我从信息处理的视角解读口译过程,更清楚地认识到了语篇结构在其中的作用。感谢华东师范大学外语学院的领导和同事在本课题研究过程中给与我方方面面的关心和帮助。感谢我的家人一路对我的理解和支持。最后,我要特别感谢上海交通大学出版社的编辑老师们,是他们的专业水平和敬业精神才得以让本书顺利出版。由于个人水平所限，书中还存在诸多不足。恳请各位同行专家批评指正，提出宝贵意见。

原蓉洁

华东师范大学外语学院翻译系

2021 年 11 月

目　录

第 1 章 引 言

　　教材开发是口译教学的重要环节。口译教材以技能实操为主,因此材料难度是口译教材开发的核心。本章作为全书的脉络引导,将从本书的研究起源、研究目的和研究问题、研究意义、研究方法、数据分析等方面对研究课题进行概述。

1.1　研究起源

　　在口译教学中,教学材料难度的甄别至关重要。选择合适难度的材料进行课堂教学和训练不仅有利于教学目标的实现,同时还有助于保护和激发学生的自信心和积极性。但相关研究表明,平均 75% 的教材在材料安排方面没有采用难度渐进的方式,教师难以按照学生层次和教学进度选择合适的材料(高彬、徐珺,2012:44)。这背后的原因在于教师对难度的评估还处在直觉式判断阶段,缺乏量化分析。因此,如何科学合理地设定材料难度是一个值得探讨的话题。

　　口译教学材料由真实或模拟口译任务组成。因此,口译教学材料难度的实质是口译任务难度。口译任务难度属于翻译任务难度。坎贝尔(Campbell,1999)首次对翻译任务难度进行了系统描述。他认为翻译任务难度应从三个维度进行考察,即源语语篇、译者能力和翻译任务特点。孙三军、文军(2015:71)提出了翻译任务难度的测量框架,其中包含翻译因素和译者因素。由此可看出,翻译任务难度是一个复杂概念,受到多因素的共同作用。其中,研究者通过实证数据证明,源语语篇难度独立于其他因素,在不同语言对之间、对于不同能力的译员都会造成翻译困难(Campbell,1999:52),因此是翻译任务难度的决定性要素。刘敏华、丘羽先(Liu & Chiu,2009:245)在以上论述基础上提出,口译任务难度受到源语语篇难度、工作模式和条件、译员能力三方面因素的共同影响。其中,源语语篇与口译教材直接相关,同时也是研究者考察口译任务难度的首要着手点(Alexieva，1999；Dam，2001；许明武、邓军涛，2013)。因此，本书研究将从源语语篇层面寻找口译教学材料难度的影响因素。

交替传译是口译任务的重要形式之一，其诸多技能也构成了同声传译的基础，本书研究聚焦英汉交替传译教学材料难度。与真实的口译任务相比，口译教学材料的特殊性在于其难度受到教师的主观选择和控制。教师根据不同教学阶段的特点，在教学材料中纳入某个或某几个难度影响因素，以实现特定教学目标。基于多位学者的观点，交替传译教学阶段可以分为技能习得阶段、技能夯实阶段和技能职业化阶段。在技能习得阶段，教学目标是训练学生掌握交替传译各分项基础技能。而基础技能的核心在于对源语语篇结构的识别。具体来讲，听辨理解技能要求学生通过快速构建语篇结构，获取讲话人的交际意图；短期记忆技能要求学生根据语篇结构存储和提取信息；笔记技能要求学生记录语篇结构关系，提示和补充短期记忆。因此，包含不同类型的语篇结构应该成为交替传译技能习得阶段教学材料的重要指标之一。在技能夯实阶段，教学目标是训练学生将各项基础技能自动化。有研究者提出，这一阶段教学材料应该根据不同体裁进行难度切换(塞莱斯科维奇、勒代雷，2001；Gillies，2013)。根据哈蒂姆、梅森(Hatim & Mason，2001)的观点，区分不同体裁的核心要素是语篇结构。教师有必要检测交替传译中学生对哪类源语语篇结构的处理较为轻松，而对于哪类源语语篇结构的处理存在困难，从而将含有此类结构的体裁作为技能夯实阶段的训练重心。综上所述，从教学目标可以看出，语篇结构应该成为教师在技能习得阶段和技能夯实阶段设计或选择交替传译教学材料的主要指标。那么，源语语篇结构对交替传译任务难度是否存在影响？学界目前的探索已经走到了哪一步？

纵观口译难度影响因素的有关研究，笔者发现目前研究者考察的因素主要集中在词汇、句法和信息密度层面。而在语篇层面，前人对于语篇结构的探讨则相对较少，而且停留在主观描述阶段。通过自身口译教学和口译实践，笔者观察到语篇结构会影响交替传译任务难度。口译教学中，教学材料之所以从记叙文过渡到议论文和说明文，原因在于记叙文的结构更容易理解和记忆；口译实践中，核心专业术语通常是理解的难点。如果专业术语后所跟的信息与其形成阐释关系，而非转折或并列关系，那么在信息密度相同的条件下，则更容易理解；有些句子虽然短但难以理解，因为含有多个信息层次和多重逻辑关系；而有些句子虽然长反而容易理解，因为只含有一种逻辑关系。上述现象所涉及的体裁结构、逻辑关系类型、信息层次等都属于语篇结构的讨论范围。在现象观察基础上,笔者进一步查阅了相关文献。根据篇章语言学的观点,语篇结构是实现语篇连贯的条件,决定了语篇的信息功能和交际意图。口译的目的在于交际,因此语篇结构对于口译至关重要。哈蒂姆、梅森(Hatim & Mason,1997)在比较联络口译、交替传译和同声传译的过程后认为,语篇结构在交替传译中发挥着更大的作用。由于译员一般是在听完一段完整的语段后才进行翻译,所以一方面,译员更多是依靠宏观结构而不仅是主位述位推进来理解原文,因此有机会产出更加连贯的译文;另一方面,为记住更多源语信息,译员需要以源语内意群间的逻辑关系作为框架来储存信息,而不是某个词语或句子,所以语篇结构对交替传译中的语篇加工有特殊影响。综合自身观察和相关理论阐述,笔者有理由推测语篇结构会影响交替传译任务难度。

再从口译能力发展看。根据《中国英语等级能力量表》(2018),在口译策略能力的执行维度中,"能根据上下文,整合源语中零散信息"属于第五级,"能整理源语信息的逻辑层次"属于第六级;"能利用上下文整理源语中的逻辑"属于第七级。不难看出,学生口译能力发展的特征之一,是对语篇结构分析能力的提高。因此,有理由推测源语语篇结构会影响学生对交替传译任务难度的感知。

综上所述,鉴于任务难度循序渐进是口译研究者和口译教学实践者共同认可的交替传译教学原则(Seleskovitch,1989;Andres,2015;Setton & Dawrant,2016),源语语篇结构处理是学生口译能力发展的主要影响因素,因此本书研究将聚焦探讨源语语篇结构对交替传译教学材料难度产生的影响。由于语篇结构属于篇章语言学的概念范畴,不同学者从不同角度对其有不同的定义,如体裁结构、关系结构、交换结构等。因此在本书研究中,笔者首先从交替传译的实质、过程和评估标准出发,结合篇章语言学理论,定义交替传译中语篇结构的内涵;其次,笔者通过实证研究方法探索针对不同教学阶段的学生、不同的语篇结构类型对交替传译教学材料难度的影响。针对这些影响,笔者进一步分析其背后的原因。最后,结合研究数据,笔者提出对交替传译教学中依据任务难度选择教学材料的建议。

1.2　研究目的和研究问题

交替传译是在语篇层面进行的(蔡小红,2003:80),其核心在于获取原文的

"意义"(sense)。根据释意理论,意义存在于话语篇章层次,并非与固定词语或句子的字面意思——对应(勒代雷,2001:16)。意义的产生依赖于上下文,它不仅包括事件、状态和动作,还包括各种各样的关系。它是在与前后文不断产生联系的基础上逐步明朗的,这种联系正是通过语篇结构实现的。因此,在教学中,应该让学生从技能习得阶段就树立起语篇意识,并在技能夯实阶段不断巩固与加强基于语篇结构的信息加工模式。为实现这一目标,笔者认为有必要将"语篇结构"作为区分交替传译教学语料难度的重要指标。

通过梳理前人文献,笔者发现一直以来都有研究表明交替传译中不同的语篇结构会对交替传译任务难度产生影响(Dillinger,1994;吴磊,2008;刘先飞,2015;黄晓佳、鲍川运,2016;Li,2019),但是这些结论多是研究者的主观判断。而且,研究者并没有进一步解释产生影响的原因。基于此,本书研究有两个研究目的:第一,通过实证方法描述在不同教学阶段下,源语语篇结构对交替传译教学材料难度产生的影响;第二,解释语篇结构对交替传译教学材料难度产生影响的原因。

本着上述研究目的,笔者首先确定交替传译中语篇结构的内涵。通过分析交替传译的过程和评估标准(详见第2章),同时结合篇章语言学中有关语篇结构的理论,笔者发现交替传译中语篇结构主要体现为语篇的信息层级和逻辑关系。译员在交替传译时,一方面要抓住原文的逻辑结构,梳理讲话人的思路;另一方面要分清原文的信息层级,厘清同一层次内和不同层次间的信息关系。只有把握原文的宏观框架和各层次的信息,译员在交替传译中才能保证译文的准确性。因此,"信息层级"和"逻辑关系"是本书研究中语篇结构的核心要素。

鉴于修辞结构理论着眼于探讨语篇的逻辑关系,因此该理论作为本书研究的理论基础之一(其适用性详见第3章)。在修辞结构理论中,逻辑关系又被称作"修辞关系"。所以,本书将分别阐述信息层级和修辞关系对交替传译教学材料难度的影响。具体来讲,本书研究试图回答四个问题:

第一,不同教学阶段中,源语信息层级对交替传译教学材料难度的影响是什么?

第二,源语信息层级对交替传译教学材料难度产生影响的原因是什么?

第三,不同教学阶段中,源语修辞关系对交替传译教学材料难度的影响是什么?

第四,源语修辞关系对交替传译教学材料难度产生影响的原因是什么?

修辞关系的作用在于通过搭建语篇结构实现语篇连贯。其中,修辞关系搭建的微观结构实现的是语篇局部连贯;修辞关系在多层级基础上搭建的宏观结构实现的是语篇整体连贯。其中,语篇的宏观结构对于交替传译尤为重要,因为它决定了语篇的交际意图。因此本书研究在考察修辞关系对交替传译教学材料难度产生的影响时,将分别从微观结构和宏观结构两个层面考察。同时,根据所含认知要素的差异,修辞关系分为"添补类"关系和"推演类"关系。因此,第三个问题被细化为两个子问题:当"推演类"关系和"添补类"关系在语篇中构建的是微观结构时,它们对交替传译教学材料难度的影响是否存在显著差异? 当"推演类"关系和"添补类"关系在语篇中构建的是宏观结构时,它们对交替传译教学材料难度的影响是否存在显著差异?

1.3　研究方法和数据分析

本书研究属于一项历时研究,主要采用三种研究方法:实验法、调查问卷法和文本分析法。实验法用于验证语篇结构的两大要素"信息层级"和"修辞关系"对交替传译教学语料难度的影响。调查问卷法用于获取实验对象对交替传译教学材料难度的主观感知。由于基于源语语篇结构的信息加工能力应该是交替传译技能习得阶段的训练重点,也是技能夯实阶段的能力检验指标,所以本书研究将研究对象定位为"技能习得阶段"和"技能夯实阶段"的学生译员。

本书研究包含两组实验。第一组实验对象共 32 名,第二组实验对象共 16 名,均为某高校口译硕士一年级学生。第一次实验时间是在实验对象完成三个月的交替传译训练之后。他们已完成交替传译基础技能的训练,并通过了笔者的口译能力测试筛选,有能力完成基本的交替传译任务;第二次实验的时间是在实验对象完成十个月的交替传译训练之后,他们已经处于技能夯实阶段的后期。第一组实验将采用 4 篇材料,第二组实验将采用 3 篇材料。每组材料在语速、信息密度、词频、句长、话题等方面被控制在同一水平。实验一到实验三构成第一组实验,实验对象为技能习得阶段的学生:在实验一中,语篇 B 和语篇 D 用于对比不同信息层级对交替传译教学材料难度的影响。在实验二中,语篇 A 和语篇 B 用于对比"推演类"关系和"添补类"关系所构建的微观语篇结构对交替传译教学材料难度的影响。在实验三中,语篇 B 和语篇 C 用于对比"推演类"关系和"添补类"关系所构建的宏观语篇结构对交替传译教学材料难度产生的影响。

实验四和实验五构成第二组实验,实验对象为技能夯实阶段的学生:在实验四中,语篇 A1 和语篇 B1 用于对比"推演类"关系和"添补类"关系所构建的微观语篇结构对交替传译教学材料难度的影响。在实验五中,语篇 B1 和语篇 C1 用于对比"推演类"关系和"添补类"关系所构建的宏观语篇结构对交替传译教学材料难度产生的影响。实验开始前,笔者向受试对象简要介绍实验内容和实验步骤。实验过程分为两步:热身练习和正式实验。受试对象在全程录音的情境下完成所有交替传译任务;实验结束后,笔者邀请口译专家对受试对象的口译产出进行质量评估,包括对口译表现的整体评估和从微观层面运用命题分析法对其内容忠实度进行评估,以此作为口译过程分析的依据。

在每项实验结束后,受试对象需要完成一份对应的交替传译难度调查问卷。调查问卷包含两部分内容:第一部分是 NASA-TLX 量表,用于测量受试对象完成交替传译任务时的心理负荷。该量表共有 4 项测量维度,即心智需求、努力程度、绩效、挫败感。调查问卷的第二部分是两道选择题。第一道题目是要求受试对象从词汇难度、信息密度、逻辑结构、句子结构和语速这五项中选出对该次交替传译任务造成困难的原因,如果选择多项,则需对其进行排序;第二道题目是询问源语逻辑结构对受试对象的影响。本书研究对交替传译难度的量化是将主客观方法相结合。首先,笔者对反映难度的主观依据 NASA-TLX 量表进行内部一致性信度检验。然后笔者再对量表平均得分与口译质量评分之间做相关性分析,如果量表内部一致性信度在 0.7 以上,且量表得分与口译质量评分之间呈负相关,则量表得分便可作为交替传译教学材料的难度值,得分越高,则所选的交替传译教学材料就越难。

针对实验数据,笔者主要采用文本分析法和统计学方法对其进行分析。其中,文本分析法用于对比原文和译文的命题,目的在于发现受试对象在口译中加工不同修辞关系类型时的表现。在统计学方法中,笔者采用统计工具 SPSS 21.0 根据不同目的计算不同的统计量。科恩的 Kappa 系数(Cohen's Kappa)用于检验评分员信度;克隆巴赫系数(Cronbach's α)用于检验 NASA-TLX 量表的内部一致性信度;皮尔森相关系数(Pearson's correlation coefficient)用于计算难度的主观感知和外在表现之间的相关性;独立样本 t 检验用于验证两组水平相近的受试对象对不同语篇的难度评估是否存在显著差异;配对样本 t 检验用于验证同一组受试对象对不同语篇的难度评估是否存在显著差异。

1.4　研究意义

本书研究的意义主要体现在以下四方面：

第一，本书研究从信息质量的角度丰富了交替传译任务难度的衡量指标研究。交替传译的实质在于信息传播。前人在确定交替传译任务难度时，采用词长、句长、语速、信息密度等作为主要衡量指标，而这些指标都是直接或间接与信息数量相关。但译员在交替传译过程中，不仅要注重信息数量，还要注重信息质量（蔡小红，2003）。信息质量是通过语篇结构实现的，其特征之一是信息层级。根据篇章语言学对语篇结构的描述，语篇中信息以层级形式展开。在交替传译过程中，对原文信息层级的梳理有利于抓住原文的信息结构，分清主次信息。信息质量的另一核心特征是逻辑关系（即修辞关系），它是推动语篇信息流的关键。语篇所表达的信息，是由不同关系连接而成的概念网络（程琪龙，1998）。根据博格兰德、德雷斯勒（Beaugrande & Dressler，1981：88 - 110）的观点，概念间的相互关联和相互贯通对于保证语篇连贯性至关重要，而交替传译的理解过程就是重新构建意义连贯的过程。因此，本书研究将不仅考察不同类型的逻辑关系（修辞关系）所构建的微观结构对交替传译译员认知负荷的影响，而且还将考察不同类型的逻辑关系（修辞关系）所构建的宏观结构对交替传译译员认知负荷的影响。其中，宏观结构对于交替传译尤其重要。宏观结构决定了语篇主题，讲话人通过语篇主题生成语篇，听者或读者通过语篇主题理解语篇，因此译员通过语义单位和相关知识推导语篇宏观结构是交替传译的关键。这也与多位口译研究者所提出的口译思维的核心是"分析"和"整合"相吻合（鲍刚，2011：94；刘和平，2011：7 - 8）。本研究从宏观结构角度探索逻辑关系（修辞关系）对交替传译任务难度的影响，一方面分析了译员在构建以不同逻辑类型为特征的宏观结构中所遇到的困难；另一方面也证明了同一种逻辑关系（修辞关系）在语篇中的功能不同，对译员造成的认知压力也不尽相同。综上所述，本书针对信息质量对交替传译难度影响的分析丰富了交替传译的过程研究，为口译难度研究提供了新维度。

第二，本书研究从信息处理角度，丰富了对口译能力及其发展路径的研究。由前文可知，相较于词语和句子，交替传译中译员更多是在段落或语篇层面根据语篇结构处理信息。语篇中信息具有主次之分，时间和精力的有限性要求译员在理解源语信息时须首先抓主要信息,而对次要信息进行压缩。这一方面可以让译员将认知资源合理分配;另一方面还可以保证译员理解过程的连贯和流畅。因此,信息处理是口译能力的核心体现。中国英语口译能力等级量表描述了不同能力对应的信息处理结果,但并未详细描述不同口译能力等级对应的信息处理过程。本书研究将借助修辞结构理论,分析不同能力等级的学生译员面对不同难度的交替传译任务时的口译表现。根据修辞结构理论,语篇具有层次性与核心性。位于语篇越上层的信息则越重要;在一个关系结构中,位于核心结构段的信息比辅助结构段的信息更加重要。因此,本书研究通过分析学生译员的口译产出,可以总结出不同能力阶段的学生译员的信息处理特点:对于主要信息和次要信息的处理过程是否存在一定规律。此外,本书研究关注的是源语语篇结构对译员认知负荷的影响,因此笔者可以进一步总结源语语篇结构对不同能力阶段的学生译员信息处理方式的影响,从而完善对口译能力发展路径的描述。

第三,本书研究采用实证研究方法,为描述语篇结构对交替传译任务难度的影响提供数据支持。前人的相关研究多是理论思辨和主观判断,而缺乏足够的实证研究。少数以实验为主的实证研究在材料选择和研究对象选择方面具有较大随机性,使研究结果的可信度有所降低。本书研究采用以实验法为主、以问卷调查法为辅的研究方法,提高了实验的信度和效度。首先,本书研究在确定学生译员为研究对象后,对其进行了课堂跟踪。笔者搜集了教师课堂上使用的15篇口译材料,计算出材料的平均词长、词频、句长、信息密度和语速,以将其作为实验选材中变量控制的参照标准,确保实验中源语特点尽量接近学生译员平时接触的口译源语特点。其次,由于材料的部分特点因实验目的受到笔者人为控制,所以在确定源语材料后,笔者请英语母语者润色,使其尽量接近自然语篇。同时,实验所使用的材料由一位英语母语者在充分了解原文内容基础上以演讲的方式录制而成,因此具备真实场景中源语语篇"口语性"的特点。通过以上主客观相结合的方法,本书研究在很大程度上保证了实验结果的有效性。

第四,本书研究对语篇结构对交替传译教学语料难度影响的描述,以及影响背后的原因分析,可以为口译研究、口译教学和口译测试领域的选材提供一定的借鉴价值。语篇结构的核心要素"信息层级"和"逻辑关系"在本书研究中被明确定义并通过修辞结构工具直观呈现。在口译研究中,如果研究者设计的口译实验将源语难度作为控制变量,可以借鉴本书研究的结论,评估语篇结构对材料难度的影响,同时结合信息密度等指标,对实验材料的整体难度进行合理估量;在口译教学和口译测试中,口译专家可以将语篇结构作为教学和测试的重点,考察口译学习者是否具有语篇意识,善于把握语篇的逻辑结构,掌握语篇信息层级的分析方法。但是,笔者需要澄清,由于本书研究仍处于探索阶段,其结论更多是对规律的尝试性阐释,由于语料支持不足,因此其实际应用意义具有一定局限性。

第2章 文献综述

本章聚焦前人研究,通过对口译性质和特点、交替传译教学、译员能力和语篇结构等领域的文献进行梳理和分析,笔者论述了"基于语篇结构进行口译教学材料分级"的合理性和必要性,并在此基础上提出具体的研究问题。

2.1 口译中的源语语篇

对于翻译中的话语,学者采用了不同的英语单词来描述,包括 text、utterance、discourse(Alexieva,1994;Roy,2000;Hatim & Mason,1997,2001;Pöchhacker,2004)。其中,text 与 discourse 的区别在于:text 强调话语的形式和语义层面,更多用于描述书面语;而 discourse 强调话语的实际使用和交流层面,既可以描述书面语,也可以描述口语,通常被称为"语篇"(van Dijk,1997a)。根据功能语言学的观点,语篇是一个意义单位,可以指"任何长度,语义完整的口语或书面语的段落"(Halliday & Hasan,2007:1)。语篇具有 7 项特性:分别是衔接性、连贯性、意图性、可接受性、信息性、情景性、互文性(Beaugrande & Dressler,1981)。其中,衔接性是指通过语言结构实现的语义连接,既包括词汇句法,也包括语调;连贯性是指语篇内概念内容之间的相互关联和意义连续性;意图性是指语言信息发出者的交际意图;可接受性是指语言信息接收者的反应程度;信息性关注的是语篇所承载的新信息含量;情景性强调了语篇内信息所处的情景状态;互文性强调了不同语篇类型的特征。

由于口译的出发点和落脚点在于交流互动与信息传递,因此用语篇(discourse)来描述口译中的话语更为合适。本书研究针对的是交替传译教学材料,属于口译源语语篇。口译中的源语语篇不仅限于词语和句子的组合。它具有交际性,涉及讲话者的交际意图和听者的接受效果(Pöchhacker,2004:137 -

138)。而且,口译中的源语语篇还与情境息息相关。鲍刚(2011:42)在《口译理论概述》一书中将其定义为:"口译工作中用待译语言所表达的口头的、整体性的言语篇章。"这里应注意的是,言语不同于语言,它是"人类个体身上的交际性习惯体现或者自我表达等语言运用行为的一般体现,它与主题、语境、相关知识等相互关联,并且带着使用者的个性特点。"因此,口译员所接触的那些有着鲜明口译工作特点的源语属于言语,而语篇是言语在口译现场的外在体现。它包含那些具备口译特定技术的工作当中最常见、有代表性的言语,包括口译中所能遇到的特定的题材类别和话语语篇结构。根据释意学派对源语理解过程的分析,源语语篇应该包括语音层、语调层、语码层、语法层、语体层、语篇层。

口译中的源语语篇具有一般语篇的特点。同时,不同于笔译中的语篇,它还具备自己独有的特征:口语性。具体表现在以下几方面:第一,它包含副语言和超语言信息。副语言信息是指随着言语的发布所体现的身势、体态、表情、语气、音调、韵律等语言伴随性信息;超语言信息是指讲话主题、交际环境等。这些信息是口语中语言信息的有力提示,使得交流双方注意实质的交流内容,它们是口语交际理解的前提,也是口译理解技术的参照值之一。比如,讲话者通常会利用语流停顿、语气顿挫等方法来对口语言语做出修饰或调整。一直以来,都有学者关注口译中的语音语调:施莱辛格(Shlesinger,1994)考察了同声传译中口译员的语调对于听众理解信息的影响;卢尔德(Lourdes,2007)描述了同声传译中源语和译语中的语调特征及作用。面对机器翻译技术给口译行业带来的挑战,对口译语篇的副语言因素和超语言因素的研究变得尤为重要。唐尼(Downie,2020)认为,机器目前无法替代口译员工作的重要原因在于机器无论是在语音识别阶段还是语音合成阶段,都无法将语音语调考虑在内。而重音和语调不同,同一句话的意思可能完全不同。相较于机器,口译员可以将语音语调与意义相结合,并将其体现在口译产出中。第二,它具有口语的语言结构规律。口语中信息交流以省力为原则,因此语言结构和用词大大简化,但同时也会带有信息冗余、信息模糊和结构松散的特点。第三,发布的迅速性和暂留性。口译的源语通常是一次性发布,具有即时性特征(王斌华,2019:66)。但同时,口译中的话语不同于日常生活口语。日常生活口语语级较低,很少使用正式体或者庄严体;题材仅限于生活领域;它的结构非常松散,伴随大量的副语言信息和超语言信息。而口译中的口语语级可以较高,可启用正式或者庄严语体;逻辑性强,有一定的结构完整性;信息量较大,比较注意用词,有时在用词、结构等层次上比较专业。

基于大量实践观察,研究者对口译中的源语语篇类型做了总结。琼斯(Jones,2002)将口译语篇类型分为叙述性语篇、论述性语篇、描述性语篇和修辞性语篇。鲍刚(2011)将讲话人话语分为叙述语类、介绍语类、论证语类和联想语类。刘和平(2011)在《口译技巧——思维科学与口译推理教学法》一书中将其概括为叙述语体、论述语体和描述语体。塞莱斯科维奇、勒代雷(2011)将口译语篇类型概括为叙述性、论述性、描述性和带感情色彩的讲话。由上述可看出,叙述性语篇、论述性语篇和描述性语篇是多数学者所公认的口译中常见的语篇类型。具体来看,叙述性语篇有两大特征:第一,其话语结构与叙述的时间顺序紧密相关,听话人会对讲话内容有心理期待,并做出预测。第二,其叙述内容遵循一定的空间线索,构成某种画面(鲍刚,2011)。论述性语篇强调的是论点与论点、论点与论据之间的关系,突出的特点是"逻辑主线和严谨性",是"口译活动的基础性话语结构"(刘和平,2011:18)。描述性语篇并不是按照特定的时空顺序,而是遵循人类的认知规律展开。信息内容具有层次性,但是信息之间没有明显的逻辑关系(Jones,2002)。然而,在口译实践中,任何一篇讲话都不是纯粹的叙述、论述或描述性语篇,而是含有多种语篇类型特点的混合体。

2.2　翻译难度及其影响因素

2.2.1　翻译难度

在考察翻译难度之前,前人研究首先对"任务难度"和"任务复杂度"两个概念进行了区分。难度是一种主观判断,受到学习者自身如情感、能力等多方面因素的影响。不同学习者对同一任务的难度评估会产生很大差异(Robinson,2001)。而复杂度是一种客观要求,由任务本身的特点所决定,因此它相对恒定。任务复杂度通常体现的是任务设计者的教育目标(Robinson,2001;罗少茜,2008;闫嵘、张磊,2015)。翻译研究者对翻译难度的定位是基于上述关于任务难度的观点(Sun & Shreve,2014;Liu,Zheng, & Zhou,2019)。从前人结论可以看出,翻译难度是一种心理感知,具有一定的主观性。

除了对翻译难度进行理论层面的概念界定外,研究者在实证研究中也采用了不同的方法将翻译难度操作化,使之成为可测量的变量。第一类方法是采用客观评价指标。首先,一些研究者将译文的质量评分作为反映难度的标准

（Tommola & Helevä，1999；Liu & Chiu，2009）。译员的分数越高，则对应的翻译难度就越低。关于评分方法，研究者通常采取整体印象法和错误分析法。整体印象法是根据译文的总体质量打分，而错误分析法是根据译文中的错误类别和错误权重打分。刘敏华、丘羽先（Liu & Chiu，2009）在探索英汉交替传译难度指标时，其测量方法之一就是基于受试者口译产出中错误命题的数量计算译文得分，得分越低证明交替传译难度越高。阿克巴里、塞格斯（Akbari & Segers，2017）采用二分项目校准法（Calibration Dichotomous Items）对译文质量进行评估。该方法基于规范而非基于对译文和原文的主观判断。原文中可能成为翻译难点的片段在测试前都被标注为一个项目，对译文的判断基于评分者的一致性意见采取"非对即错"的二分法。该方法的特点在于其客观性，多用于总结性评估。其次，有研究者如富尔切尔（Fulcher，1997）借鉴判断文本阅读难度的可读性公式来判断翻译难度。由于可读性公式忽视了语篇、情境等因素，因此受到多数翻译研究者的诟病（Alexieva，1999），该公式无论对于笔译还是口译难度都不适用。此外，黑尔、坎贝尔（Hale & Campbell，2002：14 - 33）采用网络分析法，将一组译者翻译同一文本产生的不同译法作为笔译难度的反映指标。然而，孙三军、文军（2015：72）认为，这种方法并不可行，因为专有名词虽然仅有一种译法，但译者需要花费大量精力去寻找，应视为翻译的难点。最后，米什拉等（Mishra *et al.*，2013）从笔译过程入手，将译者对原文眼睛跟踪的凝视时间和注视点个数作为衡量难度的指标。第二类方法是采用主观评判的方法。研究者采用调查问卷和访谈的方法，让译者（员）或专家对某一项翻译任务的难度进行评判（Lamberger-Felber，2001）。研究者在译员完成口译任务后，通过有声思维法记录译员认为的原文难点，从而对原文的总体难度进行判断。还有研究者采用专家判断法。但是，不同专家对难度的判断会出现很大分歧，而且，刘敏华、丘羽先（Liu & Chiu，2009）通过比较专家判断和学生译员的表现，发现专家判断并不是判断翻译难度的可靠标准。第三类方法是主客观相结合。达姆（Dam，2001）通过对学生进行调查问卷并结合学生译员的翻译速度判断同声传译中不同源语的难度。孙三军、文军（2015）对翻译难度的量化描述比较系统全面。他们采用心理负荷模型，认为翻译难度应该从译者（员）的主观感知和外在表现两方面测量。主观感知测量最常用的工具是量表 NASA-TLX（Hart & Staveland，1988），它涉及心智需求、体力需求、时间需求、努力程度、绩效和挫败感 6 个维度，可以有效测量任务执行者的心理负荷。孙三军、席利维（Sun & Shreve，

2014)通过一项实证研究证明 NASA 任务负荷量在测量笔译难度方面具有较高的内部信度。外在表现包括速度和准确度,有研究证明二者可以灵敏地表现负荷的变化(O'Donnell & Eggemeier,1986)。当主观测量方法和客观测量方法结果出现矛盾时,对于难度的判断应以主观测量为准(Jex,1988:14)。

2.2.2　笔译难度的影响因素

宏观方面,坎贝尔(Campbell,1999)首次对笔译难度的影响因素进行了系统描述。他认为笔译难度应从三方面考察,即源语语篇、译者能力和翻译任务。其中源语语篇被证明是独立于另外两个因素、给笔译任务造成困难的主要原因(Campbell,1999;Hale & Campbell,1999)。达尔(Dahl,2014)以及孙三军、文军(2015)提出了类似的笔译难度测量框架,该框架包括翻译(即任务)因素和译者因素。其中,翻译因素是指影响文本阅读难度和翻译难度的因素;译者因素是指个体的认知能力、过去的经验、相关训练等。

微观方面,研究者集中于分析源语不同特征对笔译造成的困难。早期研究多以语篇类型作为切入点。古力、赖布勒(Guelich & Raible,1975)认为,不同语篇类型对译者的要求是不同的。这里的要求是指译者采用的翻译方法及付出的努力。赖斯(Reiss,1982)从主题专业性、语域、语言功能、语用效果和历史文化因素五方面将源语语篇难度分为 4 个等级。比伯(Biber,1989)认为,不同语篇类型给译者造成的困难主要体现在词汇和句法方面。加瑞尔、康纳(Carrell & Connor,1991)的研究表明语篇类型是影响翻译难度的重要因素,描述型文本比劝导型文本在阅读和写作方面都更加容易,因此其翻译难度更低。哈蒂姆、梅森(Hatim & Mason,1997,2001)将语篇类型的差异从词语和句子层面扩展到语篇层面,提出议论文比说明文更难翻译的原因在于其语篇结构更加复杂,语篇特征更加不易捕捉。他们认为,语篇结构在翻译过程中对译者的认知机制产生影响。说明文聚焦于概念解析,因此译者启动的是与归纳演绎相关的认知思维;而议论文聚焦于观点的证实或证伪,因此译者启动的是与类比、对比和转化相关的认知思维。译者在翻译中不仅要关注语篇结构的线性关系,还需关注语篇结构的层级关系。后续研究者多从翻译过程入手,寻找影响笔译难度的源语特征。黑尔、坎贝尔(Hale & Campbell,2002)运用实证研究的方法识别出语法隐喻、复杂名词短语、词语的抽象性、官方术语与被动动词这五类词汇和语法因素针对不同的语言都会造成翻译困难。延森(Jensen,2009)采用可读性指数、词频和非字面表达数量三个指标对笔译语篇难度进行考量。但这三项指标具有重复性,而且有可能并非指向同一方向,因此具有一定的局限性。米什拉等(Mishra *et al.*,2013)通过实验发现句长、词的多义性和句子结构的复杂程度(句中从属结构的总长)和笔译难度显著相关。针对用于测试文本难度的可读性公式,虽然部分实证研究结果显示其对笔译难度的测量具有一定借鉴意义(Sun & Shreve,2014),但也有研究表明可读性公式存在缺陷(Fulcher,1997)。可读性公式的主要指标是词长和句长,它忽视了语篇结构、信息密度以及与读者相关的因素。此外,可读性公式最多能够涵盖语篇理解过程中存在的困难,而翻译过程并不仅仅包括理解,还包括表达。因此该公式无法全面反映源语特征对译者造成的困难。富尔切尔(Fulcher,1997)通过采访专家,将影响笔译难度的因素总结为语言结构(linguistic structure)、上下文结构(contextual structure)和概念结构(conceptual structure),突破了可读性指标仅着眼于词句的局限,将语篇层面的特征纳入了研究视角。法拉扎德(Farahzad,2003)认为影响笔译难度的因素分为三类:词汇、句法和概念层面,其中概念层面包括"具体所指概念"和"抽象所指概念",是造成翻译难度的最重要因素。这一观点强调了语义对难度的影响。孙三军、文军(2015)从理解和转换两个维度对笔译难度的影响因素进行了全面总结。其中,文本阅读难度的影响因素是借鉴美国 RAND 阅读研究小组的研究成果,包括语篇体裁,即叙述文、描写文、说明文和议论文;话语结构,即修辞成分和连贯性;媒体形式,如教科书、多媒体、广告等;句子难度;内容的专业程度以及对特定读者的吸引力。翻译相关难度的影响因素是借鉴诺德(Nord,2005)对翻译问题的分类,包括原文和译文在目的、读者对象和时空上的差异所造成的翻译问题;源语文化和目的语文化的差异造成的翻译问题;原文和译文的结构性差异造成的翻译问题以及原文某种特征造成的翻译问题。阿克巴里、塞格斯(Akbari & Segers,2017)对影响笔译难度的译者因素做了系统总结,具体包括:双语语言能力(如词汇语法能力、语用能力)、语言外能力(如跨文化交际能力)、翻译知识(如对翻译流程、翻译方法的了解)、工具能力(如技术应用)、策略能力(如规划和评估翻译过程)和职业能力(如对翻译市场的了解)。德拉格施泰特(Dragsted,2012)将笔译过程和笔译产品相结合,考察了翻译产品中反映的难度因素和翻译过程中反映的任务负荷指标之间的关系,发现同一词对应的译文多样性和翻译过程中译者的注视次数、凝视时间、停顿和自我修正次数呈高度相关。采用类似的方法和视角,范罗伊、克莱克、麦肯(Vanroy,Clercq,&

Macken，2019)关注不同的难度因素和翻译认知负荷之间的关系，发现译文错误、单词翻译熵和句法对等性与翻译时间、译文修正次数和凝视时间三类指标呈显著相关。刘艳梅、郑冰寒、周好(Liu, Zheng, & Zhou，2019)测量了笔译中译者主观感知的任务难度和客观的认知负荷之间的关系。其中，任务难度的测量方式是 NASA-TLX 量表，认知负荷的测量指标是注视时间和扫视时间。研究结果是可读性公式、词频和非字面表达三个因素对任务难度(主观)和认知负荷(客观)造成的影响是一致的。考察翻译难度影响因素还应考虑不同语对：由于英语和日语两种语言在表示时态和修饰关系的语法手段不同，而时态和修饰关系与推论的表达直接相关，因此霍华德(Howard，2016)借助测评政府工作人员语言熟练度的 ILR(Interagency Language Roundable)量表考察了英-日语对中原文论点的推理程度对笔译难度的影响。帕伦博(Palumbo，2008)针对高年级学生译员，探讨了语法隐喻对于英语和意大利语之间科技文本笔译难度的影响。此外，还有研究将"译者"的概念拓宽到机器，克利福德等(Clifford *et al*.，2004)探讨了源语难度对于英语和西班牙语、法语、波斯语、阿拉伯语、俄语和朝鲜语之间机器翻译质量的影响。

综上所述，前人从多方面对笔译难度进行了分析，描述较为全面。由于在早期研究中，笔译难度并非是研究对象，而是探讨翻译策略的一个必要步骤，因此研究者更多是从与翻译直接相关的语篇层面对难度进行探索，如语篇结构对笔译过程的影响。但研究只是停留在理论探索阶段，缺乏有力的实证支持。后期研究中的部分研究者虽采用了实证研究方法，但是多集中于探讨词语和句子层面的因素，没有对语篇层面的因素予以深入分析。因此，如何运用量化的手段在语篇层面展开对笔译难度的探讨是当前的重要课题。

2.2.3　口译难度的影响因素

与笔译研究者类似，口译研究者也认为口译任务难度的影响因素是多维度的，包括口译源语语篇、译员能力以及口译工作模式、工作环境等(Gile，1995；Liu & Chiu，2009)。前人对于口译难度的影响因素分析多集中在理论探索层面。吉尔(Gile，1995：150)从精力分配的角度分析了口译中问题产生的原因：一些因素增加了译员的认知处理压力(包括听辨理解、记忆以及表达三个方面)，或一些因素在译员精力稍有不足的情况下就容易被遗漏。第一类因素包括源语密度、讲话人的口音、句法结构等。第二类因素包括数字、专有名词的缩写等。

这些因素对口译难度的影响程度并没有经过实证测量,而且同一个因素的影响力可能会在另一个因素加入后减弱(Gile,1995:150)。波契哈克(Pöchhacker,2004:126-131)和安德利斯(Andres,2015:103-124)从因素的性质入手,将口译难度影响因素分为源语语篇相关因素和讲话人相关因素。其他研究者关注的影响因素基本归入上述两类之中。源语语篇相关因素包括词汇、句法、语篇、信息密度、语用因素、文化因素、内容的专业程度等。其中,吉尔(Gile,1984)从词汇的角度研究语料难度,具体内容涉及词频、词汇的多样性、专有名词、数量词、文化负载词等。句子层面的因素包括句长和句子结构的复杂程度。语篇层面的因素包括篇章结构、衔接手段、篇章类型、语篇体裁、语篇长度等。语用因素包括双关语、幽默语、言语行为等。讲话人相关因素包括语速、语音语调、讲话风格、是否运用视觉教具(visual aid)等。安德利斯(Andres,2015)对不同难度的源语语篇特征进行了定性描述。他认为,较简单的源语特征表现为话题大众化、结构清晰、意思连贯、数字少并且例证和解释较多;同时,讲话人语流顺畅、速度适中等。较难的源语特征表现为话题专业、信息密度高、内容抽象、结构模糊、语速较快等。多位学者分析了即兴演讲的特点(Dejean,1982;Taylor,1989)。他们发现在即兴演讲中,讲话人会有更多停顿,偏向于通过重音来强调重点内容,讲话速度偏慢,讲话内容会存在更多重复和冗余信息。许明武、邓军涛(2013)认为上述研究未能运用系统的方法将众多影响因素有机结合起来,因此选择采用功能语篇分析方法从文化语境、情景语境和语言三个层面为口译难度研究提供宏观理论框架。作者以两篇新闻为例,自上而下从文化语境到情景语境再到语言层面综合分析了影响口译语料难度的 15 个因素。其中,文化语境涉及的因素是语篇体裁,情景语境涉及的因素是语场、基调和语式。语言层面,概念功能包括及物性系统(即语篇中参与者)、语态系统(被动句)、归一性系统(否定句)和语法隐喻四大因素;人际功能包括语气(间接言语行为)和情态两大因素;语篇功能方面包括主位结构和衔接;措辞系统涉及的因素是词频。不难看出,该研究将部分影响因素囊括到了一个理论框架中,使之成为了一个有机整体。功能语篇的分析模式也与口译中自上而下的语篇加工过程相吻合,即译员"调动原语主题、语境以及其他'认知库'信息等相关信息,产生一定方向的心理期待和心理假设,从而完成对言语信息的预测"(鲍刚,2011:90)。有研究者从口译任务特点出发,将影响因素加以综合。例如,唐嘉忆(2011)从汉英交替传译的特点出发,提出语篇长度、语篇内复合句的比例和词汇心理距离总值可以反映汉英交替传译的难度。除了口译研究者外,口译教师也从教学的角度对课堂上口译练习材料的难度进行了描述。塞莱斯科维奇、勒代雷(2011)在《口译训练指南》一书中提到,口译课堂选材应按照以下顺序进行:题材熟悉的叙述性讲话,题材熟悉的论述性讲话,题材较生疏的叙述性讲话,题材较生疏的论述性讲话,题材熟悉、风格高雅的讲话,题材生疏、风格高雅的讲话,需要进行专题准备的讲话,需要进行专业术语准备的讲话。吉利斯(Gillies,2013)在《会议口译》(*Conference Interpreting*)一书中,借用勒代雷(2001)的观点,认为口译课堂上教学材料的选择应该循序渐进,主题应从内容实际到内容抽象再到具有表现力,演讲文体类型应从叙述文体到议论文体再到富有表现力的文体。塞莱斯科维奇、勒代雷(2011:67)认为,交替传译练习应以交替传译的基本原则为基础,而基本原则是在叙述性和论述性的讲话中训练获得的。李向东(Li,2019)延续前人观点,认为口译教学材料的难度分级应该从语篇类型入手,相比于记叙文和说明文,议论文和修辞类语篇难度较大,原因在于前者组篇机制稳定、公式化程度较高,而后者组篇机制开放且语言个性化程度高。司徒、杜蕴德(Setton & Dawrant,2016)认为交替传译教学材料难度受到多因素的影响,但应该遵循由易到难、循序渐进的原则。他们选择四项核心指标(主题知识、语速、密度和风格、口音与语速)构建了"讲话难度指数"(Speech Difficulty Index),其中每个指标对应一个六级量表:主题知识分为非常简单、简单(高中水平)、中等(大学水平)、职业水平、一定程度的专业化和非常专业化;语速分为人工放慢(<100 词/秒)、慢速(100—120 词/秒)、中速(120—140 词/秒)、较快(140—160 词/秒)、快速(>160 词/秒)以及对职业译员也具有挑战性的语速;密度和风格中,密度是指信息密度,风格包括语域、词汇丰富度、句长、语篇结构、可译性等;口音和语速综合作用,可以将讲话分为标准口音且语速照顾听者、标准口音正常语速、略带口音且语速较慢、口音明显或讲话无停顿、口音过重或语速过快或讲话无音调起伏、口音导致内容无法识别六类,难度依次增加。除此之外,司徒、杜蕴德(Setton & Dawrant,2016)还列举出了造成口译难度增加的因素,如事实性信息(如数字、专有名词、专业术语)、语言难点(如文化负载词、谚语)、语用难点(如模糊语)、特殊修辞风格(如幽默、反讽)、语对难点(如不可译性)等。黄晓佳、鲍川运(2016)将影响交替传译教学材料难度的因素分为动态因素和静态因素。动态因素指交替传译教学材料以语音的形式存在后给译者造成的困难,包括语音、语速和话轮长度。静态因素指交替传译语料在语音化前以文本这一静态形式存在时固有的难度因素,包括语言因素如词汇、句法、逻辑关系;文化因素和专题百科知识因素。该研究采用难度积分法,然后按照 0 分、1 分和 2 分三个难度等级对以上八项因素分别打分,最后再计算难度总分。刘先飞(2016)专门针对翻译专业硕士(MTI)口译课程中听辨教学材料的难度分级进行了探讨。作者认为,在听辨阶段学生的练习"不重在词汇和语音的完全辨析,而重在语篇结构的快速判断和重建"(刘先飞,2016:80)。学生是通过口译源语的语义和意群间的逻辑关系树立语篇意识的,因此作者提出以语速、语音材料的持续时间、专有名词数量以及意义层级作为标准搭建教学环境下口译素材的梯度层级。

在实证研究方面,研究者首先从语言的角度对口译难度的影响因素进行了探索。第一,词汇。波契哈克(Pöchhacker,2004:131)提出利用语料库的方法探究源语词频和词汇变化程度对口译表现的影响。阿莱克谢娃(Alexieva,1999)提出词长并不一定与口译任务难度相关。她认为词语音节越长,有时反而会利于理解。刘敏华、丘羽先(Liu & Chiu,2009)通过实证方法得出,在英汉交替传译中,词汇长度并不是预测口译任务难度的有效指标。贝斯尼亚克(Besznyák,2020)通过对口译硕士交替传译课堂上的多个教学项目进行个案分析,发现文化负载词、专有名词和专业术语这三类词汇难度可以有效预测口译任务难度。第二,句子。大多数研究者集中于对同声传译的探讨。英语句法的复杂性体现在从句的数量,尤其是嵌入式从句的数量。托莫拉、埃莱瓦(Tommola & Helevä,1998)发现,在从英语到芬兰语的同声传译中,源语句法复杂程度会对译语的准确性产生显著影响。但是,迪林杰(Dillinger,1994)的研究结果显示,句法结构的复杂程度本身对口译任务难度的影响微弱,但是如果句法和文本类型共同作用于同声传译任务,影响则非常显著。司徒(Setton,1999)通过研究汉英、德英同声传译的理解过程,发现句法结构本身不会对译员产出造成影响。在交替传译方面,刘敏华、丘羽先(Liu & Chiu,2009)的研究结果表明,句长可能是造成口译任务出现困难的原因之一。吴子牛(2014)通过实证研究证明在汉英交替传译中,语篇内复合句的比例与口译难度显著相关。蒋新蕾、蒋跃(Jiang & Jiang,2020)发现最大依存距离对视译的非流利度产生显著影响,因此证明依存距离可以作为反映口译任务难度的有效指标。第三,语篇类型。迪林杰(Dillinger,1994)考察了同声传译中叙述类文本和说明文类文本的难度差异。在将词汇、句法、衔接手段、命题密度等指标控制在同一水平后,结果表明无论对于职业译员还是新手译员,叙述类文本比说明类文本的同声传译难度更低。作者猜测原因在于叙述类文本的语篇结构更易理解。吴磊(2008)发现叙述、辩论、对话、假设四种语篇类型对汉英交替传译的任务复杂度有显著影响。在对受试对象的流利度和准确度分析后,作者发现译员翻译辩论型语篇产生的各类错误均高于其他类语篇,流利度也低于其他类语篇。第四,语用因素。司徒(Setton,2005)将关注点从语义转向语用,从关联理论出发,通过将语境(context)概念操作化,发现源语的"语境"与口译质量显著相关,从而证明"语境"因素也是预测口译难度的指标之一。除了上述语言内因素外,言外因素(即副语言因素和超语言因素)也会对口译任务难度造成影响。首先是口音。马泽蒂(Mazzetti,1999)在实验中采用非标准口音的德语源语材料,以 5 名德国人和 5 名意大利人作为受试对象进行实验,结果发现口音会给非母语者带来更大的困难。其次是语调和韵律。格尔瓦(Gerver,1971)在实验中将源语材料分为两段,前段的语调和韵律处于正常水平,而对后段的处理是尽量减少语调起伏、重音和停顿。结果发现六名职业译员在对后段语调没有起伏的内容进行口译时错误更多,表现更差。第三,速度。格尔瓦(Gerver,1969)通过实验发现同声传译中源语语速超过 120词/分钟时,同声传译产出的准确度便会下降。皮奥(Pio,2003)发现在从德语到意大利语的同声传译实验中,速度对职业译员和学生译员的同声传译表现都具有明显影响。随着源语速度的增加,受试对象的语法错误会越来越多。但是,并非语速越慢越有利于口译。施莱辛格(Shlesinger,2003)在对职业译员进行同声传译实验后发现语速慢会导致工作记忆中的有效信息更容易消失。不同于前人研究,费尔南德斯(Fernández,2015)运用语料库的方法观察不同速度下受训译员和专家译员对口译任务难度的感知,结果发现速度本身与口译任务难度并不相关,而是和其他因素共同起作用:速度快、有表现力的演讲反而会比速度慢、表现力弱的演讲更简单。再次,发言人的讲话方式也会影响口译难度。巴尔扎尼(Balzani,1990)发现学生译员在即兴演讲中的口译表现优于带稿演讲中的口译表现。此外,许多研究者以信息为切入点对口译难度进行探讨。无论对于交替传译还是同声传译,多数研究表明信息密度会对口译难度产生显著影响(Dillinger,1994;Alexieva,1999;Lee,1999;Liu & Chiu,2009)。但是,对于信息密度的计算方法,不同学者观点不同。阿莱克谢娃(Alexieva,1999)根据同声传译的理解过程,采用"可听性系数"来反映源语语篇中的语义密度,即句中显性述位和总述位数量的比值。迪林杰(Dillinger,1994),托莫拉、埃莱瓦(Tommola & Helevä,1998),以及刘敏华、丘羽先(Liu & Chiu,2009)通过计算命题密度来考察信息密度。吉尔(Gile,1995:167)认为,信息密度通常与较快的语速相关,因此李(Lee,1999)通过计算源语中讲话时间在发言总时间中所占比例来反映信息密度的大小。但是,鲍刚(2005:19)认为,语速快未必会导致信息密度高。所谓语速快的实质是语音群体之间的过渡速度快,而并不意味着具有实际内容的重要信息在话语语篇中很快出现。较快的语速下,很可能存在大量冗余信息。还有研究者特别考察了新信息的密度对交替传译难度的影响。德让(Dejean,1982)认为即兴演讲较容易理解的原因就在于它所含的旧信息和冗余信息较多。但刘敏华、丘羽先(Liu & Chiu,2009)的实验结果显示新信息密度并不会对学生口译质量造成显著影响。此外,刘敏华、丘羽先(Liu & Chiu,2009)在信息密度基础上提出了"新概念密度",用于衡量源语信息的冗余程度。实验发现新概念密度与交替传译表现之间也未呈现出显著相关性。

综上所述,笔者总结出在理论和实证层面被讨论并证明产生影响口译难度的因素包括:①词频和词汇复杂度,它们被认为是判断语篇冗余信息的方式(许明武、邓军涛,2013);②特殊类词汇,包括专有名词(Gile,1984)、文化负载词(Sabatini,2000)、数字等,它们和信息密度相关,会增加译员的认知处理压力;③句法结构,包括从句以及嵌入式结构,可能对源语的理解过程造成困难(Gile,1995:170)。但是,这要取决于源语本身的性质。同时,句式的影响程度还需考虑源语语体特征。相比于书面语体,多数口语体语篇本身含有的复杂句式比较少;④句长,一方面句长会影响句式结构,另一方面,句长也反映了源语信息密度(Dam,2001);⑤语篇类型,辩论类和说明类语篇的难度高于叙述类语篇;⑥信息密度,它是在所有实证研究中被认为对口译难度产生最大影响的因素。但是如何定义和测算信息密度,信息密度是否应将速度这一变量包含在内是研究者讨论的焦点。在信息密度中,新信息的密度被研究者单独列出研究;⑦语境。上下文语境对口译任务难度会造成显著影响;⑧演讲速度。源语讲话速度与口译难度不一定相关,需和其他因素(如信息密度、讲话方式等)共同来考察。从研究方法上看,研究者通常采用两种方法来验证影响因素对难度的影响。其一是严格控制自变量以外的其他变量,探讨随着自变量取值的不同,因变量"难度值"之间是否存在显著差异。这种方法可以有效验证影响因素和难度之间的因果关系,但是对实验材料需施加较多人为控制。另一种方法是相关分析。由于相关分析研究的是非确定性的依存关系,针对的是随机变量,因此研究者不需对变量进行严格控制。这种方法对样本的分布和规模要求较高,变量需达到一定的变化幅度。

2.2.4　前人研究对口译难度研究的启示

口译难度由于其涉及的变量众多,且变量间相互作用,目前的研究还非常有限。基于上文论述,前人在翻译难度方面的结论对寻找口译难度影响因素具有以下启示。

在宏观层面:第一,虽然翻译难度需从多个维度进行考察,即源语语篇、工作模式、译员能力等。但是,源语语篇被证明是造成翻译难度的一个重要原因,它在任何语对之间对于不同能力的译员群体都会造成其翻译困难。因此,研究者应首先聚焦源语语篇,寻找影响口译难度的影响因素。第二,在考察口译难度时,应明确界定所针对的译员群体特征。这点在多数前人研究中并未清晰说明。正如上文所讲,翻译难度是一种主观心理感知,它受到译员个体特征的影响,包括译员的翻译经验、对背景知识的了解、口译的技能水平、心理素质等。职业译员和学生译员之间、不同学习阶段的学生译员对口译难度的感知是不同的。兰贝格尔-费尔伯(Lamberger-Felber,2001)发现针对同一篇文章,客观指标与译员的主观评判指标之间差别很大。因此,任何客观指标都有可能无法反映译员的主观感受。刘敏华、丘羽先(Liu & Chiu,2009)的实证研究结果显示随着源语信息密度的增加,受过两年专业口译训练的学生比刚接触口译一学期的学生能够更好地应对口译任务。综上所述,笔者认为口译难度的影响因素研究应与译员能力相挂钩。目前值得探讨的问题是:针对不同能力的译员,同一因素对难度的影响是否相同? 具体来讲,哪些因素会随着译员能力的发展对口译难度的影响程度逐渐减小? 而哪些因素始终会对口译难度产生显著影响? 第三,在考察口译源语难度时,应该从主要因素入手(Fulcher,1997;Hale & Campbell,1999)。源语语篇对翻译难度的影响来源于多种不同因素,这些因素发挥的作用也不尽相同。前人对源语语篇因素虽有较全面的总结,但缺少对这些因素进行主次分类。笔者认为对主要因素的鉴别应始终结合口译特点和译员能力。比如有些研究结果表明,源语语篇中的复杂句式会增加口译难度,但是一般三句以上的复杂句式才会对译员表现造成显著影响。而口译源语语篇通常会具备更多口语体的特征。因此,复杂句式是否在任何情况下都是一个影响因素还有待考察。同时,任何一项研究都不可能涵盖所有影响因素,因此接下来需要根据不同的研究目标对因素进行筛选。第四,对口译难度的研究应该将言谈信息与情境信息相结合。前人对难度影响因素的研究主要集中于言谈信息层面,而对于情境信息只提及视觉教具(visual aids)对理解的促进作用。其实,一方面,情境信息如图片、肢体语言等可以补充言谈信息,减少源语理解难度;另一方面,译员也可以通过将言谈信息转化为情境信息来减小目的语的产出难度。后者是研究者关注较少的领域。举例来说,假设源语是一段复杂的流程图介绍,如果现场情境允许译员指着幻灯片上的流程图来讲解,那么难度很可能会比译员完全靠口述要低很多。而且,谈话参与者情境是否共融也可能是影响口译难度的因素。如果讲话人的言谈内容是发生在与听话人共有的言谈情境,那么通常情况下译语只要忠实源语即可;但如果讲话内容与现场听众在时间、地理、文化认知方面存在较大差距,译员为拉近听众距离需进行必要补充(杨承淑,2010:23)。这又可能增加口译任务的难度。还有,交替传译中源语讲话与译语产出由于存在时间差,也可能出现情境不共融的现象。译员交替传译时"如果无法运用说话者说话时的境外指涉,因而需要在译语里加以弥补,但也因而造成了信息处理的负荷"(杨承淑,2010:33)。此外,口译场合的交际目的也会增加口译难度。比如总理记者招待会具有信息宣传、呼吁行动、拉近距离等交际目的,那么译员承担着信息公布和政治协调的功能。因此,口译中译员需要采取背景添加、业内阐释、话语省略等口译策略,而不是简单将源语内容用译语表达(张乐金,2016:79)。这在很大程度上也会占用译员的认知资源。因此,在研究口译难度时,应该考察言谈信息和情境因素的共同作用。第五,前人研究通常以翻译过程和译员产出作为切入点寻找影响难度的因素。其中,翻译过程中的认知负荷可以通过访谈、眼动指标等实证数据反映。笔译相关研究已证明认知负荷可以有效反映难度。因此,从认知负荷的角度整合影响因素具有合理性和必要性。根据吉尔(Gile,1995)的精力分配模型,听辨理解是口译认知过程的第一步。布里顿等(Britton *et al.*,1985:228)对语篇理解步骤和认知负荷的关系有较清晰的描述。他们认为理解过程中人的认知资源主要用于语篇加工和记忆资源管理。其中语篇加工包括词汇识别、词意提取、句子切分等低层次加工和以意义整合为核心的高层次加工。而记忆资源管理即长期记忆的提取,是指由于认知资源有限,人脑需要不断从长期记忆中提取已有的或已加工完成的知识和结构框架。低层次加工涉及词频、词长、词汇变化程度、专有名词、数量词、文化负载词、非原意词、句长、句子结构等难度影响因素;高层次加工涉及语篇结构、情境因素、对主题的熟悉度等难度影响因素。对于不同语篇,加工步骤的顺序是不同的。如果加工者对语篇内容不熟悉或无法预测语篇结构,通常的加工顺序是自下而上。也就是说,低层次加工必须先于高层次加工。在这种情况下,词汇和句法以及逻辑关系等因素自身的加工难度会对口译任务难度产生决定性影响;但如果加工者对语篇内容熟悉或可以预测语篇结构,通常的加工模式是自上而下(Britton *et al.*,1985:240-241),即高层次的意义整合不需要以低层次加工为基础,加工者可以通过调动长期记忆直接在大脑中实现理解。因此,词汇句法等因素本身的加工难度对口译任务难度造成的影响可能会减小。译员产出分析是通过译语语篇特征(如错误分析法)或表达特征(如非流利性)追溯译员在翻译中可能遇到的困难,从而定位翻译难点。

在微观层面,目前对口译任务难度影响因素较完善的实证研究停留在词汇和句子层面。笔者认为,语篇结构和口译任务难度之间的关系有待进一步探索。研究者主要采用可读性公式和信息密度作为衡量口译任务难度的指标。但是,可读性公式用于口译难度的测量存在明显的局限性。第一,可读性公式是用来评估文本的阅读难度的,而阅读过程和口译过程之间存在巨大差异。词长、词频、句长等并不能有效反映口译源语的信息负荷,这点有学者通过实证研究已经证明(Liu & Chiu,2009)。第二,可读性公式忽略了语篇层面的因素,如情境结构、概念结构(Fulcher,1997)、逻辑结构(刘先飞,2016)等,这些都属于语篇结构的探讨范围。正如哈蒂姆、梅森(Hatim & Mason,2001)所述,有些翻译错误虽然发生在词句层面,其实是忽视语篇结构导致的。这点也是以信息密度作为口译任务难度唯一衡量因素的缺陷,即忽视了语篇的组篇机制。某些情况下,语篇结构可能有助于口译员理解和记忆高负荷的信息。其实,一直以来都有研究表明语篇类型对口译难度存在影响,尤其是对交替传译尤为明显(Dillinger,1994;吴磊,2009;塞莱斯科维奇、勒代雷,2011;Setton & Dawrant,2016;李向东,2019)。研究者多将语篇类型的差异归结在语篇结构上。根据哈蒂姆、梅森(Hatim & Mason,2001:140-149)的观点,语篇的特性在于交际,一系列交际目的构成了语篇的修辞目的(rhetorical purpose),因此修辞目的是区分语篇类型的重要指标。修辞目的即指记叙(narrating)、议论(counterarguing)和说明(describing)等,它是通过语篇结构实现的。语篇结构具有层级性和关系性的特点,关系的种类取决于语篇的修辞目的。比如,议论文多采用因果、推理等概念关系,而叙述文多采用时间关系、顺序关系等。译员在翻译时,不仅要关注信息的内容,还要关注信息的功能;不仅要关注内容的线性关系,同时还需要关注层级关系。尤其在交替传译中,对译员的理解和记忆发挥重要作用的不是原文的细节和具体用词,而是语篇结构。因此综上所述,有理由猜测语篇结构对交替传译源语语篇难度存在重要影响。对此,也有学者提出将逻辑结构或意层作为交替传译材料难度的分级指标(黄晓佳、鲍川运,2016;刘先飞,2016)。但是,针对语篇结构对交替传译难度的影响,前人研究只是停留在宏观描述和主观判断层面。那么,影响交替传译的源语语篇结构具体指什么? 它是如何影响交替传译任务难度的? 这种影响是否在实证层面有数据支持? 影响产生的原因是什么?目前并没有完善的研究对以上问题展开探讨,所以笔者认为这应该是口译难度研究领域的新重点之一。笔者在下文中将从交替传译实质、交替传译过程(包括认知过程和信息处理过程)、交替传译质量评估三方面证明语篇结构是影响交替传译任务难度的重要因素,并在前人文献基础上对交替传译中语篇结构的内涵做出诠释。同时,本书研究将从交替传译教学目标和学生口译能力发展的角度,证明将语篇结构作为交替传译教学材料难度分级指标的合理性。

2.3 交替传译与语篇结构

2.3.1 交替传译实质与语篇结构

口译是一种信息传播。交替传译属于口译种类之一,因此交替传译的本质之一是信息传递。麦金托什(Mackintosh,1985)提出,交替传译的过程以信息传递为原则。其中,译员作为信息传递者对源语发布者的信息进行加工后传达给接收者。口译员在信息传递过程中不仅要注重信息的量,同时也要注重信息的质,即信息客体所具有的"有序性、结构性、多样性"等特点(熊学亮,1994)。因此有学者提出,为确保口译产出的条理清晰,译员在信息重组时应关注信息点间的逻辑关系和语篇层次关系(罗淑兰,2005)。而逻辑关系和语篇层次关系属于语篇结构,因此语篇结构对于交替传译具有重要意义。

交替传译的另一本质在于其以交际为目的。琼斯(Jones,2008)和波契哈克(Pöchhacker,2004)都在书中指出,口译就是交流。刘和平(2005:27)也指出,"翻译不是语言的简单转换,而是一种交际行为,是使用两种不同语言所进行的交际活动"。因此,口译员在对源语进行听辨过程中,应着重分析讲话人的交际意图。根据哈蒂姆、梅森（Hatim & Mason，2001）的观点，语篇由一系列交际目的所构成，如描述、说明、议论等。语篇的交际目的主要是通过语篇结构实现的。语篇结构使句子按照一定顺序组合从而服务于某种交际目的。因此，译员听辨理解的核心在于对语篇结构的判断与重建。语篇结构在口译过程中发挥着重要作用。

2.3.2　交替传译认知过程与语篇结构

1. 交替传译听辨理解与语篇结构

口译的理解过程不同于一般理解过程，它的目的在于双语转换以实现信息的传递。在这一过程中，译员需要调动自己的储备知识，主动构造认知映像，对多渠道多模式的信息进行整合与加工，因此口译的理解过程更具主观性和个体性（许明，2010）。在口译中，源语理解的主要方式是脱离语言外壳（董燕萍、王斌华，2013），获取原文的"意义"（sense）。此处的"意义"，不是建立在语言表层的词语或句子的含义，而是话语意义，即"特殊的、具体的上下文（context）和话语环境中阐释理解的话语意思"（许明，2010：6），是"言语的实际应用意义"（鲍刚，2011：71）。因此，它具有两个特点：第一，语篇整体性。释意理论认为，意义是在文章内容不断输入的基础上逐步明朗的。因此，意义的产生首先依赖于上下文。口译的意义单位存在于话语篇章层次，并不与具体的字词或音义段排列而成的固定词组一一对应（勒代雷，2001：16）。在口译过程中，译员需要在信息积累达到一定程度的基础上对序列信息串进行理解，然后逐步生成话语语篇的整体意义。鲍刚（2011）认为，口译理解是整体层次上语义的分析和合成过程。此外，口译中的话语理解还需要结合语音语调，对交际环境、语用环境、社会文化环境全方位解读，因此也是语言层面和超语言层面的结合。第二，结构性。许明（2010）运用认知语义学对"意义"进行了全新的理论阐释。认知语义学认为，构建和组织意义的基本语义类别除了事物、状态、事件、动作外，还有各种各样的关系，如因果关系、时间关系、从属关系等。在语篇理解过程中，认知主体正是根据这些关系将各种概念组织起来构建宏观事件，然后在宏观事件的基础上构建语篇的宏观结构。"宏观事件的关系类型决定了语篇结构更高层次的语义表征"（许明，2014：75）。所以不难看出，语篇从局部结构到整体结构对意义的构建都产生重要影响。心理语言学家认为，源语的听辨理解是从微观到宏观再从宏观到微观的过程。因此，从意义的"语篇整体性"和"结构性"两个特点可得出结论，语篇结构对意义的获取至关重要。尤其相比于汉语,英语更加注重话语的逻辑性和层次性,因此英汉口译的理解过程更需要译员结合言语结构对内容进行整合推理。

针对释意学派提出的"脱离源语外壳"的过程,话语理解理论和知识表征理论为其提供了有力的理论支持(许明,2010)。话语理解理论认为,语篇理解的目的在于建立一个连贯的心理表征。在语篇表层,认知主体感知语言的音形特征。在超越语言符号的层面,认知主体建立逻辑分句(proposition),即命题。命题是具有交际功能的最小单位,已脱离了语法形式。认知主体通过寻找命题间的关系,建立起局部连贯。同时利用背景知识、语境知识以及上下文的联系,进行进一步推理整合,从而构建起整体连贯的心理表征,形成情境模型长期保存在记忆中(Kintsch & van Dijk,1978)。哈蒂姆、梅森(Hatim & Mason,1997:31)提出,文本结构决定语篇的连贯程度。根据知识表征理论,口译的理解过程是"长期记忆内知识的激活过程"(许明,2010:9)。知识激活的基本形式是语义表征。语义表征表现为两种形式:逻辑分句和图示。在理解过程中,在局部语义网络被激活的同时,与其相关的图示也被激活。任何复杂的话语信息或者认知映像在长期记忆中都是以被激活的概念以及概念之间的关系体现出来。概念之间组织关系的复杂程度决定了话语映像的复杂程度。综上所述,无论从连贯的层面还是从知识表征的层面,篇章结构和语言间的线性逻辑关系是语篇理解的基础(许明,2014)。

鲍刚(2011)将"脱离源语外壳"的过程具体描述为语篇的初加工理解和语篇的信息整合。其中,语篇初加工理解又通过"自下而上"和"自上而下"两个渠道同时进行。"自下而上"的加工是指译员基于语流中的语音群进行意义的判断和加工;"自上而下"的加工是指结合源语的交际环境、语境和主题以及译员自身的知识储备对语言表层展示的意义进行补充和预判。"自下而上"的加工是分析和提取语言特征,"自上而下"的加工是"从根本上启动语言和言外因素,诱导人脑对特定的意义及其相互间关系进行综合理解的加工"(鲍刚,2011:91),它有助于译员判定言语在前后序列关系中的语义。在语篇初加工基础上,译员需要对语篇信息进行整合,包括源语要点和逻辑关系的整合、关键词语和重要意象的整合以及情感和其他副语言信息的整合。许明(2010)对交替传译中脱离源语外壳的过程进行了认知诠释。这一过程涉及了感知、缓存、存储、记忆、激活、提取等认知活动。具体包括以下四个环节:第一,对语音流的感知。第二,鉴别命题,完成逻辑分句的划分,生成相应的事件、动作或状态等语义映像。第三,通过激活大脑中的长期记忆和图示,找到这些语义印象之间的结构关系,包括时间关系、空间关系、因果关系等,形成宏观事件、宏观动作或宏观状态。这些宏观语义单位的组成部分包括概念信息和组织结构。第四,在已有的宏观语义单位的基础上,译员建立更高层次的宏观语义单位,然后将这一轮形成的宏观语义单位和上一轮的宏观意义单位按照逻辑关系进行整合,依次循环,级级深入,最终构建一个连贯的多层次宏观语义网络。语篇结构通过构建局部连贯和整体连贯,对口译中意义的获取发挥着重要作用。在交替传译中,语篇结构对于理解的作用又主要体现在宏观结构和逻辑关系两方面。

　　不同于同声传译,交替传译有其自身的特点。在交替传译中,译员是在听完讲话者的全部内容或至少是具有相对完整意义的一段话后,才开始翻译。因此译员有条件在工作记忆允许的范围内建立更高层次的宏观语义单位。而宏观结构在语篇信息处理中发挥关键作用。研究者将语篇结构分为微观结构和宏观结构(Bower,1974;Ericsson & Kintsch,1995)。微观结构是指表达基本事件或状态的命题,宏观结构是指"语篇或话语的高层次语义结构,它能使话语形成整体"(武光军,2005:352)。句群只有在具备宏观结构的条件下才能够成为话语,因为宏观结构使不连贯的意义连贯起来。正如上文所讲,释意中的"意"指的是话语意义,而非单个词句的意义,因此宏观结构对于交替传译尤其重要。交替传译是对信息的处理,范戴克(van Dijk,1980:66)从心理学和信息处理的视角观察,认为宏观结构和知识的组织有关,任何不考虑宏观结构的语篇加工都是不合理的。语篇的交际目的是通过宏观结构呈现的(Hatim & Mason,2001:176)。因此,交替传译过程中分析语篇的宏观结构有利于把握讲话人的交际意图。宏观结构是语篇整体制约机制的体现,它既反映语篇概括的内容,同时具有认知理据。它与话语的主题直接相关,决定了每个底层命题都必须直接或间接服务于这个主题,关乎语篇的整体连贯。麦金托什(Mackintosh,1985)提出,交替传译中宏观结构层面的加工过程包括删减(deletion)、泛化(generalization)和建构(construction)。它体现了口译理解中分析整合的思维特征,有助于译员实现从"意义单位"向构建语篇整体意义的过渡。

　　口译理解的核心在于建立连贯的心理表征,从上文论述中不难看出,无论从语篇理解加工的角度,还是从认知语义学或是从知识表征理论的角度来看,逻辑关系是实现局部连贯和整体连贯的保证。许明(2010,2014)在诠释"脱离源语外壳"(de-verbalization)的认知过程时解释称,由逻辑分句所构成的相应的事件、动作和状态只有通过时间、空间、因果等逻辑关系才能形成宏观事件、宏观动作和宏观状态。而宏观事件、动作和状态之间如果要形成更大的宏观结构,也需要靠逻辑关系来组织。因此,刘和平(2005:21-22)提出,逻辑思维是口译所需的重要思维之一。逻辑思维是一种抽象思维,体现为判断和推理。译员只有具备逻辑思维能力,才能够抓住讲者的思路,否则很难实现交际目的。逻辑关系是指讲话内容中各个要点之间的关系,如因果、条件、对比、顺承、增补、转折、限定等。口译过程就是译员在认知系统不断地参与下,通过判断推理最终解决语言系统中的各类关系的过程(刘和平,2005:110)。在交替传译中,随着源语发布的时间增加,信息量也会不断增加,其中的逻辑结构也会变得愈加复杂。因此要准确把握原文的意义,译员就必须厘清信息单位之间的逻辑关系。这点也体现在交替传译笔记的原则当中,即交替传译笔记应该是信息点和逻辑关系并记,并根据逻辑层次进行换行(黄晓佳,2010)。还有研究者通过实证研究表明,交替传译笔记的逻辑结构清晰度有助于提高译员的口译质量(康馨尹,2015)。由于西方人的思维特点是逻辑、分析和线性,段落内容之间结构严谨,因此逻辑结构对于中英语对的交替传译尤其重要。

交替传译的理解过程是"脱离源语外壳"的过程。根据许明(2010)的认知阐释,在"脱离源语外壳"阶段意义的特征是"逻辑分句间的主谓关系、事件状态和动作间的结构关系和宏观语义结构之间的组织关系"(许明,2010:11)。他将"脱离源语外壳"定义为"口译过程中,译员为完成特殊交际条件下的功能性需要,在整合语义信息和其他层面的话语信息基础上,在长期工作记忆内形成的、以高层次语义表征和多层次语义网络为基本存在形式和主要存在特征的意义存在状态"。因此综上所述,由多层次语义网络构成、以逻辑关系为核心的语篇结构对交替传译的理解发挥关键作用。

2. 交替传译记忆与语篇结构

记忆对于交替传译任务的完成至关重要。根据认知心理学的多模态模型(multi-modal model),记忆分为三种形式,即感觉记忆、短时记忆和长时记忆。其中,短时记忆是指短时间(几秒到几分钟)内对数量极其有限的信息的保存,一般不超过 7+2 个信息单元;而长时记忆是一个人所知道的全部知识,包括程序性知识、陈述性知识等,它是在无限期内对大量信息的存储(加洛蒂,2005)。人脑储存信息主要是依靠长期记忆。在交替传译过程的第一阶段,即 CI=L+

N＋M＋C,吉尔(Gile,1995：129)认为此处的记忆是指源语信息从被译员听到到从译员脑海中即将消失这段时间的译员记忆,因此可判断为短期记忆。而在以产出为目的的第二阶段,即 CI＝Rem＋Read＋P,过程更加复杂,主要参与大脑运作的是长期记忆。由于口译中的记忆认知机制"是对信息进行主动加工(解码,编码)之后的储存和提取"(陈卫红,2014：85),因此针对口译中"短时记忆",有学者提出了"工作记忆"的概念。不同于短期记忆只是对信息的存储,工作记忆涵盖信息的存储和加工两个环节。一方面,工作记忆通过提取长时记忆和当前任务相关的内容,通过操控和组合记忆材料对新的信息刺激进行阐释;另一方面工作记忆将加工结果储存到长时记忆中(张发勇,2010)。工作记忆强调了交替传译中的记忆是译员对源语信息进行理解加工后的结果。工作记忆是一种口译工作机制,通过控制注意力来保持、提取或者抑制信息,因此它是译员对信息的动态处理过程。工作记忆以短期记忆为基础,目的在于协助译员完成交替传译最后的产出,实现交际目的。工作记忆具有任务导向性,实证研究表明工作记忆与交替传译任务的执行效果之间呈显著相关(章忆晶,2008)。

针对工作记忆的容量,艾利克森、德莱尼(Ericsson & Delaney,1999)提出了"长时工作记忆"的概念。他们认为,工作记忆对信息的存储没有固定容量的限制。专家的记忆之所以可以不断扩充,并且在一段时间之后仍然将信息留存在记忆之中,是因为专家会快速把信息编码进长时记忆中,然后在完成任务过程中通过线索提取信息,这部分被编码并且可以被随时提取的记忆被称作长时工作记忆。长时工作记忆涉及两个过程,一是将加工后的信息以一定的形式存储在长时记忆中;二是将长时记忆中的信息提取到工作记忆中。研究者通过实证得出结论,大脑中的信息通过一定的结构或图示存储可以很快被提取。因此,建立信息提取结构(retrieval structure)是长时工作记忆的关键。记忆主体通过自身具备的知识与新输入信息中的提取线索建构信息提取结构,然后依据信息提取结构的索引将信息全部回忆出来。长时工作记忆在交替传译过程中发挥着重要作用。交替传译的工作机制是译员听完一段源语后翻译,有时源语的时间可能长达 7 分钟到 10 分钟,因此对译员的记忆容量提出了挑战。显然译员的产出依靠的不是短时记忆,而是长时工作记忆。美国心理学家米勒、塞尔福里奇(Miller & Selfridge,1950)提出,人脑通过将单个信息组合成更大的信息单位可以扩充记忆存储,所以长时工作记忆的容量并不在于刺激信息的多少,而是取决于组块和编码的方式(鲍刚,2011：107),即信息提取结构。可以说,信息提取结构的性质决定了译员工作记忆容量的大小。特殊的提取结构是译员超长记忆的保障。在交替传译中,信息提取结构具体是指高层次宏观语义单位和宏观语义单位之间的关系(许明,2010),即语篇结构。哈蒂姆、梅森(Hatim & Mason,1997:41-42)也指出,不同于同声传译,交替传译的特点决定了译员在有限时间内的记忆重点是语篇结构,而不是具体的词语、语言结构、语法表达等细节内容。译员根据语篇结构完成对整段话语信息的激活和提取。因此,语篇结构决定了交替传译工作记忆的容量。

2.3.3　交替传译信息处理过程与语篇结构

口译是一种信息传播。交替传译中,译员对信息的处理主要分为接收源语信息和产出译语信息两个阶段,其中接收源语信息是产出译语信息的前提和基础。想要成功接收信息,须对信息的传递规律有清晰的认识。杨承淑(2010:47)借助信息地盘论,在对具体语料进行实证分析的基础上,提出言谈信息的传递模式为三段式,即范围(scope)、聚焦(focusing)和彰显(highlighting)。根据信息地盘论,新信息只有尽量和旧信息相结合才能得以顺利传递。那么,这一信息推进模式是如何在语篇层面实现的呢?首先,讲话以说话人和听话人共知的信息为起点,通过时间词、处所词、情态词和重复词引出新主题,划定范围,占据信息地盘;其次,讲话通过起因、条件、对比、序列、增补等连贯词句缩小范围,凝聚信息焦点,巩固信息地盘;最后,讲话彰显整篇中最新最重要的信息(杨承淑,2010)。从上述模式不难看出,逻辑关系在识别重点信息、聚焦新信息方面发挥着关键作用。一方面,逻辑关系是布局不同类信息的手段,它承接引介信息并导入关键信息。另一方面,逻辑关系是已知信息和未知信息的黏合剂,因果推理、正反对比、补充解释往往是推出新信息的重要方式,可以有效保证信息的接收。从信息属性来看,源语信息除新旧之外,还有主次的区别。杨承淑(2010:66-67)提到,信息主次的来源包括概念的下层深化、对照比较关系的前后呼应以及对主题的扩展延伸。可以看出,信息的重要性首先是通过层级来实现的。通常位于上层的信息为主要信息和统领信息,而位于下层的信息为次要信息和细节信息。与此同时,逻辑关系本身也可以凸显信息的重要性。根据修辞结构理论,话语具有核心特征。语篇中大部分关系属于非对称关系,存在于核心结构段和辅助结构段。核心结构段对于作者意图的表达更为重要,是辅助结构段发挥作用的前提(张魁,2007:138)。因此,位于核心结构段的信息为主要信息。在交替传译过程中,一方面,译员对信息进行联系和分析,通过逻辑关系的连接在已知信息基础上了解未知信息;另一方面,译员对信息进行识别和归类,区分源语语篇中哪些是统领信息,哪些是细节信息。对于统领信息,译员会着重理解。而对于细节信息,即便译员遇到理解障碍,也可以大胆放弃,不必消耗过多精力,因为它不会影响整体意思的把握。综上所述,以逻辑关系和信息层级为特征的语篇结构是源语信息传递的核心机制,因此它必然是译员在接收源语信息过程中对信息进行识别、分析和筛选的关键。这点从译员的交替传译笔记中也可以得到证明。笔记是译员接收信息的结果,同时也为译员产出信息提供依据,因此笔记是交替传译中信息传递的中介状态,它体现了"译员对源语信息的分析、储存和提取"(杨承淑,2010:80)。笔记通常呈现的是源语信息的逻辑关系和信息层次。由于笔记不可能完全复制源语信息,其所保留的是译员在取舍之后最有利于其进行重新编码的信息,所以源语语篇结构是联结译员在交替传译中信息解码和编码的纽带。杨承淑(2010:89)通过研究口译笔记和手语传译,发现除名词、动词等词汇义被保留外,信息间的关系是源语信息在笔记中的主要中介表征。因此,无论从信息的传递规律,还是从信息的重要程度,抑或从信息在传递过程中的形式变化,都可以得出结论:源语语篇结构对译员有效接收源语信息发挥着重要作用。

在译语信息的产出阶段,源语语篇结构是译员进行信息重组的依据。当源语和目的语在语言体系方面存在较大差别时(如汉语和英语),当某些口译任务中源语由于结构松散、用词不当、表达啰嗦等问题而信息模糊不清时(如即兴演讲),信息重组成为译员的必然选择。根本原因在于,口译中译语需要在最大程度上传递讲话人的信息。尤其是对于交替传译,译员接收到的信息是相对完整的语篇,因此更有可能完成信息重组。那么,如何保证译员在产出阶段的信息重组是有章可循,而非随意而为? 也就是说,如何证明译员进行信息重组的方式是合理的呢? 首先,须符合信息传递规律。口译中译语信息同单一信息结构一样,只有遵循"引介-聚焦-彰显"三段式的信息传递规律才能顺利传输(杨承淑,2010:148)。鉴于前文已论证语篇结构是源语信息传递的重要机制,而且是信息传输的主要中介形式,因此它也应该是译语信息实现传播的重要工具。具体来讲,首先,译语通过还原源语语篇结构,可以展现源语信息的关系、主次和重心,从而聚焦源语信息重点。这也是口译信息重组的目的所在,即去粗取精,提取源语中有价值的信息(王柳琪,2008:93)。其次,须保证译语和源语在"信息质量"方面的一致性。王斌华(2012：141)通过研究发现,口译信息处理的实际规范之一是目的语相对于源语须保持信息的完整性。蔡小红(2003：78)认为,口译评估中衡量信息忠实度的指标不仅包括信息数量,还应包括信息质量。其中,信息数量是指语义单位,主要由含有信息的实词构成;信息质量是指关系结构、观点结构以及意义层级。因此,源语中信息质量是通过语篇结构来体现的。译员在信息重组过程中,须还原源语语篇结构。信息数量可能由于源语信息重复或冗余而删减,但体现信息质量的关系结构却不会被轻易改变。最后,须保证与源语的"交际目的"相一致。由于口译的实质在于交际,因此译语应达到与源语相同的交际目的。信息在语篇层面上的表现即讲话人的交际意图(徐明玉,2016：85)。如前文所述,语篇结构是实现语篇交际目的的重要方式。因此,译语如要传达源语的交际目的,就必须还原源语的语篇结构。

所以,译员只有遵循源语的语篇结构,才能保证其重组后的信息能够实现与源语同样的交际效果。而且,源语语篇结构还为信息重组的具体策略提供了可操作性的指导原则。比如,多位学者提到交替传译中可对冗余或次要信息进行压缩性删减(武光军、王克非,2008;姚斌,2018),这也是口译信息处理的实际规范之一(王斌华,2012：141-142)。那么,如何判断哪些信息属于冗余信息或次要信息呢? 一般来说,在曼恩、汤普森(Mann & Thompson,1987)总结的英语常见逻辑语义关系中,位于"重述关系""阐述关系"或"解释关系"中的信息可能会出现重复。在语篇信息层级中,位于低层次的信息更多的是次要信息,更有可能被省略。再比如,信息归类策略,即译员可以对同类信息作归纳处理。那么,如何识别同类信息呢? 它们一般是隶属于一个更高的信息类属。具体到语篇结构层面,也就是归属于同一更高层次的信息之下,并且在关系上属于多核心关系,即关系连接的两段的内容在地位上是平等的,如序列关系、列举关系等。还有,逻辑结构显化策略。相较于英语,汉语的逻辑关系总是隐含在句子语义中,且没有逻辑连接词作为标志。在英译汉交替传译中,译员需要将逻辑关系结构明晰化。因此,识别源语的逻辑关系结构至关重要。

通过分析译员在交替传译中的信息处理步骤,不难看出源语语篇结构是信息从源语到笔记中介语再到译语过程中维持不变的要素。一方面,它关乎译员能否成功接收源语信息;另一方面,它成为译语进行必要信息重组的依据和有效保证。因此,源语语篇结构对于交替传译信息处理发挥着关键作用。

2.3.4　交替传译质量评估与语篇结构

口译质量评估起始于 20 世纪 80 年代后期,其发展轨迹从早期的单一评估标准逐步发展为多元动态评估体系。研究者逐渐意识到,口译评估是一个复杂的概念,涉及口译活动的各参与方和口译行为的各个层面。如何建立一个可操作性的分析框架来衡量源语-目标语信息的一致性仍然是目前有待解决的问题(王斌华,2019:75)。口译评估受到评估目的、评估手段和评估任务的影响。其中,评估目的决定评估模式。莫塞尔-梅瑟(Moser-Mercer,1996)将口译评估目的分为三类,即面向口译职业实践的评估(从用户角度和雇主角度出发),面向口译教学的评估以及面向口译研究的评估。其对应的三类评估模式分别是对口译现场服务质量的评价、对教学中学员掌握口译技能情况的评估以及实验条件下对口译产出进行分析的测量。在面向职业实践的评估中,口译更多地被看作是一种产品。研究者通过采用调查法和观察法发现译员、听众和雇主之间对口译质量的理解存在差异,用户并非口译质量的理想评判者,因为实际的口译质量与用户感受到的口译质量之间存在明显差别(Ais,1998)。面向教学的口译评估又可以分为三类,即口译潜能考试、口译学习过程测试和口译水平测试(王斌华,2011)。其中,口译学习过程测试属于过程性评估,它指的是检查某一教学大纲、计划内容的完成情况,诊断学生在学习过程中出现的问题。口译水平测试是用来测量学员或译员的口译实践能力,评定考生是否达到某一水平,能否胜任相关口译工作。目前,无论是针对口译学习过程测试还是口译水平考试,都有研究表明测试设计带有主观色彩,缺乏客观的评估理据;测试内容不够科学(Sawyer,2011:174)。通过对蒙特雷高级翻译学院的结业考试进行实证研究,结果表明作为口译考试内容的源语文本不能支持口译考试成绩的效度和可靠性。面向研究的口译质量评估标准相对全面细致,研究者运用理论思辨法和科学实验法对评估指标进行了总结归纳,并且展开量化研究,拟定评价参数。

无论上述哪种评估类型,都需要梳理和罗列具体的评估指标。蔡小红(2003)从口译性质出发,对评估指标进行描述。口译的实质在于交际,而"语言交际总是以语篇的形式出现"(Wilss,1982:12),因此口译是在语篇层面展开的。根据语篇分析理论,意义通过语篇结构得以实现,所以翻译中信息和概念的对等只能建立在语篇层面上(蔡小红,2003:41)。因此,口译的质量评估也必须具备语篇意识。在口译评估指标中,信息指标是测量翻译忠实度的重要依据。

基于上文所述的口译的实质,信息单位被锁定在语义、意义、意图等范围,因此蔡小红(2003)提出信息单位的评估应指向语篇层面,信息指标应从信息数量和信息质量两方面来考察。其中,信息数量是指语义单位,来源于释意理论和心理语言学中命题单位的定义。它主要由含有信息的实词构成,包括单词、词组或意群。它属于量化的评估指标,便于操作。信息质量是指语篇信息结构,它由源语中每段话的信息结构构成,而每段话的信息结构又由意层构成。译文的意层如果存在缺失,就会导致逻辑链条的中断,从而影响译文对原文的忠实度。因此,信息指标中有关信息的忠实度可以从三个维度展开。首先是信息点,以语义为单位;其次是信息意层,以完整的意义层级为单位;最后是信息结构,以关系结构、观点结构和事件结构为单位。蔡小红对口译中信息的质量评估将数量与质量、个体与结构相结合,其中对意义层级和信息结构的考察体现了语篇结构在口译质量评估中的重要性。它关乎译文语篇的可接受度,译文语篇需要层次分明、逻辑清晰。由于交替传译的特殊工作机制,语篇结构对于交替传译产出的质量尤为重要。李承(2006)在比较同声传译和交替传译的过程后,认为交替传译对译文逻辑连贯性的要求高于同声传译。欧阳倩华(2015)运用系统功能语法对本科生的交替传译产出的意义传递质量进行评估,其中一个重要指标就是逻辑意义,即概念间的逻辑关系。

此外,部分研究者尝试在评估方法上将信息的重要程度考虑在内:麦金托什(Mackintosh,1983)对划分好的信息单位进行重要性赋值;鲍刚(2011)在其设计的评估参值表中,将关键信息赋值 15 分。但上述研究者在识别信息重要与否时多出于主观判断,缺乏科学依据。因此,将源语信息按层级划分可作为参考标准之一。一般来说,顶层信息决定了语篇的宏观结构,反映的是源语语篇的交际目的,因此也是译员在口译产出中须首要体现的。而越是位于下层的信息,越是偏向于微观细节,其重要性也相对较弱。基于此,位于语篇较高层次的信息,所占的重要性分值应越高;而位于语篇较低层次的信息,所占的重要性分值则应相对较低。而且,信息层级有助于交替传译质量评估时突破语言的界限。很多研究者在对译语相对于源语的信息忠实度进行考察时,偏向于使用命题单位(Dillinger,1994;Tommola & Helevä,1998)。但是,命题单位通常是按照短语或小句划分的,这在一定程度上受困于语言形式。尤其是按照句子划分,信息单位呈现的形式完全是线性的,不符合语篇层级性的特点。正如我们所知,语篇中有些信息是跨越句子存在于段落层面甚至篇章层面的,所以在实际评估中,译语中一些信息并非和源语中的具体字词或句子相对应。但如果请专家对译语质量做整体评判时，这些信息点却会成为专家给分的理由。其原因在于它们和源语信息在篇章层面是对等的。因此，信息层级的划分为交替传译评估中信息重要性的识别提供了一定的客观依据。尤其是对于交替传译来说，译员可以在更大的空间内对源语信息进行整合。所以当评估者发现源语的具体词句在译语中找不到对应时，很可能是译员将其和同一层次的信息合并或进行重组后整合入了更高层级的信息中。

综上所述，只有将以"逻辑关系"和"信息层级"为核心的语篇结构纳入交替传译"信息忠实度"评估中，才能将信息的数量和质量相结合，才能将信息的个体与整体相结合，才能从本质上反映译语信息忠实与否。

2.4　交替传译教学与语篇结构

2.4.1　交替传译教学的基本原则

交替传译教学是指"训练学员在通过分析、综合、推理、联想等方法在学会听辨源语语音的同时借助主题和认知知识进行分析、综合、推理，正确理解听到的信息，并利用笔记帮助记忆理解语篇意义，在讲话人完成一段讲话后迅速、准确、完整地用译入语表达源语的信息"（刘和平，2011）。交替传译教学的基本原则之一是技能性，即口译训练以向学生传授口译技能为主，辅以不同题材的语篇来强化口译技能的习得。口译技能不是语言技能，而是翻译的本质，即集中全部的注意力捕捉讲话人的欲说之意（塞莱斯科维奇、勒代雷，2011）。根据教育心理学，技能是顺利完成某种任务的一种活动方式或心智活动方式，它是通过练习获得的（潘菽：1983）。技能分为动作技能和心智技能。心智技能是指借助内部言语在头脑中进行的认识活动，它包括感知、记忆、想象和思维，以抽象思维为主要成分。口译是一种信息的交叉提取和知识的应用，因此它属于心智技能。心智技能的本质特征是掌握正确的思维方式方法，因此口译训练的核心是思维训练，刘和平（2011）将口译中的思维总结为逻辑思维、形象思维和灵敏思维。口译教学的另一重要原则是阶段性，即技能训练需要循序渐进、符合科学的规律。技能的形成需要一个过程，而练习是技能形成的主要途径，不同阶段的练习应该符合该阶段的教学目标。交替传译教学的技能性和阶段性原则要求口译教师以学生学习阶段的特点和教学目标为依据,选择合适的口译材料帮助学生进行练习。

2.4.2　交替传译教学材料的特点

交替传译课堂上的教学材料应具备以下几个特点:首先,时事性和内在独立性。学生在口译前应对讲话主题有一定背景知识的了解。其次,口语化。杨承淑(2000)认为,口译教材须使用学生亲耳听到、亲眼看到的口译信息来源。在语言表达上,必须是活生生的口语,尽量不使用僵硬的读稿或者书面文稿。而对于书面讲稿如贺词、答记者问、官方礼仪交往讲话等,可放在训练的后期练习。再次,塞莱斯科维奇、勒代雷(2011)认为,交替传译的技艺在得到巩固之前,为保证语言的纯洁性,源语讲话要以母语文章为基础,避免使用其他语言的文章或者翻译的讲话,因为这样的讲话有可能存在语种之间的互相干扰。最后,也是最重要的一点,交替传译教学材料在选择上应该遵循由易到难、逐步深入的梯度原则,与学生的阶段性技能培养紧密结合(Li,2019)。司徒、杜蕴德(Setton & Dawrant,2016)认为,在口译训练过程中,教师可以让受训学员首先练习较为简单的口译任务,这类任务具备口译任务的基本特征,但是不涉及导致难度较高的因素(如语速、专业术语等)。随着交替传译教学阶段的推进,教师逐渐增加口译任务难度,如选择较快语速或专业性较强的讲话。交替传译教学语料应该建立在学生已有的语言水平和知识储备基础上,然后逐步提高课堂口译任务对交替传译分项技能的要求、分项技能的整合程度,并使课堂口译任务逐渐向真实环境下的口译任务靠近。教学材料难度的循序渐进一方面有助于提高学习者的口译技能,另一方面也有助于保护学习者的信心,否则,练习可能无功而返或事倍功半。一直有研究指出,在目前的口译教学中,大部分材料过于简单或过于复杂。因此,材料难易度的控制还有待进一步改善(蔡小红,2008;刘先飞,2016)。

2.4.3　交替传译教学阶段与语篇结构

口译的教学性质和目标是课堂选材的主要依据(刘和平,2005)。因此,要选择合适的教学材料,首先要明确交替传译教学的阶段目标。不同学者对口译教学阶段都有所描述。塞莱斯科维奇(Seleskovitch,1989)描述的交替传译教学进度是:学生首先通过无笔记交替传译学习如何分析讲话内容,然后通过笔记学习在理解的基础上记忆较长的语段,在打下基础后,学生才可以真正"学习做翻译",即将翻译原则和方法运用于专业技能中。刘和平(2011)在此基础上,将交替传译基础技能的教学分为五步:译前准备阶段(听与理解)、口译程序训练阶段、译前主题及术语准备阶段、交替传译笔记阶段和交替传译技能综合训练阶段。交替传译技能综合训练阶段意味着学员要将前面所学的知识运用到口译实践中。其中,前四个阶段都属于基础技能的训练阶段,学生需要学习的是交替传译的基本原则、方法和各分项技能。其中,以听辨理解和笔记作为分项技能训练的重点。第二阶段是各项技能的"协调运作阶段"。学生需在口译任务中深入体会,掌握口译技能,实现口译技能的自动化。司徒、杜蕴德(Setton & Dawrant,2016)将口译任务分为四个阶段:起始阶段(initiation),教学目标是帮助学生理解口译的根本机制,并介绍笔记的基本原则和方法;协调阶段(coordination),教学目标是通过练习帮助学生通过将习得的口译基本技能(包括听辨、记忆和笔记)协调运作,完成简单的交替传译任务;实验阶段(experimentation),教学目标是针对真实性较强的交替传译语料,帮助学生调整交替传译技能,逐步适应真实的口译任务;巩固阶段(consolidation),教学重点由信息输入(如理解、记忆)转为信息输出(表达),目标在于训练学生采用合适的节奏、语气和语言风格进行译语表达,同时注意在表达过程中与观众沟通。因此,其教学语料也多为真实的口译语料,且能够反映目标市场的需求。同时,教师对学生口译表现的评估也会依照职业译员的标准;现实接轨阶段(reality)是口译训练的最后阶段,目标在于让学生完全接触真实复杂的口译任务,培养学生具备职业译员应具备的综合能力。虽然不同学者对交替传译教学的阶段划分有所不同,但大致可以归入三大阶段,即基础技能习得、技能夯实(协调、实验和巩固)和技能职业化。下面将具体阐述源语语篇结构在交替传译教学阶段中的地位。

交替传译的基础技能包括听辨理解、短期记忆和笔记。在交替传译教学初期,教师的首要任务是改变学生的听力意识(Setton & Dawrant,2016)。由于目前多数口译学习者都来自语言专业(Yan,Pan & Wang,2018),因此很容易沿袭语言学习中将关注点放在语言形式上的习惯。但是,口译听辨中的"听"不是词汇和语法层面的辨析,而是语篇结构的快速判断与重建,即"摆脱词汇外壳的束缚,以意义为形式,以意群间的逻辑关系为框架储存信息,并快速判断整个语篇的交际目的"(刘先飞,2016:80)。因此,训练听辨技能和短期记忆时,司徒、杜蕴德(Setton & Dawrant,2016)建议采用两种练习方式:"语篇主旨概括"和"语篇大纲提炼",两类练习都要求学生关注语篇结构。在"语篇主旨概括"练习中,教师可以引导学生思考讲话人是如何按照一定的结构组织观点,向听众表达自己的交际意图;在"语篇大纲提炼"练习中,教师可以引导学生通过分析源语的逻辑关系,区别重要信息和次要信息,从而提炼出讲话人的思路。它不仅有助于信息理解,而且有助于信息记忆。有研究表明,认知主体在大脑中对语篇内容模型建构得越丰富,便越容易回忆起语篇信息。通过上述两项训练,学生可以跳出语言框架,关注点由微观层面转向宏观层面,培养捕捉重要信息的能力。王丹(2011)提出交替传译听辨阶段的三个教学目标:一是树立整体意义的意识,把握逻辑结构。学生在听辨过程中应首先把握语篇的宏观结构。二是信息层次。学生分清信息层次有利于抓住源语的信息结构,厘清同一层次内部和不同层次之间的关系,准确完整地把握讲话人的思路。三是信息的筛选和整理。学生在把握宏观框架以及源语内部各层次信息的基础上,应该学会对信息进行主次分类。学生在这一阶段通过分析和建构语篇结构,可以将信息迅速格式化,储存在长期记忆中。所以,也有学者提出,将意层作为这一阶段教学语料难度区分的指标之一(刘先飞,2016)。此外,在交替传译笔记技能的习得过程中,源语语篇结构同样应该是学习者关注的重点。交替传译中,笔记的作用在于提示和补充短期记忆。虽然笔记具有个性化差异,但通常来讲,笔记不仅需要记录数字、专有名词等短期记忆不易保留的信息,同时还应记录源语信息间的逻辑关系,并通过空间布局体现源语的信息层次。由前文可知,这对于口译认知过程和信息处理过程都十分重要。综上所述,如何分析源语语篇结构应该是交替传译基础技能习得阶段的核心,应该体现在课堂教学材料的设计中。

在技能夯实阶段,学生在习得各分项技能后,进入了真正意义上的交替传译训练。教师应该将重点转移到讲话内容和难度的选择上(刘和平,2011)。与塞莱斯科维奇、勒代雷(2011)和吉利斯(Gillies,2013)一脉相承,刘和平(2011)也提出教师选材的顺序应该是:熟悉主题的叙述类讲话、熟悉主题的论述类讲话、陌生主题的叙述类和论述类讲话、熟悉主题使用语言非常考究的讲话、不熟悉主题的各类讲话、需主题准备才能翻译的讲话、需术语准备才能翻译的描述类讲话、修辞类讲话。不难看出,题材和体裁是口译教学选材的主要依据。毋庸置疑,题材的熟悉度直接影响到译员对源语的理解,也有学者通过实证研究提出了熟悉系数(Alexieva,1994)。但是在体裁方面,区分不同体裁的重要因素之一是语篇结构。虽然近年来研究表明,记叙文的理解和记忆更多依靠的是认知主体的背景知识,但较早有研究表明,记叙文的原型结构也对认知产生着重要影响

（Voss & Bisanz，1985）。而对于议论文和说明文，语篇结构的作用更加明显。本书 2.2.4 小节有详细论述，这里不再赘述。因此，语篇结构仍然是技能夯实阶段教学材料选择的考量因素。但是，经过技能习得阶段，学生培养起了语篇分析意识，而且对语篇结构也有所了解，因此教师在技能夯实阶段主要是检测发现学生在口译中对哪一类语篇结构的分析还存在障碍，并引导学生通过针对性的练习克服障碍，从而为后续技能的职业化阶段奠定基础。但目前关于语篇结构对交替传译难度的影响仍然停留在宏观描述层面，还没有进一步的实证数据支持。在技能职业化阶段，由于教学重点关注的是译员的职业能力，因此语篇结构分析被默认为译员已经习得的能力。

综上所述，源语语篇结构分析在交替传译的基础技能习得阶段和交替传译的技能夯实阶段都扮演着重要的角色，尤其是在基础技能习得阶段，分析源语语篇结构是学习者由"语言学习者"转为"口译学习者"，树立交际意识的必要一步。因此，课堂练习材料应该涵盖不同类型的语篇结构，教师在教授过程中也应该关注学生在交替传译中对语篇结构的处理。

2.5　译员能力与语篇结构

根据 2.2.1 的论述，交替传译任务难度与译员能力相挂钩。难度影响因素对于不同能力的译员产生的作用也不尽相同。前文从口译难度研究领域以及交替传译过程与评估的角度证明了语篇结构是影响交替传译任务难度的重要因素。而除少数文章外（Dillinger，1994；Hatim & Mason，2001），大部分研究者在探索语篇结构对交替传译难度产生的影响时所选取的对象都是学生译员（吴磊，2008；Andres，2015；黄晓佳、鲍川运，2016；刘先飞，2016）。那么译员能力和语篇结构之间是什么关系？

王斌华（2011,2012）将译员能力分为两类，即智力因素和非智力因素。智力因素包括双语能力、口译技巧和言外知识；非智力因素包括译员的身体素质、心理素质和职业素质。其中，双语能力强调对"源语的听辨理解"和"目标语的表达"（王斌华，2012：75）。不同于传统意义上的口译学习者，目前多数受训学员的语言能力无法达标（Yan，Pan & Wang，2018），因此提高学生的双语能力也是口译教学的重点之一。司徒、杜蕴德（Setton & Dawrant，2016）认为，口译教学中提高学生语言能力的关键在于培养学生语言功能意识。不同于日常讲话，口译中的讲话多是为了影响听众,因此相比于词汇和句子本身,词句所承担的交际功能更为重要。因此,教师应该训练学生通过上下文从语篇层面理解讲话内容。卡拉斯科·福洛雷斯(Carrasco Flores,2020)在前人研究基础上提出双语能力应该包括语言能力(语言规则的掌握)、社会语言能力(语言变异的知识)、语用能力(语言和言外之意的正确运用)和话语能力(语篇特征、语篇类型和语篇性标准的了解)。口译技巧包括听辨理解、逻辑分析和整合、口译记忆、口译笔记等。刘和平(2011)将译员能力分为四类,分别是双语能力、分析综合抉择能力、语篇处理能力和职业能力。

从前文可知,对语篇结构的把握贯穿在口译双语能力提高和口译技巧习得过程中,需要译员运用逻辑分析和整合能力以及语篇处理等相关能力,因此它是译员能力的重要组成部分。在交替传译中,语篇结构发挥的作用主要体现在其整体性和逻辑性。整体性包括译员对宏观结构的建构和信息层次的梳理,逻辑性是指译员对源语不同层次内容之间关系的识别。而根据译员能力发展层次的研究(王树槐、王若维,2008),译员的翻译策略发展维度是从局部策略到整体策略能力的发展过程;翻译思维发展维度是从具象思维到形象思维再到抽象思维的发展过程,"在抽象思维阶段,译者的思维内容是文本的逻辑"(王树槐、王若维,2008:86)。因此,整体策略和逻辑思维是译员能力发展的较高阶段。许多研究表明,这也是区分职业译员和学生译员的重要指标。徐海铭、柴明颎(2008)通过实证研究表明,非职业译员和职业译员在笔记方面最明显的差别就是前者没有意识到笔记要记录命题间的关系。康馨尹(2015)的研究也指出学生译员容易忽略信息点之间的逻辑关系。彭(Peng,2009)在对比学生译员和职业译员的英译汉交替传译产出后发现,学生译员对原文的理解不如职业译员完整。具体来讲,学生译员更多抓到的是源语局部连贯,而职业译员可以抓住源语整体连贯。因此,学生译员在完成交替传译任务时更容易受到原文语篇结构的影响。对语篇信息结构的分析整合是交替传译各分项技能训练和综合技能训练的重点,学生译员需要经过大量练习才能够实现技能的自动化。所以,研究源语语篇结构对于学生译员交替传译能力的影响,具有一定的价值。而且,根据卡拉斯科·福洛雷斯(Carrasco Flores,2020)的个案分析结果,部分口译教材过度关注语言形式,而非语言的交际功能。因此,在口译教材中,凸显语篇结构的作用是十分必要的。

2.6 语篇结构理论

2.6.1 语篇结构理论综述

语篇结构研究以实际交流中的句子或语段作为研究对象,涉及语篇本身的特征、语篇的衔接与连贯、语篇中信息的展开以及语篇和社会、语篇和语境的关系等问题,是语篇分析的重要组成部分。由于语篇结构是对文本分析单元的上下文进行的全局分析,因此更能够体现文本内部的结构化信息,对自然语言的生成和理解发挥着重要作用。

学者从不同角度对语篇结构进行了定义和描述。范戴克(van Dijk, 1980)基于话语的目标和任务,提出了话语宏观结构理论。他认为,话语不仅包括句子间的直线关系,还应包括建立在话语总体之上或者话语中较大单位总体之上的结构,即话语宏观结构。语篇中的句列正是因为具有这种宏观结构特征才被称为话语。该理论的核心是宏观结构和宏观规则。宏观结构位于微观信息单元之上,体现的是话语的整体意思。它是一个相对概念,既包括整个话语最高层次的宏观结构,也包括话语内各部分的宏观结构,因此它是建立在不同平面的多等级形式(钱敏汝,1988:91)。宏观规则用于描述宏观结构的建构过程,具体包括删除、选择、概括、组编和归总。删除规则是指对无关紧要的信息的删除。此处"无关紧要"的信息是指删除后不会对其他信息的理解造成影响。选择规则和删除规则类似,都是留下重要信息而去除次要信息。但不同的是,选择规则中被去除的信息的含义是包含在保留信息中的。概括原则是指通过归纳的方法运用上义词将若干微观命题概括为一个新的宏观命题单元。概括原则"以严格的语义蕴含为准"(王全智,2001:9),所选的上义词应包含所有微观命题的共同属性。组构原则也是一种概括操作。但它不是简单地寻找微观命题间的共同点,而是基于更深层次理解之后的提炼。新形成的宏观命题是若干微观命题融合后所形成的更高一层次的心理知识单元(熊学亮,1996:20)。范戴克(van Dijk, 1977:145)以"I bought wood, stones and concrete; I laid foundation; I erected walls; I made a roof."为例来说明组构原则。他认为,上述各命题是建造房屋的步骤,因此可以生成一个新的宏观语义单元,即"I built a house"。微观的信息单元在遵循这些规则的基础上形成更高级的宏观信息单位,从而建构起多层次的语篇结构。宏观结构理论是对篇章局部连贯和整体连贯的阐释,决定了话语内容的重点和组织方式。它在一定程度上解释了信息在大脑中被存储、加工和提取的过程,因此对语篇的理解过程发挥着重要作用(钱敏汝,1988)。另有学者从语篇的功能入手,展开对语篇体裁结构的研究。韩礼德、哈桑(Halliday & Hasan,1989)提出了语篇体裁结构潜势理论,用以描述潜在的体裁结构特征和成分。马丁、罗斯(Martin & Rose,2008)对故事、报告、程序、历史等多种体裁的结构成分及其发展方式进行了分析。他们针对故事体裁提出的"阶段下区区分分段"体现了体裁结构的层级性(何继红、张德禄,2016)。体裁结构是语篇中最大的结构,也是语篇的核心结构。它具有整体性、层级性、粒子性、均匀性、穷尽性等特点。曼恩、汤普森(Mann & Thompson,1987)以语义关系为基础对语篇结构进行分析,提出了修辞结构理论。他们认为,语篇的连贯性不仅取决于形成话语链的话语实体,还取决于各部分之间或隐或现的关系(张魁,2007)。因此,修辞结构理论描述的是语篇的关系结构。这种关系是指逻辑语义关系,是语篇内容深层次的结构关系。它通过表层语篇实现,但并不存在于表层语句和段落之间(王伟,1994;1995)。关系的确定依据的是作者的交际意图和效果。研究者根据话语效果的位置,将关系分为多核心关系和主从核心关系。其中,主从核心关系是一种不对称的关系,包括核心结构段和辅助结构段。辅助结构段为核心结构段服务。主从核心关系又进一步分为表达类关系和主题类关系。其中表达类关系包括对照关系、背景关系、让步关系等;主题类关系包括环境关系、条件关系、阐述关系等。在多核心关系中,各结构段的地位相当。多核心关系包括对比、列举、序列关系等。此外,修辞结构理论还阐释了语篇结构的层次性。每个篇章的层次是不固定的,层次的多少由语义关系的复杂程度决定(张魁,2007)。运用修辞结构理论分析语篇结构通常分为三步:第一,将语篇划分为各分析单位;第二,定义相邻两个结构段的关系,并确定核心成分和辅助成分;第三,将结构关系进行标示。

纵观上述理论,首先我们可以看出,它们在语篇结构方面具有两点共识:第一,它们都承认语篇结构具有层级性。研究者认为,语篇的构成方式不是线性的,而是层级性的。几个基本的分析单位之间构成更大的单位,产生层级;更大的单位之间通过一定关系构成高一级的层级;最高级的单位将整个语篇连接成一个整体。第二,它们都对语篇的连贯性做出了直接或间接的阐释,其中语义关系是语篇连贯形成的重要途径。宏观结构理论和修辞结构理论通过描述语篇中的微观信息单元如何形成宏观信息单位,揭示了语篇从局部连贯走向整体连贯的过程。在体裁结构理论中,基于情景语境的语篇宏观结构决定了语篇的整体连贯。而语篇的整体连贯又决定了语篇中其余次级信息单位的组合,决定了局部连贯的特征。其次,不同理论的侧重点不同,彼此具有互补性。体裁结构从宏观层面揭示了描述人类外部和内部经历的语篇结构成分,但它并没有解释微观信息单位是如何逐步形成宏观结构成分的。修辞结构理论按照自下而上的研究顺序,从逻辑语义关系的角度探讨了体裁结构各部分内部的次级信息单位以及各部分之间如何构成一个逻辑整体。它的一个重要应用就是对不同体裁结构在逻辑关系特征方面进行描述。比如叙述语篇的核心结构由两种关系组成:环境关系提供时间框架,序列关系按照一系列事件的时间关系排列起来;描述语篇中阐述关系是最基本的关系,用以阐述事物的特征、性质、构成等(孔庆蓓,2008),是对体裁结构很好的补充。话语宏观结构理论中的宏观规则也解释了语篇结构从小到大的建构过程,但它缺少对语篇关系的识别。

　　因此,笔者将采用修辞结构理论作为交替传译中语篇结构的分析工具,原因如下:第一,如前文所述,交替传译过程中语篇结构所发挥的作用主要体现在逻辑结构和语篇层次两方面,而修辞结构理论正是对语篇中逻辑关系的分析。它对逻辑关系的确定是以交际目的为依据,不受语法结构、关联词语、类型结构等表层语言形式的束缚。这与交替传译"脱离源语外壳"的实质相符。此外,修辞结构理论认为语篇具有层级性。它通过识别语篇关系,将语篇信息分层。语义关系越复杂,语篇层次就越多。因此,有研究者已经将修辞结构理论用于翻译研究,主要体现在翻译过程和译文质量评估两方面。董敏(2011)提出在科技类语句的翻译中,以修辞结构理论作为理解和翻译的工具,可以突破词汇和语法的束缚,实现功能语义的对等。原颖(2013)在翻译实践项目中发现,有些句子很长,但逻辑关系和层次单一;有些句子很短,但含有多个逻辑关系和逻辑层次。彭(Peng,2009)运用修辞结构工具分析对比了职业译员和学生译员交替传译的产出,发现职业译员能够更好地还原原文的整体连贯。第二,修辞结构理论描述的是语篇的中观结构,它通过连接语篇的宏观结构(体裁结构)和微观结构,将语篇的所有结构统筹在一起。修辞结构理论解决的是局部信息单位如何根据逻辑语义关系(修辞关系)组成更大的单位,它描述的是体裁结构的组织方式。根据前文所述,语篇体裁和交替传译难度之间具有显著相关性,但体裁结构理论目前无法和口译过程相结合。因此,修辞结构理论为探讨不同体裁对交替传译难度的影响提供了一种分析视角。为实现这一目的,研究语篇中逻辑结构和语篇层次对交替传译难度的影响是首要工作。第三,修辞结构理论具有较强的可操作性。它对于逻辑关系的种类描述全面而清晰,同时奥唐奈(O'Donnel,1997)研发的 RST 工具可以将源语逻辑关系和语篇层次直观展现出来,便于研究者在实证层面展开研究。

除了对语篇结构本身进行研究外,有学者提出语篇结构对语篇加工产生显著影响。多项研究表明,不同的语篇结构会影响语篇的理解和记忆(Meyer & Freedle,1984;Horowitz,1987)。有研究者认为,语篇结构的差异主要表现为不同的修辞关系(如并列关系、因果关系等)(Sanders,Spooren & Noordman,1993)。因此,笔者在下文中将系统阐述前人研究中不同修辞关系对语篇加工产生的影响。

2.6.2 修辞关系对语篇加工的影响

修辞关系又被称作"连贯关系"(coherence relation),是实现语篇连贯的重要机制(Taboada & Mann,2006:432)。语篇加工的核心在于建构连贯的表征,因此修辞关系对于语篇加工过程至关重要(Louwerse,2001)。早期学者的实证研究也对此提供了支持。例如,在较短的记叙文中,读者对于因果关系的语句阅读速度更快,记忆也更完整(Black & Bern,1981;Trabasso & van den Broek,1985)。基于此,有学者提出,修辞关系不仅是语篇分析的工具,同时也是认知实体(cognitive entity)。也就是说,认知主体对不同类型的修辞关系的反应是不同的(Sanders,Spooren & Noordman,1992;1993)。曼恩和汤普森(Mann & Thompson,2005)将常见的修辞关系描述为 30 类,但研究者认为大部分修辞关系本身并不构成认知基础,而是它们所共同含有的认知元素(cognitive primitives)影响着它们对于语篇加工过程中认知表征的构建。桑德斯、斯波伦、诺德曼(Sanders,Spooren & Noordman,1992;1993)根据修辞关系给语篇理解带来的新增信息将认知元素分为以下四类:第一,基本操作(basic operation)。根据所连接语段关系的紧密程度,他们认为修辞关系的基本操作可以归为两类,即添补类(addition)和推演类(causality)。对于添补类修辞关系,其前后语段之间只是简单的添加和补充,相互间关联性较弱。比如序列关系、阐述关系、让步关系、背景关系、对照关系等;而对于推演类修辞关系,其前后语段之间存在一个线性发展过程,即推理和演绎过程,因此具有较强的关联性,比如因果关系、条件关系、证明关系等。第二,连贯来源(source of coherence),包括语义连贯类和语用连贯类。语义连贯类修辞关系是指其所连接的前后语段通过言内意义实现连贯;而语用连贯类修辞关系是指其所连接的前后语段通过言外意义或间接言语行为实现连贯,目的是实现语用效果。第三,顺序(order)。这是针对推演类修辞关系而言。如果语篇中推演类修辞关系所连接的条件或原因先于结果而出现,就被称作基本顺序类;相反如果条件或原因后于结果而出现,则被称作非基本顺序类。对于添补类修辞关系,其所连接的语段不存在先后发生顺序,彼此独立,互不影响。第四,两极性(polarity),分为正极类(positive polarity)和负极类(negative polarity)。对于正极类修辞关系,其所连接的两个语段本身通过基本操作(即添补或推演)直接发挥功能,比如"She was exhausted because she had run to the university.";而对于负极类修辞关系,其所连接的一个语段是和另一个语段的对立面通过基本操作发挥功能,比如"Although she was beautiful, she never married.",这一句的后半句和前半句的负面关系在逻辑上才构成合理关系。通常引导正极类修辞关系的连接词包括 and 和 because,引导负极类修辞关系的连接词包括 but 和 although。桑德斯、斯波伦、诺德曼(Sanders, Spooren & Noordman, 1992;1993)等认为,基于以上四项认知元素对修辞关系进行分类可以有效地分析修辞关系对语篇加工过程的认知影响(Sanders, Spooren & Noordman, 1992;1993)。劳沃斯(Louwerse, 2001)同样从建构语篇连贯的角度出发,提出了修辞关系所含有的认知参数化(cognitive parametrization)。通过总结前人描述的修辞关系的共性特点,他认为修辞关系包含以下三类认知参数:关系类型(type)、两极性(polarity)和方向(direction)。其中,关系类型是指语段之间的底层关系或根本关系(underlying relation),而非表层关系,因此与桑德斯(Sanders, 1997)所说的"基本操作"含义相同。它具体包括填补类(additive)、时间类(temporal)和推演类(causal);两极性,即指桑德斯定义的正面关系和负面关系。方向,即指桑德斯(Sanders, 1997)所说的顺序。可以看出,针对修辞关系,劳沃斯(Louwerse, 2001)提出的认知参数与桑德斯、斯波伦、诺德曼(Sanders, Spooren & Noordman, 1992;1993)的认知要素在内容上基本一致,只有少许区别:第一,劳沃斯(Louwerse, 2001)在基本类型中增加了"时间关系"类,但桑德斯、斯波伦、诺德曼(Sanders, Spooren & Noordman, 1993)认为,时间关系与其他添补类关系的差别只是存在于内容而非结构中,而且其连接的语段除了时间先后外彼此基本独立,因此将其划入添补类关系中;第二,劳沃斯(Louwerse，2001)没有将"连贯来源"纳入认知参数中，因为他认为这个参数缺乏足够的理论和实证数据支持。在理论方面，语义连贯和语用连贯没有清晰的界限。而且很多修辞关系同时具备语义连贯和语用连贯，因此难以操作；在实证方面，多项实验结果表明受试者会混淆语义和语用连贯，无法区分不同的修辞关系。受试者对修辞关系连贯类型的确定是依靠上下文而非修辞关系本身(Sanders，Spooren & Noordman，1993；Sanders，1997)。综上所述，修辞关系所含的认知要素可以确定为三项，即基本操作、顺序和两极性，它们决定着修辞关系对语篇加工过程的影响。

研究者进一步从理论和实证的角度分析了三项认知要素是如何影响认知负荷的。针对顺序和两极性，研究结论比较统一。第一，顺序。根据心理语言学和认知语言学的观点，人类头脑中总是存在着一种由经验获得的客观事件的发生顺序。如果语篇中信息呈现的顺序不同于这种固有顺序，就会阻碍理解(Smith & Linnet，1970；Clark，1971)。因此，非基本顺序类修辞关系比基本顺序类修辞关系会给语篇加工带来更大的认知负荷。同时，也有实证数据支持这一结论(Dooley，1990)。第二，两极性。心理语言学家普遍认为，人类对否定信息加工的时间要长于肯定信息(Waston & Johnson-Laird，1972)。此外，根据语言习得的观点，人类先习得肯定表达，后习得否定表达。因此，正极类修辞关系比负极类修辞关系更易加工。例如，unlesss 从句的加工时间要比 if 从句的加工时间更长(Clark & Lucy，1975；Noordman，1979)。桑德斯、斯波伦、诺德曼(Sanders，Spooren & Noordman 1992；1993)和劳沃斯(Louwerse，2001)都通过实验证明了这个观点。

然而，针对"基本操作"这一认知要素，即在添补类修辞关系和推演类修辞关系中，哪一类更有利于语篇加工，哪一类给语篇加工带来更大困难，研究者的结论出现了较大的分歧。其中，有一类学者的研究表明，推演类关系更有利于语篇的理解和记忆。桑德斯、诺德曼(Sanders & Noordman，2000)比较了说明文中"问题-解决"关系和"列举"关系对阅读理解的影响。"问题-解决"关系属于推演类关系，"列举"关系属于添补类关系。实验结果显示，读者对"问题-解决"关系的语段加工更快，复述时也比"列举"关系的语段信息更加准确。其他研究也证明推演类关系比添补类关系的加工时间短(Keenan *et al.*，1984；Sanders & Noordman，2000)。研究者认为，由于因果信息的关联度强，因此读者在理解内容时倾向于通过追踪语篇内的因果信息来表征事件。实验表明因果关系使读者对语段内容表征的连贯性大大增加(Caron，Micko & Thuering，1988：29)。许明(2014)在比较局部连贯类型对科技文章理解的影响后，发现因果关系比时间关系更有利于连贯的构建。此外，还有多项研究证明，推演类关系有利于语篇内容的记忆(Caron，Micko & Thuering，1988；刘桂玲，2005)。由于推演类关系具有较强的组织性，因此通常会被认知主体整合以组块的形式记忆(Singer，1992)。有实验数据显示，记叙文中因果关系的内容比时间关系的内容更容易记忆(Black & Bern，1981)；说明文中，因果关系的内容比列举关系的内容更容易记忆(Meyler & Freedle，1984)。不同于上述观点，劳沃斯(Louwerse，2001)以自然语料作为考察对象，在实验中发现读者对因果关系内容的加工时间要多于时空关系、并列关系、转折关系等。也就是说，推演类关系比添补类关系在语篇加工中耗费更多的精力。米利斯、格拉瑟、哈伯兰特(Millis，Grasser & Haberlandt，1993)在复制前人实验后发现，含有因果关系的语篇并没有比不含因果关系的语篇更容易记忆。刘学华(2007)通过实验发现，阅读中如果构成因果关系的子事件之间存在时间转换，而且在语篇位置上相隔较远，那么时间关系会先于因果关系而发挥作用。还有研究者认为，推演类关系由于涉及一个推理演绎的过程，所以比添补类关系负载更多信息(Sanders & Noordman，2000)，而且儿童在逻辑关系习得过程中先习得增加关系和时间关系，后习得因果关系(Bloom *et al*.，1980)，所以推演类关系会比添补类关系给语篇加工带来更大的困难。综上所述，针对添补类关系和推演类关系对语篇加工中认知负荷的影响，目前并没有一个清晰的结论。

以上内容介绍了有关修辞关系类型对语篇加工过程影响的前人研究。其中，修辞关系所含的"认知要素"的提出为研究语篇结构中逻辑关系对交替传译源语语篇难度的影响提供了理论视角，同时相关实证研究也为本研究从认知的角度对逻辑关系进行分类提供了数据支持。然而，针对添补类关系和推断类关系对语篇加工中认知负荷的影响，研究结果各异。因此，这也成为了本书研究的探讨重点。

2.7　研究问题的提出

交替传译教学具有技能性和阶段性特征，因此教学材料的选择应该以技能培养为宗旨，在难度上循序渐进。由于交替传译任务难度受到多因素的共同作用,所以教师应根据阶段性教学目标,在甄选或设计教材时突出某一个或几个因素的作用。通过梳理交替传译的内容和原则,笔者发现分析源语语篇结构是学生译员明确交替传译工作原理、获得交替传译基本技能的核心,同时也是职业译员和学生译员的显著差别。交替传译教学可以分为技能习得阶段、技能夯实阶段和技能职业化阶段。在技能习得阶段,由于交替传译的对象是语篇,学生译员需要明确在听辨理解中语篇结构比具体词句更加重要。通过分析语篇结构,译员可以更好地获取源语内容和讲话人的交际意图。同时,语篇结构是译员短期记忆的重要提取线索。在技能夯实阶段,教学材料的安排依据体裁由易到难。由于语篇结构是体裁的重要标志,因此译员在交替传译中对不同体裁的处理方式受到语篇结构的影响。了解语篇结构对译员认知负荷的作用及其原因,一方面可以帮助学生译员进行针对性练习,另一方面有助于从语篇的角度描述口译能力的发展过程。综上所述,本书研究认为,源语语篇结构有必要成为“技能习得阶段”和“技能夯实阶段”交替传译教学材料难度分级的指标之一。

目前用于衡量交替传译材料难度的量化指标主要是词汇、句子和信息密度。其中,词汇包括词长和词频,句子包括句长和句法结构。但是,由于词句层面的因素和交替传译“脱离源语外壳”的本质相背离(Alexieva,1999),而且在一些实证研究中并未对口译难度造成影响(Liu & Chiu,2009;Setton,1999),因此受到研究者的质疑。信息密度是目前研究者认为最可能对口译难度产生影响的因素。但是,如果要对交替传译任务难度做整体评估,只关注信息密度则会忽略语篇层面的因素。交替传译中,译员不仅应注重信息的内容,还应重视信息的功能,而信息的功能是通过语篇结构来体现的。其实,一直以来都有学者直接或间接地提出语篇结构会对交替传译任务难度产生重要影响。刘先飞(2015)以及鲍川运、黄晓佳(2016)等研究者认为应该把逻辑结构或意层作为区分交替传译任务难度的主要指标;迪林杰(Dillinger,1994)和吴磊(2009)等通过实证研究证明不同语篇类型(如记叙文、议论文)对交替传译难度产生显著影响。其中,记叙文最简单,说明文和论述文都会给译员带来一定难度。研究者将语篇类型对难度的影响归因于语篇结构的差异(Dillinger,1994;Li,2019)。但是,针对语篇结构对交替传译任务难度的影响,前人的研究只是停留在宏观描述和主观判断层面。那么,交替传译中源语语篇结构具体指什么?它是如何作用于交替传译难度的?这种影响是否在实证层面有数据支持?目前的研究并未对此作出完善的解答。综上所述,本书研究将采用历时的角度,考察在交替传译教学的不同阶段中(即"技能习得阶段"和"技能夯实阶段"),源语结构对交替传译教学材料难度的影响。

为确定交替传译中语篇结构的内涵,笔者首先回顾了交替传译的认知过程。在听辨理解阶段,语篇结构的作用主要体现在逻辑关系、宏观结构和信息层级三方面。根据许明(2010)对"脱离源语外壳"的认知诠释,由逻辑分句所构成的相应的事件、动作和状态只有通过时间、空间、因果等逻辑关系相连接才能形成宏观事件、宏观动作和宏观状态。而宏观事件、动作和状态之间如果要形成更大的宏观结构,也需要靠逻辑关系来组织。因此,逻辑关系是实现语篇局部连贯和整体连贯的保证。不同于同声传译,交替传译中译员有条件构建高层次的宏观语义单位,而语篇的宏观结构决定了语篇的交际目的,因此译员需要在线性逻辑关系和信息层级的基础上进一步构建语篇的宏观结构。由于将信息分层是构建宏观结构的前提,只有在信息分层的基础上,才能明确信息的功能,分清哪些信息统领全篇,哪些信息是微观细节。所以,信息层级也是影响理解的重要因素。在记忆阶段,根据长时工作记忆理论(Ericsson & Kintsch,1995),工作记忆的容量主要取决于组块和编码的方式,即信息提取结构。在交替传译中,信息提取结构就是指较高层次的宏观语义单位之间的关系,属于语篇结构的讨论范畴。因此,可以说语篇结构的性质决定了译员工作记忆容量的大小。其次,笔者分析了交替传译的信息处理过程和语篇结构的关系。其中,源语逻辑关系是引介新信息和彰显重要信息的手段,也是译员对源语信息进行重组的依据。再次,笔者梳理了交替传译的评估标准。蔡小红(2003)提出,衡量忠实度的信息指标应该从信息数量和信息质量两方面来考察,其中,信息质量具体指信息的意义层级和信息结构,即关系结构、观点结构和事件结构。综上所述,由多层次语义网络构成,以逻辑关系为核心的源语语篇结构对交替传译过程产生关键作用,其中由逻辑关系构成的宏观结构对于交替传译尤其重要。

为寻找"信息层级""逻辑关系"这些核心概念的理论来源,笔者进一步梳理了篇章语言学中有关语篇结构的论述。其中,体裁结构理论虽可以用于描述不同的语篇类型,但无法描述微观信息单位形成宏观结构的过程,因此无法和口译过程相联系。修辞关系结构弥补了这一点,它用于分析每个微观结构成分如何自下而上从逻辑上构成一个整体。修辞结构理论认为,语篇结构的核心在于层级性和关系性。其中,层级性指语篇中几个基本的分析单位之间因构成更大单位而产生层级;更大单位之间通过一定关系构成高一级的层级;关系性是指修辞关系,即逻辑语义关系,如阐述关系、序列关系等。曼恩、汤普森(Mann & Thompson,1987)总结出约 25 种常用的修辞关系,并对其内涵做了详细说明。因此,修辞结构理论聚焦于描述语篇的层级和逻辑关系,为本书研究提供了理论基础和分析工具。由于在修辞结构理论中逻辑关系被称为"修辞关系",为保持理论和本书研究分析的统一,下文将采用"修辞关系"这一术语。

首先,针对"信息层级"。有学者提出,语义关系越复杂,语篇的层级就越多(张魁,2007);也有研究表明越处于语篇底层的信息,愈加容易被遗忘(Voss & Bisanz,1985)。基于此,有理由猜测语篇的信息层级可能会影响交替传译过程,但目前并未有研究对此探讨。因此,本书研究的第一个问题是:不同教学阶段下,源语信息层级对交替传译教学材料难度的影响是什么? 第二个问题是:产生影响的原因是什么?

其次,针对"修辞关系"类型。前人的研究表明,修辞关系类型对语篇加工的影响最终取决于它所含的三项认知要素,即"基本操作""方向性"和"两极性"。其中,"方向性"和"两极性"对语篇加工的影响已通过理论和实证被多项研究证明。而"基本操作"对语篇加工的影响目前并无明确结论。修辞关系依照基本操作可以分为"添补类"关系和"推演类"关系。"添补类"关系是指前后语段之间只是简单的添加和补充,相互关联性较弱。而"推演类"关系是指前后语段之间存在线性发展的推理演绎过程,具有较强的相关性。有一类研究表明,推演类关系比添补类关系更易加工;但另一类研究表明,推演类关系比添补类关系更难加工。通过比较两类不同结论的研究过程,笔者发现,认为推演类关系比添补类关系更易加工的研究中,研究对象多是句子间的线性关系,即它们构建的是局部连贯。即使梅勒、弗里德尔(Meyer & Freedle,1984)称其研究对象是四篇不同类型的语篇,但他们仅是改变了第一句话的逻辑结构,因此被后续研究者认为是畸形文本(Sanders & Noordman,2000);而认为"推演类"关系比"添补类"关系更难加工的研究中,其所针对的修辞关系通常是跨越语段或者整个语篇,因此它们是在相对宏观的层面上构建整体连贯。所以,笔者有理由猜测两类修辞关系所构建的不同语篇连贯类型可能影响它们给语篇加工带来的认知负荷。而在交替传译中,语篇的微观结构(局部连贯)和宏观结构(整体连贯)都具有重要意义,其中宏观结构尤其发挥着关键作用。因此,本书研究的第三个问题是:在不同教学阶段中,源语的修辞关系类型对交替传译教学材料难度的影响是什么? 这一问题被细分为两个小问题:当"推演类"关系和"添补类"关系在源语中构建的是微观结构时,其对交替传译教学材料难度的影响是否存在显著差异? 当"推演类"关系和"添补类"关系在源语中构建的是宏观结构时,其对交替传译教学材料难度的影响是否存在显著差异?

针对存在的影响,本书研究将进一步探索的第四个问题是:源语的修辞关系对交替传译教学材料难度产生影响的原因是什么?

第 3 章　理论框架

在本章中,笔者首先将交替传译的认知过程和修辞结构理论作为解决研究问题的理论基础,详细介绍了两个理论的内涵和对于本研究的适用性。在此基础上,笔者进一步阐述了本书中核心概念的工作定义,并绘制出研究路径图。本章内容为第 4 章实证分析的展开搭建理论框架,厘清研究思路。

3.1　理论基础

3.1.1　认知视角下的交替传译过程

许明(2010)通过将认知心理学和认知语义学的相关理论与交替传译的工作机制相结合,对"脱离源语外壳"的过程做了比较全面的认知诠释,因此将作为本书研究的理论基础之一。下面将对其进行详细介绍。

在交替传译中,译员首先接收的是承载发言人内容的语音流。但语音流是以听觉刺激信号的形式进入译员的感知记忆,而且我们知道,感知记忆存留的时间非常短。因此,译员需要对内容进行加工和储存形成工作记忆。在这一过程中,译员首先结合自身长期记忆中的语言系统对语言符号进行解码,激活其语义特征。然后译员通过句中的"述谓关系"建立逻辑分句,即命题。可以说,命题象征着译员理解的开始。在形成命题后,译员需要结合自身长期记忆中的百科知识对命题的真假进行判断。到目前为止,译员主要是运用语言知识进行自下而上的加工。接下来,译员需要找到命题之间的"主谓关系"生成相应的动作、事件或状态等高层次的语义印象。"与此同时,译员也会激活其长期记忆中储存的背景知识和图示知识"(许明,2010:9)。所以,这里的事件、动作和状态便是交替传译源语中的基本信息点。同时,译员结合交际环境、讲话主题、相关知识等进行自上而下的加工。这些独立的事件、动作和状态构成了译员短期工作记忆的主要内容。然后,"译员会对这些高层次的语义映像在长期记忆中进行关系组合"(许明,2010:9),即寻找序列关系、因果关系、阐述关系、时间关系等结构关系将独立的事件、动作和状态相联系,形成宏观事件、宏观动作和宏观状态。由于在交替传译条件下译员可以获得更多源语信息,因此译员可以在宏观语义单位上进一步构建更高层次的宏观单位。译员通过逻辑关系(即修辞关系)将已有的宏观语义单位进行整合,形成新一轮的宏观单位。许明(2010)认为,交替传译的过程就是不断构建宏观语义单位,级级深入,最后形成一个连贯而多层次的宏观语义网络。不难看出,宏观事件、状态和动作是交替传译理解和记忆的关键,而它们形成的基础是不同的逻辑关系(修辞关系)。从基本事件(动作、状态)到越来越高层次的宏观事件(动作、状态)的形成过程中,以百科知识和语境知识为基础的自上而下的语义加工占主导地位。此外,逻辑关系(修辞关系)还是长期工作记忆形成的基础。许明(2010)提出的交替传译认知路径如表3-1所示。

表3-1　交替传译过程的认知诠释

认知机制	信息模式	认知活动	知识激活
感知机制 ↓	语音流 ↓	感知储存 ↓	
工作记忆 ↓	语言符号 S1+S2+S3+S4+S5+S6+S7+S8...+Sn P1 ＋ P2 ＋ P3 ＋ P4 +....Pn　　逻辑分句	词汇识别 ↓ 语义解码 ↓ 述谓组合 ↓ 主谓组合 ↓	语言知识 百科知识
短期工作记忆 ↓	事件(动作或状态)1 事件(动作或状态)2	关系组合 ↓	百科知识 主题知识
长期工作记忆	宏观事件(动作或状态) ……	关系组合	百科知识 主题知识

(许明,2010)

3.1.2 修辞结构理论

修辞结构理论（Rhetorical Structure Theory）是由美国学者威廉姆·曼（William Mann）和桑德拉·汤普森（Sandra Thompson）于 1983 年提出的篇章生成和篇章分析理论。它用于描写自然语篇的语篇结构，关注点在于篇章的整体性和连贯性。

1. 对语篇结构的基本认识

修辞结构理论认为：首先，语篇是各部分通过一定关系模式构成的整体。其中，每部分都直接或间接地服务于作者的交际目的。各部分间的语义关系是语篇整体性和连贯性的前提和保证。其次，语篇的构成方式是层级式，而非直线式（王伟，1994：8）。再次，语篇内容的分量存在轻重之分。其中，语义分量较重的叫核心成分，语义分量较轻的叫外围成分。外围成分依托于核心成分而存在，核心成分直接决定作者的意图。基于以上对语篇的基本认识，修辞结构理论对语篇结构的描述主要包括以下三个方面：

第一，语篇结构是一种关系结构。语篇内各小句并非杂乱无章地堆放在一起，而是通过逻辑语义关系相连接。因此，修辞结构理论探讨的是篇章内各成分如何在逻辑上形成一个整体。修辞关系指的是逻辑语义关系，它是一种深层结构关系，通过表层语句来实现（王伟，1994：8）。关系结构的存在不依靠关联词语等语法标记（Mann & Thompson，1987：2），也不受时态和句法结构的束缚。关系类型的确定取决于它在语篇交际中承担的功能。因此，修辞关系属于功能关系，而非形式关系。它是语篇连贯性的来源。

第二，语篇结构具有层级性。修辞结构理论认为，两个最小的分析单位之间形成一个较大的单位，这个较大的单位再和其他单位之间构成高一级的层级，高层单位再和高层单位之间构成更大的部分，直至形成语篇。因此，语篇结构呈现出层级式特点。每个语篇的层级数是不固定的，其多少取决于语篇内各部分间关系的复杂程度。通常语义关系越复杂，语篇的层级就越多（张魁，2007）。

第三，语篇关系结构所连接的结构段存在主次之分。修辞结构理论认为，话语具有核心特征。语篇中大部分关系属于非对称关系，因此存在核心结构段（nucleus）和辅助结构段（satellite）。核心结构段对于作者意图的表达更为重要，它是辅助结构段发挥作用的前提。辅助结构段可做某种形式和程度的替代，而且不会对语篇连贯造成影响（Bateman & Delin，2006：590）。

2. 核心概念和描写机制

1）结构段

结构段是指语篇中具有完整修辞结构功能的片段。语篇中,相邻两个独立的结构段通过逻辑语义关系相连接。在不对称的修辞关系中,结构段分为核心结构段和辅助结构段。

2）修辞关系的确定

确定两个结构段之间的修辞关系,需要标准和依据。它具体包括四方面内容:对核心结构段的限制条件;对辅助结构段的限制条件;对核心结构段和辅助结构段同时的限制条件以及作者采用某种修辞关系期望达到的效果。表 3-2 以"证据关系"(evidence)来举例说明。其中,N 代表核心结构段(nucleus),S 代表辅助结构段(satellite),W 代表作者(writer),R 代表读者(reader)。

表 3-2 "证据关系"结构段特点

	Constraints on either S or N Individually	Constraints on N+S	Effect
Evidence	on N: R might not believe N to a degree satisfactory to W on S: R believes S or will find it credible	R's comprehending S increases R's belief of N	R's belief of N is increased

从上述例子可以看出,确定修辞关系的依据是作者的交际意图和读者的理解。但由于研究者一般不会和作者或读者直接接触,他们拥有的只是和作者或读者所共享的文化背景知识,因此,曼恩(Mann,1987:4)认为,研究者对语篇中修辞关系的判断只限于"合理性判断"(plausibility judgment)。也就是说,研究者对语篇内不同关系类型的识别是通过他们对作者思维的推测。此外,两个结构段之间同时存在两种不同的修辞关系也是可能的,但并不常见(Mann & Thompson:1987)。面对这种情况,不同研究者之间需要相互交流。提高识别关系准确性的最佳方法是请多名分析者同时进行判断,然后对比结果,相互陈述原因,最终选出认可度较高的关系类型。登欧登(den Ouden,1998)的研究表明,在对语篇修辞结构判断方面,分析者的意见通常具有较高一致性。

3）修辞关系的种类

从理论上讲,修辞关系的种类是可无限增加的。为便于语篇分析,曼恩、汤普森(Mann & Thompson，1987)总结出了英语语篇中常见的 25 种修辞关系，被称为"经典修辞关系"。其他研究者认为这些修辞关系涵盖了英语中大部分关系类型(Hovy，1990)，并且多年来一直保持稳定(Bateman & Delin，2006：589)。目前对此比较详细的描述是来自网站 http://www.sfu.ca/rst/，因此这也成为本书研究中各类修辞关系的判断基础。

　　根据话语效果的位置，修辞关系首先可以分为多核心关系(multinuclear relations)和主从核心关系(nuclear-satellite relations)。多核心关系包括对比关系(contrast)、连接关系(joint)、列举关系(list)、重述关系(multinuclear restatement)和序列关系(sequence)。在多级核心关系中，结构段在地位上是平等的。

　　在主从核心关系中，结构段分为核心结构段和辅助结构段。根据修辞关系对读者的效果，主从核心关系又可以分为两类：主题类关系和表达类关系。主题类关系的效果仅是让读者认识所讨论的关系；而表达类关系的效果是增加读者的倾向性，即让读者更愿意接受某种观点、产生某种愿望或采取某种行动(Mann & Thompson，1987：18)。表 3-3 详细列出各种主题类关系和表达类关系。

表 3-3　英语中常见的 25 种修辞关系

主题类关系	表达类关系
环境关系(circumstance)	对照关系(antithesis)
阐述关系(elaboration)	让步关系(concession)
解释关系(interpretation)	背景关系(background)
评价关系(evaluation)	使能关系(enablement)
方式关系(means)	动机关系(motivation)
非意愿性原因关系(non-volitional cause)	证据关系(evidence)
非意愿性结果关系(non-volitional result)	证明关系(justify)
意愿性原因关系(volitional cause)	准备关系(preparation)
意愿性结果关系(volitional result)	综述关系(summary)
无条件关系(unconditional)	重述关系(restatement)
目的关系(purpose)	
条件关系(condition)	
析取关系(otherwise)	
解答关系(solutionhood)	

(Mann & Taboada，2005；刘世铸，2003)

下面笔者将对以上部分关系的内涵作进一步说明。在环境关系中,辅助结构段对核心结构段设定时间和地点框架;在阐述关系中,辅助结构段对核心结构段作进一步描述,一般存在于以下内容之间:整体-部分;抽象-举例;过程-步骤;一般-具体;物体-特征。解释关系也是辅助结构段对核心结构段更丰富的说明;在评价关系中,辅助结构段用来突出核心结构段的正面价值;非意愿性原因(结果)和意愿性原因(结果)之间的区别在于原因是否是行动主体为达到某种结果而有意为之。比如,"I had made great efforts so I did a good job in the examination."这句话是意愿性原因;而"I took an umbrella because it was raining at that time."这句话是非意愿性原因。(非)意愿性原因和(非)意愿性结果的区别在于核心结构段是原因还是结果。条件关系和析取关系都是辅助结构段为核心结构段的实现提供前提,差别在于在析取关系中,辅助结构段的反面促成核心结构段的成立。对照关系和让步关系都是用辅助结构段来反衬核心结构段的某种特点或价值,但是不同之处在于在对照关系中,两个结构段描述的是独立的个体,具备可比性。例如:"We should limit our involvement in defense, but I don't think endorsing a specific nuclear freeze proposal is appropriate.";而在让步关系中,两个结构段描述的可以是同一个物体,不存在比较关系。例如:"Tempting as the hamburger is, I can't eat it."在背景关系中,辅助成分为理解主题提供必要的信息。动机关系和使能关系可以归为一类,其中"使能关系"增加读者做某事的能力;"动机关系"增加读者做某事的欲望。"证据关系"和"证明关系"与之前提到的与(非)意愿性原因(结果)等关系的不同之处在于其交际目的,即增加读者对作者所提出的观点的接受度和认可度,而之前与因果相关的关系只是停留在单纯陈述事实层面。

4) 语篇分析步骤

运用修辞结构理论分析语篇结构主要分为以下两步:第一,切分篇位。篇位是指实现结构段的语篇单位。篇位的大小是由研究者主观决定的,它可以是短语、从句或完整的句子,但前提是必须具备完整的命题功能。第二,确定结构段,其中包括确定两个结构段之间的关系以及确定该关系的核心成分和辅助成分。在确定关系时,研究者需仔细考量各类关系的定义及限制条件。

3. 修辞结构理论和语篇连贯

修辞结构理论认为,语篇连贯由两个不同机制决定,即形成话语链的话语实体以及语篇内各部分之间的关系(Sanders *et al.*, 1992;Taboada & Mann,

2006）。因此，修辞关系和层级结构是实现语篇连贯的重要途径，而修辞关系又称"连贯关系"。语篇连贯性在很大程度上取决于语篇深层次的关系；此外，语篇连贯具有层次性，表现为局部连贯（local coherence）和整体连贯（global coherence）（戴炜华、薛雁，2004）。修辞关系在语篇结构中的层级越高，它构建的连贯就越趋向于整体连贯；修辞关系在语篇结构中的层级越低，它构建的连贯就越趋向于局部连贯。例如，在表 3-3 中，"concession（让步关系）""elaboration（阐述关系）"构建的就是局部连贯。

4. 修辞结构工具的介绍

修辞结构工具（RST 工具）由澳大利亚学者奥唐奈（O'Donnell）开发，用于分析文本的修辞结构。它由 4 个操作界面构成，其中文本界面用于划分篇位；文本结构关系界面用于表示结构关系；结构关系编辑界面用于修改和编辑关系类型；数据统计界面用于分析数据。RST 工具中涵盖了常用的修辞关系类型，分析者在做出分析前需对原文中的修辞关系做到心中有数。它既可以分析主从核心关系，也可以分析多级核心关系。各结构段之间的关系通过直线或弧线标示。RST 工具容易操作，不仅可以直观地展示语篇的修辞关系和层级，同时还可以自动统计各类关系的百分比。因此，本书研究将使用 RST 工具作为交替传译中语篇结构的分析工具。图 3-1 是 RST 工具界面展示。

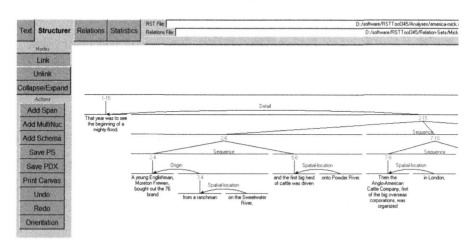

图 3-1　RST 工具界面

3.2 理论框架

在上述两大理论基础之上,本书研究的理论框架如下:

交替传译过程的实质在于获取意义。意义的构成不仅包括事件(动作、状态),还包括各类修辞关系(如因果关系)。修辞关系指的是逻辑语义关系,它是一种深层次的结构关系,通过表层语法来实现。口译员在理解原文过程中,通过语音流识别语言符号,形成命题。命题通过主谓组合形成最基本的事件单位,但它们只是孤立的个体。要形成语篇连贯的意义,译员需要不断将命题和修辞关系相结合,形成中观乃至宏观事件(动作、状态)。因此,修辞关系是语篇连贯性的来源,它保证了语篇的局部连贯和整体连贯。修辞关系属于功能关系,其类型取决于它在语篇中所承担的交际功能。由于译员是以层级的方式组合命题与修辞关系的,因此顶层结构是建立在下层内容基础之上的,位于顶层的修辞关系类型决定语篇的交际目的。英语语篇中共有 25 种常见的修辞关系(Mann & Thompson,1987)。

在交替传译理解阶段,针对不同内容,译员采用的加工机制也是不尽相同的。在语言符号识别和命题的形成阶段,译员激活的更多是语言知识。但是到修辞关系识别,以及事件与修辞关系的组合阶段,译员需要在语篇相对宏观甚至整体层次上对内容进行分析整合判断。在激活百科知识和主题知识的基础上,译员需要对语篇中的关键信息点和修辞关系进行跨越句子或语段的整合,从而实现整体意义的构建。因此,它是一种深度加工,对译员的逻辑思维能力要求更高。在交替传译记忆阶段,译员将修辞关系作为源语的信息提取结构,从而将短期记忆转化为长期工作记忆。同时,译员借助信息层级将信息区分为主次,存储入脑中。因此,修辞关系和信息层级是译员交替传译加工过程中的核心要素。

3.3 工作定义

3.3.1 交替传译源语语篇

交替传译是指口译员在听到一段意义相对完整的源语语篇后,将其中的信息用目的语译出,如此重复循环进行。在本书研究中,交替传译源语语篇的定义是：交替传译中用待译语言所表达的口头的、整体性的言语语篇。它指的是交替传译工作当中最常见、有代表性的言语。本书研究中的交替传译不同于对话口译，源语不会以单个或几个语句的形式出现。它是指常规交替传译，即源语的一次长度有可能达到 3 到 7 分钟（柴明颎，2007）。基于前人研究（鲍刚，2011；刘和平，2011），交替传译中常见的语篇类型包括叙述类语篇、论述类语篇、说明类语篇和修辞类语篇，其中修辞类语篇包括礼仪性演说体和鼓动性演说体。

交替传译源语语篇具有如下五个特点：第一，它具有语篇性，即包括衔接性、连贯性、意图性、可接受性、信息性、情景性、互文性；第二，它包含副语言和超语言信息。副语言信息是指随着言语的发布所体现的身势、体态、表情、语气等语言伴随性信息；超语言信息是指讲话主题、交际环境等；第三，它具有口语的语言结构特点，即与笔语相比，它的语言结构和用词相对简化，信息相对冗余模糊，结构相对松散；第四，信息的发布具有迅速性和暂留性；第五，语体涉及庄严体、正式体、普通体和非正式体，但不包含生活口语中的随意体。

3.3.2　交替传译源语难度

1. 定义

由前人论述可知，翻译难度是一种主观的心理感知，受到翻译的工作条件、翻译任务要求、译员能力、源语语篇特点等多个因素的影响。而在这些因素中，源语语篇作为造成口译难度的一个主要原因而存在，因此具有研究价值。在本书研究中，对交替传译源语难度的定义是：具备基本翻译能力的学生译员为完成特定交替传译任务所付出的努力。所谓特定的交替传译任务，即指本书研究将交替传译的工作条件设定为不存在设备等因素干扰的理想状态，任务要求设定为交替传译的一般要求。通过以上变量控制，受试者在完成交替传译任务中遇到的难度影响因素主要来源于源语本身。

2. "难度"概念的操作化

翻译难度是一种心理负荷，因此本书研究借鉴心理负荷测量模型，从主观感知和外在表现两方面对交替传译的源语难度进行量化。基于文献综述，本书研究将借鉴量表 NASA-TLX（Hart & Staveland，1988）测量学生译员对难度的主观感知。NASA-TLX 任务量表包括六个维度，分别是心智需求（即完成任务所耗费的脑力）、体力需求（即完成任务所耗费的体力）、时间需求（即所感受的时间压力）、努力程度、绩效（即对自己表现的打分）和挫败感。由于口译要求时效性，因此在本实验中每段口译时间是固定的。此外,不同源语难度的交替传译任务对学生译员的体力需求不存在明显差异,所以本书研究仅选择另外四个维度进行测量,即心智需求、努力程度、绩效和挫败感。

外在表现方面,本书研究采用交替传译中的译文质量作为评判指标。由于受试者为学生译员,因此本研究首先邀请两位经验丰富的一线口译教师作为专家评判组,对译员的整体口译表现进行打分。此外,为确保打分的客观性,笔者还将采用命题分析法(propositional analysis)对译文中的命题数量进行打分。因此,每位受试者的口译表现得分是在专家评判和命题数量分析两个数据基础上得到的。

3.3.3　学生译员

基于第 2 章所述,本书研究探讨源语语篇结构对交替传译教学材料难度的影响,因此本书研究中交替传译难度的感知主体为学生。但由于学生译员在语言水平、学习阶段等方面存在差异,为确保实验结果的有效性,本书研究所定位的学生译员是指具备基本口译能力的口译专业硕士生。从学习阶段来看,在第一次实验时,他们已完成基本技能的学习,包括听辨和笔记。在第二次实验时,他们已经接受过交替传译技能的综合训练。从口译能力来看,他们可以完成源语为 3—5 分钟的交替传译任务。除了以基本条件(如学校)筛选外,本书研究还会采用预实验的方式保证参与实验的学生译员具备基本的交替传译能力。

3.3.4　交替传译教学阶段

本书研究探讨的是不同教学阶段中源语语篇结构对交替传译教学材料难度的影响。根据第 2 章论述可知,在"技能习得阶段"和"技能夯实阶段",分析源语语篇是学生译员训练的重要目的之一。因此,在本书研究中,交替传译教学阶段是指"技能习得阶段"和"技能夯实阶段"。具体来讲,技能习得阶段是指交替传译教学的前 9 周,学生译员完成听辨理解、短期记忆、笔记等基本技能的学习;技能夯实阶段是指交替传译教学第一学期的第 9 周到第 16 周和第二学期的第 1 周到第 16 周,学生译员对所学的基础技能进行不断的协调、试错和巩固。

3.3.5　语篇结构

根据交替传译的过程特点以及修辞结构理论,本书研究对语篇结构的定义是：由多层次语义网络构成、以修辞关系为核心的结构。它是基于语篇深层意义的关系结构，分为微观语篇结构和宏观语篇结构。信息层级和修辞关系类型是本研究中语篇结构的主要特征。

1. 信息层级

信息层级是指语篇中信息依据其所属关系和主次关系进行分层。两个较小的分析单位之间通过某种修辞关系构成了一个层级，该层级再和其他单位通过某种修辞关系构成更高一级的层级，以此类推，最终形成的完整的等级结构被称作语篇的信息层级。其中，下层信息是对上层信息的补充，位于顶层的信息决定了语篇的宏观结构。在本书研究中，信息层级将通过 RST 工具被直观展示。

2. 修辞关系类型

基于第 2 章所述，"基本操作"作为修辞关系所含的认知要素之一，影响认知主体的语篇加工过程。根据"基本操作"，修辞关系可被分为"推演类"关系（causal）和"添补类"关系（additive）。下文将对其进行详细介绍。

1) 推演类关系

推演类关系是指结构段（A 和 B）之间存在一个线性发展过程，即从 A 到 B 的推理和演绎过程。它具有两个特点：第一，结构段 A 和 B 必须满足下述三种情况之一：有 A 必有 B；有 A 才有 B；有 A 才有 B 且有 A 必有 B。第二，结构段 A 和 B 在客观世界出现的前后顺序一定是确定的。

本书研究所涉及的推演类关系包括非意愿性原因关系（non-volitional cause）、非意愿性结果关系（non-volitional result）、意愿性原因关系（volitional cause）、意愿性结果关系（volitional result）、条件关系（condition）、析取关系（otherwise）、目的关系（purpose）、解答关系（solutionhood）、证据关系（evidence）、证明关系（justify）。笔者在前文已对具体修辞关系的内涵做出详细解释，此处不再赘述。

2) 添补类关系

添补类关系是指结构段（A 和 B）之间只是简单的添加和补充，彼此关联性较弱，并不相互依存。它也具有两个特点：第一，结构段 A 和 B 满足下述情况，即有 A 未必有 B，不必有 A 亦可有 B，且 A 的有或无并不影响 B 的有或无；第二，结构段 A 和 B 在客观世界出现的顺序并不确定，而且顺序对 A 和 B 并无影响。

本书研究所涉及的添补类关系包括环境关系（circumstance）、阐述关系

（elaboration）、对照关系（antithesis）、让步关系（concession）、背景关系（background）、重述关系（restatement）、对比关系（contrast）、序列关系（list）、列举关系（sequence）。

3.4　研究路径

图3-2是本书研究的研究路径。本书研究从文献综述出发，提出如何保证交替传译教学材料在难度上循序渐进是值得探讨的一个问题。通过梳理交替传译教学阶段特征，笔者发现对"源语语篇结构"的分析应该是交替传译技能习得阶段和技能夯实阶段的重点，因此交替传译教学语料应该体现不同类型的语篇结构，语篇结构有可能成为区分交替传译教学材料难度的指标之一。笔者进而梳理口译任务难度文献，发现目前衡量交替传译源语难度的量化指标忽视了语篇层面的因素，不符合交替传译的特点。有学者提出，语篇结构是影响交替传译源语难度的重要因素。但相关研究还停留在宏观描述和主观判断层面，并无研究确切说明语篇结构是如何影响交替传译源语难度的。通过回顾交替传译过程和质量评估指标，笔者发现，源语语篇的信息层级和逻辑关系对交替传译的理解和记忆至关重要。同时，它们也是评估交替传译信息忠实与否的重要指标。因此，笔者有理由猜测信息层级和逻辑关系类型会影响交替传译源语难度。信息层级和逻辑关系属于语篇结构。为寻找信息层级和逻辑关系的理论来源，笔者考察了篇章语言学中的语篇结构相关理论。其中，修辞结构理论将语篇结构定义为以层级和修辞关系为核心的关系结构，修辞关系即指逻辑关系。它对语篇结构的阐释与影响交替传译的语篇结构内涵一致，因此作为本书研究的理论基础和分析工具。

综合前人对交替传译任务难度影响因素的探讨、交替传译过程、交替传译教学阶段特征和修辞结构理论，笔者将影响交替传译源语难度的语篇结构具体细化为"信息层级"和"修辞关系"。基于此，本书研究的问题如下：问题1，在不同教学阶段中，源语信息层级对交替传译教学材料难度的影响是什么？笔者将采取实验法和问卷法，通过在实验中控制语篇的信息层级，观测其对难度的影响。针对问题1的结果，笔者进一步提出问题2，即源语信息层级对交替传译教学材料难度的影响的原因是什么？笔者基于文本分析，通过理论思辨探讨原因。问题3，在不同教学阶段中，源语修辞关系对交替传译教学材料难度的影响是什

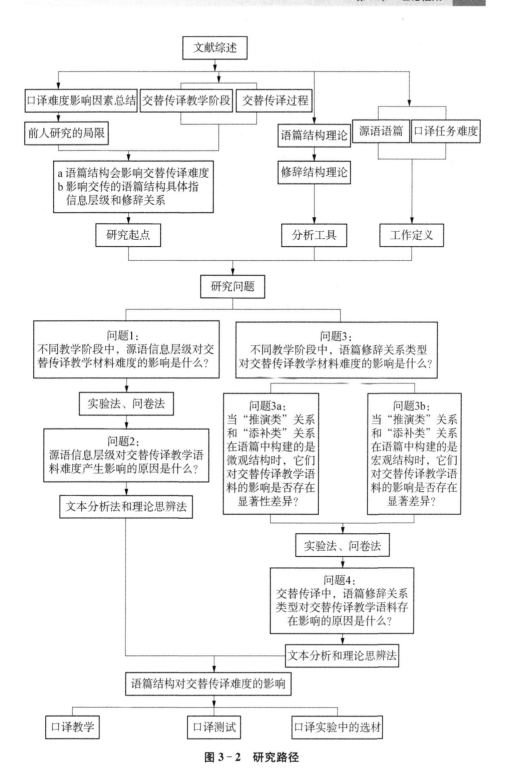

图 3-2　研究路径

么？根据修辞结构理论，修辞关系的作用在于构建语篇连贯，包括局部连贯和整体连贯。局部连贯对应语篇微观结构，整体连贯对应语篇宏观结构。从许明（2010）对交替传译过程的认知诠释可知，微观结构和宏观结构在交替传译中都发挥着重要作用。因此，笔者将问题 3 细化为两个子问题：①当"推演类"关系和"添补类"关系在语篇中构建的是微观结构时，它们对交替传译教学语料难度的影响是否存在显著差异？②当"推演类"关系和"添补类"关系在语篇中构建的是宏观结构时，它们对交替传译教学语料难度的影响是否存在显著差异？针对这两个问题的结果，笔者提出问题 4：交替传译中，修辞关系类型对交替传译教学语料难度产生影响的原因是什么？同问题 2，笔者将基于文本分析采取理论思辨法讨论原因。

本书研究的结论将围绕"信息层级"和"修辞关系类型"与交替传译教学语料难度之间的关系，通过分析译员的加工路径阐述以上两要素是如何在不同教学阶段在交替传译过程中影响学生译员的认知负荷。

第4章 研究方法和数据收集

本章将具体介绍研究方法和数据收集过程。本书研究属于实证研究,主要采用三种研究方法,即实验法、调查问卷法和文本分析法。其中,实验法用于观测语篇结构的两大核心要素"信息层次"和"修辞关系类型"在不同教学阶段中对交替传译任务难度的影响;问卷调查法用于获取实验中学生译员对交替传译难度的主观感受,从而量化交替传译难度;文本分析法首先用于分析交替传译源语材料的语篇结构,即笔者通过运用 RST 工具直观展示源语的信息层次和修辞关系的分布。其次还用于分析实验中受试学生译员的口译产出。此外,本书研究还辅以案例法。在实验前,为最大程度选择合适的口译源语材料,笔者收集受试学生译员平时的课堂练习材料,将其作为本实验选材的依据,使实验结果更具可信度。

4.1 实验法

4.1.1 实验选材

1. 控制变量

第一,语速。为尽可能选择适合实验受试学生译员水平的材料,笔者搜集了受试学生译员平时的课堂练习材料 15 篇,发现其语速在 137 单词/分钟到 159 单词/分钟之间,平均语速为 146.4 单词/分钟。此外,根据前人文献,英译汉交替传译中,一般较慢的语速是在 125—150 单词/分钟,相当于美国之音(VOA)正常语速(黄晓佳、鲍川运,2016:61)。为尽量减少语速对难度的影响,笔者将本实验中材料的语速控制在一般偏慢的水平。7 篇材料的语速分别为 145 单词/分钟、149 单词/分钟、146 单词/分钟、145 单词/分钟、141 单词/分钟、137 单词/分钟、159 单词/分钟。

第二,体裁和话题。多位学者表明,口译中常见的体裁类型包括记叙文、议论文和说明文(鲍刚,2011;刘和平,2011;塞莱斯科维奇,2011)。一方面,前人在语篇结构领域对叙述类语篇已有比较成熟的结论,如范戴克、金奇(van Dijk & Kintsch,1983)以及布里顿、布莱克(Britton & Black,1985),而对于论述类和说明类语篇的研究相对较少;另一方面,记叙文一般结构简单,且模式固定。在很多情况下,听者只需依靠自身经验和背景知识便可理解原文意思,较少关注语篇结构。而议论文和说明文通常介绍的是陌生信息,听者更多要通过文本本身的特点来构建语义。因此,语篇结构在理解方面发挥着更加显著的作用(Sanders & Noordman,2000:39)。因此,本书研究聚焦议论文和说明文。由于议论文和说明文的界限有时并不清晰,很多文本往往同时具有议论文和说明文的特征(Hatim & Mason,2001)。同时,考虑到两类体裁中修辞关系类型比较类似,因此本书研究所选择的4篇实验材料介于说明文和议论文之间,但不做严格区分。根据不同类修辞关系在语篇中所处的位置,在第一组实验中,A篇、B篇和D篇偏向于说明文,C篇偏向于议论文;在第二组实验中,语篇B1偏向于说明文,语篇A1和C1偏向于议论文。

7篇材料的主题都是常见话题,对受试者的背景知识没有额外要求。其中,A篇阐述社交网站的影响,B篇和D篇介绍肢体语言,C篇阐述我们为什么要工作,语篇A1介绍大学学费高涨的原因和影响,语篇B1描述校园霸凌现象的原因和影响,语篇C1阐述肢体语言和心态之间的关系。

第三,词汇和句子。在词汇层面,词汇密度和词汇频率最有可能影响交替传译任务的难度。词汇频率是指英语中出现频率不同的词汇在源语语篇中所占的比例。本书研究借助网站 http://www.lextutor.ca/vp/eng/,便可计算出原文中高频词和低频词所占的比例。其中,高频词主要指英语中最常用的2 000个词,低频词是指专业术语、专有名词等。7篇文章的高频词都占到70%以上,低频词在5%到13%之间,因此可以得出结论,原文中并不存在生词或难词影响译员对源语理解的情况。此外,词汇密度是指主题相关词在全文中所占的比例,又被称作内容实词(content words)占比。通过计算,7篇文章的词汇密度均在同一水平,分别是52%、51%、44%、52%、56%、61%、45%。

在句子层面,有研究表明,句长可能会影响交替传译任务难度(Liu & Chiu,2009)。句长是指语篇中句子所含的平均单词数。通过计算,7篇文章的平均句长分别是19.7、21.2、19.2、20.1、19.32、18.2、18.4,处于同一水平,因此其对难度造成的影响不存在显著差异。

第四，信息密度。信息密度被证明是对交替传译任务难度产生最显著影响的因素。在本书研究中，信息密度被定义为命题密度。根据拉尔森（Larson，1984：26 - 30）的定义，命题是指"概念所组成的能够传达意义的单位"，表现为带有述谓关系的逻辑成分和带有主谓结构的分句。比如，在句子"The men who are now thinking about running for President will begin their campaign soon."中，共包含三个命题，分别是"Some men are thinking.""They want to be President."和"They will campaign soon."。由于命题单位具有交际功能，因此前人学者通常将口译中的信息单位视为命题单位（Liu & Chiu，2009）。因此，口译中源语的信息密度是指一定时间内所含有的命题数量。为尽量将信息密度控制在受试学生译员可接受的范围内，笔者首先计算出所收集的 15 篇课堂练习材料的信息密度。笔者发现，它们的信息密度介于 28.5 到 35 之间（即每分钟命题的个数），平均值是 33.2。为尽量减少信息密度对语篇难度的影响，笔者将 7 篇材料的信息密度控制在中等偏低水平，分别是 31.4、30.2、29.12、32.5、31、30.5、32.1。从数值可以看出，7 篇材料在信息密度方面并不存在显著差异。

第五，语音语调。在本实验中，材料内容均来源于真人演讲视频。其中，针对 A 篇、B 篇和 D 篇以及 A1 篇、B1 篇和 C1 篇，笔者在转写后根据实验目的，对其部分内容进行了修改。然后，笔者请英语母语者润色后以演讲的方式进行重新录制。C 篇直接来自 TED 演讲网站，笔者未做任何改动。所以，7 篇实验材料均介于半即兴演讲和有稿演讲之间，具备口语性的特点，贴近口译真实情境。同时，7 篇材料的语音都接近英美标准口音，因此并不会对受试者在理解上造成困难。

第六，总时长和每段时长。7 篇材料的总长时间分别为 $7'45''$、$9'11''$、$8'$、$6'41''$、$8'40''$、$8'22''$、$7'30''$。其中，每篇材料在意群基础上，被切分为 4 段到 5 段。每段时长在 $1'45''$ 到 $2'05''$ 之间，通常含有 3—5 个句子，属于适中的话轮长度。

综上所述，笔者首先将 7 篇实验材料在语速、体裁、话题、词汇、句子、信息密度、语音语调、话轮长度等方面控制在同一水平，目的在于尽可能剔除其他变量对交替传译任务难度的影响，将聚焦点放在本实验的自变量，即语篇结构上。

2. 自变量

本实验中，自变量是"信息层次"和"修辞关系"。它们是语篇结构的核心要素。在控制其他变量的基础上，下文将具体阐述实验选材在这两个变量上是如何变化的。

第一，信息层次。RST 工具可以将源语语篇的信息层次直观地展现出来。在实验中，语篇 B 和语篇 D 用于对比不同信息层次对交替传译源语难度的影响。为保证两篇只是在信息层次上存在差异，语篇 D 在语篇 B 的基础上修改而成。但是语篇 D 经过了英语母语者的润色，因此并不是对语篇 B 内容的机械删减，而是连贯的自然语篇。两篇材料的主题都是 Body Language。在语篇 B 中，语段的信息层次在 3 到 7 层之间，其中 70% 以上的内容都具有 5 层到 7 层信息，其余内容大多具有 3 层信息。图 4-1 是语篇 B 的信息层次截图。

在语篇 D 中，语段的信息层次在 1 到 3 层之间，其中只有不到 10% 的内容具有 3 层信息，其余内容都只具有 1 层或 2 层信息。语篇 D 的信息层次截图如图 4-2 所示。

第二，修辞关系。由于修辞关系是一种连贯关系，而连贯关系通常无法通过表层语言符号来判断，它必须深入语篇内容，因此对其类型的判断会不可避免地存在一定的主观性。前人研究表明，提高识别关系准确性的最佳方法是请多名分析者同时判断，然后对比结果，相互陈述原因，最终选出认可度较高的关系类型。因此，笔者在实验中，请一位英语母语者、一位听得懂英语的汉语母语者和笔者三人共同对源语材料中的修辞关系类型进行判断，以确保结果的客观性。但即便如此，实验中对修辞关系类型的识别仍只限于合理性判断，并非是绝对的。

本书研究探讨修辞关系所构建的不同连贯类型对交替传译教学材料难度的影响。根据前文所述，连贯类型分为局部连贯和整体连贯。局部连贯是指语篇微观层面上相邻内容之间构建的连贯关系，对应语篇的微观结构；而整体连贯是指语篇内容在宏观层面上构建的连贯关系，对应语篇的宏观结构。本实验通过以下三种方式来确定语篇的整体连贯和局部连贯：第一，根据修辞关系所处的语篇信息层次。修辞关系所处的信息层次越高，它体现的是越宏观的语篇结构，构建的是越大范围的连贯。由于位于顶层的修辞关系决定了语篇的整体结构（Meyer，1975），同一话语存在不同等级的宏观结构（孙欣，2007）。因此，本书研究将宏观结构聚焦在语篇第一信息层和第二信息层中的修辞关系；而微观结构则不确定，可能在顶层，也可能在较低层。判断的关键取决于修辞关系的形状和数量。第二，根据修辞关系的形状。通常来讲，如果修辞关系构建的形状像是一棵大树，内容多挂靠在一个或少数几个节点上，那么它构建的是宏观结构；相反，如果修辞关系构建的形状像是彼此独立的灌木，内容存在于多个不同节点上，那么它构建的通常是微观结构。第三，计算每组修辞关系的个数和层次之和。

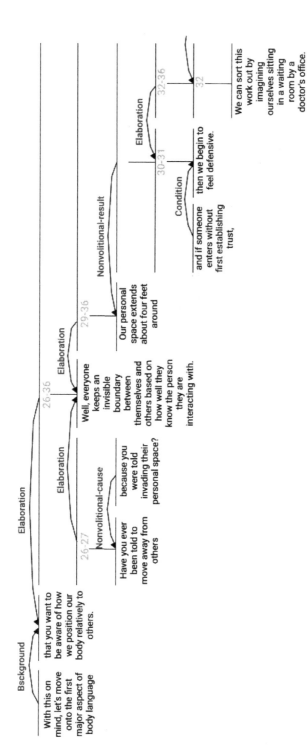

图 4 - 1　语篇 B 信息层次截图

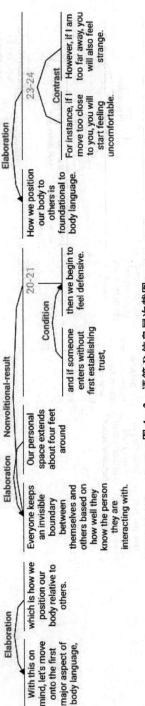

图 4 - 2　语篇 D 信息层次截图

每组修辞关系所涉及的信息层次越多，数量越多，它构建的越趋于宏观结构，相反则是微观结构。

1）微观结构类型之比较：语篇 A 和语篇 B

根据第 3 章所述，修辞关系被分为"添补类"和"推演类"。在本实验中，语篇 A 和语篇 B 用于对比在技能习得阶段，两类修辞关系所构建的微观结构对交替传译教学材料难度的影响。语篇 A 的微观结构以推演类关系为主，语篇 B 的微观结构以添补类关系为主。两个语篇的信息层次都是 2 到 7 层。语篇 A 中，位于第 4 层到第 7 层的修辞关系占全篇修辞关系总数的 25.9%；语篇 B 中，位于第 4 层到第 7 层的修辞关系占全篇修辞关系总数的 28.8%。两数值接近，因此两篇的信息层次并不会对难度造成影响。语篇 A 的修辞结构图详见附录 2。

根据上文对微观结构类型的判断方法，语篇 A 中共有 36 个修辞关系构建的是微观结构类型。其中，25 个修辞关系属于"推演类"关系，占比 69.4%；11 个修辞关系属于"添补类"关系，占比 30.6%。推演类关系的种类和个数如表 4-1 所示，微观结构如图 4-3 所示。

表 4-1　语篇 A 微观结构类型

推演类关系	条件	非意愿性原因	非意愿性结果	总结	目的
个数	2	15	6	1	1

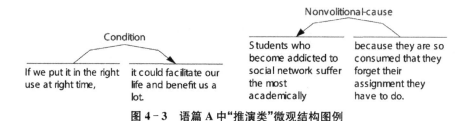

图 4-3　语篇 A 中"推演类"微观结构图例

语篇 B 共有 65 个修辞关系构建的是微观结构类型。其中，47 个修辞关系属于"添补类"关系，占比 72.3%；18 个修辞关系属于"推演类"关系，占比 27.7%。其中添补类关系的种类和个数如表 4-2 所示，微观结构如图 4-4 所示。

表 4 - 2　语篇 B 微观结构类型

添补类关系	列举	阐述	对照	让步	对比	解释	背景	重述
个数	11	21	4	2	1	3	2	2

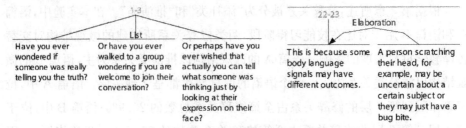

图 4 - 4　语篇 B 中"推演类"微观结构图例

2) 微观结构类型之比较：语篇 A1 和语篇 B1

语篇 A1 和语篇 B1 用于对比在技能夯实阶段，"推演类"和"添补类"关系所构建的微观结构对交替传译教学材料难度的影响。语篇 A1 的微观结构以推演类关系为主，语篇 B1 的微观结构以添补类关系为主。两个语篇的信息层次都是 2 到 5 层，在语篇 A1 中，位于语篇第 3 层到第 5 层的修辞关系占全篇修辞关系总数的 34.5%；在语篇 B1 中，位于语篇第 3 层到第 5 层的修辞关系占全篇修辞关系总数的 38.4%。两数值接近，因此两篇的信息层次并不会对难度造成影响。

根据对微观结构类型的判断方法，语篇 A1 共包含 51 个修辞关系，其中推演类关系 30 个，约占 59%；添补类关系 21 个，约占 41%。推演类关系的种类和个数如表 4 - 3 所示，微观结构如图 4 - 5 所示。

表 4 - 3　语篇 A1 微观语篇结构类型

推演类关系	证据	非意愿性原因	非意愿性结果	条件	证明	意愿性结果
个数	1	13	7	4	3	2

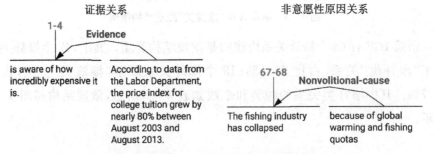

图 4 - 5　语篇 A1 中"推演类"微观结构图例

语篇 B1 共包含 44 个修辞关系，其中添补类关系 30 个，约占 68%；推演类关系 11 个，约占 32%。添补类关系的种类和个数如表 4 - 4 所示，微观结构如图 4 - 6 所示。

表 4 - 4　语篇 B1 微观语篇结构类型

添补类关系	阐述	连接	解释	让步	总结	列举	对比	目的
个数	25	2	1	1	1	8	1	2

图 4 - 6　语篇 B1 中"推演类"微观结构图例

3）宏观结构类型之比较：语篇 B 和语篇 C

语篇 B 和语篇 C 用于对比在技能习得阶段，"添补类"和"推演类"修辞关系所构建的宏观结构类型对交替传译教学材料难度产生的影响。语篇 B 的宏观结构类型以添补类关系为主，语篇 C 的宏观结构类型以推演类关系为主。语篇 C 的信息层次也是 2 到 7 层，位于第 4 层到第 7 层的修辞关系占全篇修辞关系总数的 72.2%，与 B 的对应数值相似，因此信息层次对语篇 B 和语篇 C 的难度影响并没有显著差别。

本书研究从语篇的第一层和第二层选择构建宏观结构的修辞关系。根据上文的判断方法，在语篇 B 中，共有 20 个修辞关系构建的是宏观结构，其中，18 个关系属于添补类关系，占比 90%，2 个属于推演类关系，占比 10%。添补类关系的个数和种类如表 4 - 5 所示，宏观结构如图 4 - 7 所示。

表 4 - 5　语篇 B 的宏观结构类型

添补类	阐述	列举	对照
个数	12	5	1

在语篇 C 中，共有 11 个修辞关系构建的是宏观结构。其中，9 个修辞关系属于推演类关系，占比 82%；2 个修辞关系属于添补类关系，占比 18%。推演类关系的个数和种类如表 4 - 6 所示，宏观结构如图 4 - 8 所示。

表 4-6　语篇 C 的宏观结构类型

推演类	证明	非意愿性原因	证据
个数	5	3	1

4) 宏观结构类型之比较:语篇 B1 和语篇 C1

语篇 B1 和语篇 C1 用于对比在技能夯实阶段,"添补类"和"推演类"修辞关系所构建的宏观结构类型对交替传译教学材料难度产生的影响。语篇 B1 的宏观结构类型以添补类关系为主,语篇 C1 的宏观结构类型以推演类关系为主。语篇 B1 和语篇 C1 的信息层次都在 2 到 6 层,因此两语篇在信息层次方面没有差别。

本书研究从语篇的第一层和第二层选择构建宏观结构的修辞关系。根据上文的判断方法,在语篇 B1 中,共有 11 个修辞关系构建的是宏观结构,其中 9 个关系属于添补类关系,占比 82%,2 个属于推演类关系,占比 18%。添补类关系的个数和种类如表 4-7 所示,宏观结构如图 4-9 所示。

表 4-7　语篇 B1 的宏观结构类型

推演类	阐述	非意愿性原因
个数	9	2

在语篇 C1 中,共有 9 个修辞关系构建的是宏观结构。其中,5 个修辞关系属于推演类关系,约占比 56%;4 个修辞关系属于添补类关系,占比 44%。推演类关系的个数和种类如表 4-8 所示,宏观结构如图 4-10 所示。

表 4-8　语篇 C1 宏观结构类型

推演类	阐述	非意愿性原因
个数	9	2

4.1.2　实验对象

本书研究包含两组实验,第一组实验包含三个实验,第二组实验包含两个实验。参与人数共 32 人。本书研究中所有实验对象均为处在受训期间的学生译员,他们是东部沿海某高校口译硕士一年级学生。他们都具有学士学位,语言对

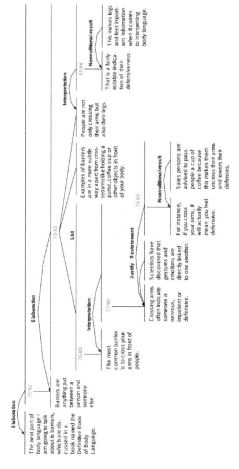

图 4 - 7 语篇 B 中"添补类"宏观结构类型图例(第一层)

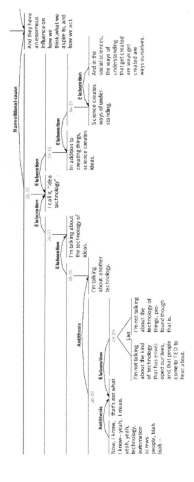

图 4 - 8 语篇 C 中"推演类"宏观结构类型图例(第一层)

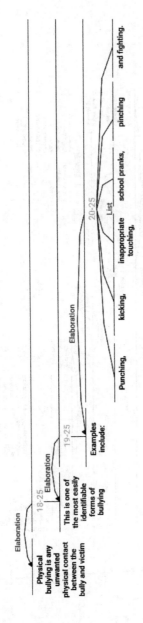

图 4 - 9　语篇 B1 中"添补类"宏观结构图例

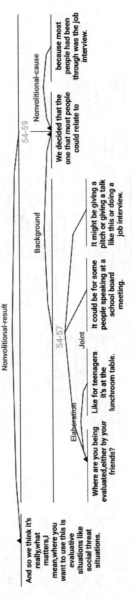

图 4 - 10　语篇 C1 中"推演类"宏观结构图例

组合是汉语和英语,其中 A 语是汉语,B 语是英语。该高校对入读口译专业的硕士研究生有着极其严格的选拔标准。因此有理由相信,实验对象在语言能力、认知能力、心理素质等方面具有较高的水平。此外,32 名学生译员均来自平行班,由笔者随机抽选,因此实验对象在以上几项能力方面并没有太大差距。

在口译能力方面,在实施第一组实验时,所有受试对象都完成了交替传译基本技能的学习,具体包括听辨理解、短期记忆和笔记,并且已经开始进行技能综合训练。笔者在跟踪受试对象课堂三周后,发现其可以完成 3—5 分钟不同类型的讲话。在实施第二组实验时,所有受试对象已经处于交替传译技能夯实阶段的后期,训练过不同类型的讲话(记叙文、说明文和议论文)。为确保受试对象在第一次实验时,具备基本的交替传译能力,笔者在正式开展实验之前,对其进行了一个英译汉交替传译测验。测试材料为 TED 演讲节选,时长为 7 分钟左右,分两段测试。语速约 150 词/分钟,信息密度约为 32.5。交替传译测验在正式实验的两周前举行。

在测验结束后,笔者请一名口译专业教师对选取的 32 名学生的口译产出进行打分。所有学生的成绩均在 80 分以上,因此可以说 32 名学生译员具备基本的交替传译能力,全部有资格作为本实验的受试对象。

在确定受试对象人选后,笔者对学生译员进行了分组。其中,32 人参与第一组实验中的实验一,即语篇 B 和语篇 D 的交替传译比较。由于语篇 D 是在语篇 B 基础上修改而成的,两篇内容类似,因此需要有不同的受试对象,即 16 人做语篇 B 交替传译,另 16 人做语篇 D 交替传译;16 人参与第一组实验中的实验二和实验三,即语篇 A 和语篇 B 的比较,语篇 B 和语篇 C 的比较。由于语篇 A、B、C 是三篇完全不同的文章,因此无须改变受试对象,即 16 名学生译员每人都要做上述 3 篇材料的交替传译。由于本研究属于历时研究,在第二组实验中(实验四和实验五),原 16 名受试中有 1 名出国,因此只有 15 名学生译员参加。

笔者在实验前,简要介绍了实验的步骤和要求,并获得所有受试学生的同意。而且本实验对参与学生的个人信息严格保密。笔者会把两位专业口译教师的反馈整理好后发送给受试学生,帮助其对自身的口译学习状况做全面了解。

4.1.3 实验步骤

1. 实验前

本研究第一组的三个实验分两天进行。笔者在实验前一周通知受试对象实验时间和地点。由于 4 篇实验材料都不涉及专业知识,因此笔者并没有提前告知受试对象语料主题,只是简要介绍了实验内容和实验步骤,以便受试对象做好心理准备。第二组实验在同一天进行,笔者在实验前一周通知受试对象实验时间和地点。同样,笔者没有提前告知交替传译材料主题。

2. 实验中

实验当天,场地设在同声传译室内。笔者通过控制主电脑播放视频,受试对象坐在同声传译箱内通过各自面前的小电脑屏幕佩戴耳机观看和收听视频。在正式实验开始前,笔者首先让所有受试对象进行了源语材料为 3 分钟左右的英汉交替传译热身练习。目的有二:第一,检查播放和录音设备,确保每位受试对象都可以听到视频声音,其口译产出都可以被录音到设备内,以便收集;第二,帮助每位受试对象尽快进入交替传译的工作状态。这篇热身材料语速偏慢,约 142 单词/分钟。信息密度中等,在 30.5 左右。时长为 4′21″,分两段播放,每段在 2 分钟左右。热身语料的各项指标与实验材料类似。

在口译热身结束后,笔者确定所有设备均无问题,可以开始进入正式实验。笔者依次播放实验源语材料。每篇语料分 3—4 段播放,每段根据语义完整性切分。由于上文已详细介绍过每篇材料,因此这里不再赘述。每篇材料开始播放前,笔者向受试对象简要介绍材料的主题和其中可能影响其理解的生词。对材料的播放过程和学生的交替传译过程,数字设备全程进行录音和存储。在每篇文章交替传译结束后,受试对象需用 8—10 分钟完成对应的调查问卷。为使实验尽量反映交替传译的真实场景,笔者邀请两位汉语母语者作为交替传译听众全程参与实验,增加现场感。在实验全部结束后,笔者收集所有受试对象的实验录音和调查问卷。

3. 实验后

笔者将每个受试对象的口译产出进行转写,一方面是为了对口译产出的内容进行准确度评分,另一方面是为了进行数据分析和阐释。转写完全依照现场录音内容。在转写过程中,译员的口误、有声停顿、无声停顿、自我修正、重复等现象全部标注在转写文档中。断句和标点主要是依据意群的完整性。

4.1.4　实验结果评分

口译质量的评估标准取决于评估目的(Behr,2015)。在本实验中,对受试对象口译产出的评估有两个目的:一方面,评估其在整体上是否能够实现有效的沟通和交流；另一方面，由于本书研究关注的是信息指标，所以需要对信息的忠实度和准确度重点考察。综上所述，本书研究采用宏观指标和微观指标相结合的评估方法。其中，宏观指标主要来源于前人的文献和口译专家的经验，并且最后由口译专家依据指标对受试对象的产出进行打分；微观指标主要指信息的忠实度，由口译教师通过命题密度将译文和原文进行对比后，对产出进行打分。每位受试对象口译产出的最后得分是基于宏观指标和微观指标分数的平均分。

1. 整体评估

整体评估主要依靠口译专家判断。笔者邀请的口译专家都是高校的一线口译专业教师，在口译硕士的教学方面有着丰富的经验。同时，他们也是职业口译员，了解口译的核心和实质。每两位口译专家负责一篇源语语篇的口译产出评分。

在确定整体评估的宏观标准方面，笔者首先查阅了相关文献。维耶齐（Viezzi，1996）确立了四项指标，分别是对等性（equivalence）、准确性（accuracy）、得体性（appropriateness）和可用性（usability）。其中，对等性是指交际功能的对等；准确性是指信息内容的准确和忠实；得体性是指适应目标文化和读者期待；可用性是指产出便于目标读者理解。可以看出，对等性和准确性关注的是原文和译文之间的关系，即侧重于内容；而准确性和得体性关注的是译文在特定交际环境下和听众的关系，即侧重于表达。其次，笔者邀请 3 位口译教师对 3 篇同样的口译产出进行评分，并讨论确定评分体系和评分标准。

综合前人的文献和教师的打分经验，笔者将整体评估标准设定为内容、表达和总评三个维度。其中，内容是基于准确度、完整度和连贯性三方面进行打分；表达是从译文是否可以实现有效沟通的角度进行打分；总评是基于整体印象的打分，包括但不限于内容和表达两方面，是对口译产出的综合评分。内容、表达和总评三个维度的评分都采用 1—5 分制。分数包括整数和小数（如 2、2.5；3、3.5 等），其中 3 分以下是不及格，3 分是及格分，4 分是良好，4 分以上是优秀。如果打分在整数和小数之间，以"＋"或者"－"号表示，比如介于 3.5 和 4 之间，可以是 3.5＋或者 4－。本书研究主要采用总评分数作为口译质量评分的一部分，而内容和表达的分数只是作为补充，用于数据分析时对具体问题的探讨。表 4-9 是经 3 名口译教师讨论后所确定的对总评中不同分数等级所对应的口译表现的描述语。

表 4-9　不同质量等级描述语

3分以下(不及格)	无法完成翻译任务,没有明显正确的逻辑
3(及格)	基本完成篇章翻译任务,主要信息中有几处不正确的翻译,汉语不符合语言习惯
3.5	主要信息基本正确但有遗漏,表达不影响收听,但汉语能力不足,意思在但是不够清晰明了
4(良好)	主要信息正确或几乎无错误,次要信息有遗漏,细节有小错误,汉语表达有助于听众理解,不会引起听众反感
4.5	主要信息正确,次要信息基本正确,细节有不准确的地方,汉语表达有效、自然,有助于听众理解
5	主要和次要信息几乎无错误,表达赏心悦目,汉语能力好

笔者将所有受试对象的口译录音编号,如"1-A"。然后,将口译录音和评分表派发给各个口译教师,每个受试对象的每篇口译录音都由两位口译专家进行评分。本研究采用 Kappa 系数检验评分员的一致性。

2. 信息忠实度评估

由于信息忠实度可以有效体现口译中源语材料难度对口译产出的影响(Liu & Chiu,2009),因此,微观评估主要是针对信息忠实度的评估。命题(proposition)是基于对原文意义的分析,可以较好地反映原文的信息数量和信息密度,因此本研究采用命题分析法(proposition analysis)对口译产出的信息忠实度和准确度进行分析,具体来讲,即源语中命题的数量在译文中的百分比。百分比越高,口译产出的信息忠实度就越高。此处对源语命题的计算方法与上文确定 4 篇语料信息密度时对命题的计算方法一致。

笔者首先请两名口译专家对随机抽样的 4 篇口译产出进行了信息忠实度的试判断。两名口译专家在讨论之后确定以下三条打分原则:第一,译文中的命题和原文中的命题完全一致,判定为正确还原;第二,译文中的命题与原文中的命题在形式上不同但意思上相同,判定为正确还原;第三,原文中没有存在的命题在译文中出现,不予考虑;第四,原文中的命题在译文中没有出现或者意思不符,判定为错误。基于以上原则,两名口译专家对实验受试对象的口译产出进行了命题正确率的百分比计算。比如,原文中如果有 278 个命题,口译产出中正确还原了 244 个,那么命题正确率就达到 87% 左右,而该受试对象的这篇口译产出的信息忠实度得分就是 87 分。为方便计算,本书研究采取四舍五入,保留整数。每名受试对象的每篇口译产出的信息忠实度得分是两名口译专家打分的平均分。同整体评估一样,这里同样采用 Kappa 系数对评分员的内部一致性进行检验。

综上所述,在本实验中,每个受试对象每篇口译产出的得分是整体评估和微观评估得分的平均分。在微观评估中,命题正确率的百分比对应百分制的分数;但在整体评估中,由于口译教师是按照 1—5 分的打分制来评分,因此需要换算为百分制下的分数,即 5 分对应的是 100 分,4.5 分对应的是 90 分,4 分对应的是 80 分,依次类推。如果评分中出现 4.5+,那么对应的是 93 分;如果出现的是 5-,那么对应的是 97 分。所有受试对象的口译产出分数详见附录。

4.2 调查问卷法

在本书研究中,交替传译教学材料难度的量化手段是采用主观感知和外在表现两方面相结合的方法。上文介绍了外在表现的评分方法,即口译质量评估。下文中,笔者将详细介绍如何通过调查问卷获得受试对象对难度的主观感知。

调查问卷的内容共包括两部分。第一部分是 NASA-TLX 量表,用于测量受试对象完成交替传译任务时的心理负荷。量表被证明是测量工作负荷的有效方法,它操作简便,不会对受试对象造成干扰,因此具有较高的接受度(Wilson & Eggemeier,2006)。NASA-TLX 量表是由哈特、斯塔维兰德(Hart & Staveland,1988)研发而出的,内容类似于里克特量表。它分心智需求(mental demand)、体力需求(physical demand)、时间需求(temporal demand)、努力程度(efforts)、绩效(performance)和挫败感(frustration level)。正如第 3 章所述,由于本实验将口译时间固定且不同源语难度的交替传译任务对学生译员的体力需求不存在明显差异,因此本书研究仅选择另外 4 个维度进行测量,即心智需求、努力程度、绩效和挫败感。心智需求,即指完成任务所耗费的脑力;努力程度,即指受试对象在完成任务过程中主观认为所付出的全部努力;绩效,即指受试对象对自己表现的打分;挫败感是指受试对象因任务难度而感受到的受挫程度。以心智需求举例说明,如图 4-11 所示,其余 4 项可详见附录。

由于 NASA-TLX 量表并未曾用于口译难度的评估,而且笔者在本书研究中只取了其中 4 项并增加了一项难度整体评估,因此在搜集数据后,笔者首先会对量表进行内部一致性检验。其次,在量表测量的 5 项维度中,绩效的分数方向

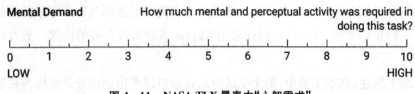

Mental Demand   How much mental and perceptual activity was required in doing this task?

图 4 - 11   NASA-TLX 量表中"心智需求"

与其余 4 项是相反的,即绩效越高,意味着源语难度越低,因此笔者会将本题的分数对应到相反方向,即 6 分对应 4 分,这样才能和其他几项共同计算。最后,每位受试对象对难度主观感知的打分是心智需求、努力程度、绩效和挫败感 4 项的总分。第 5 项对交替传译任务难度的整体评估不列入其中,只作为内部一致性检验的有效补充。

调查问卷的第二部分是两个选择题,目的在于了解受试对象在不同的交替传译任务中遇到的具体难点。第一题属于多项选择题,受试对象需要从词汇难度、信息密度、逻辑结构、句子结构和语速这 5 项中选出一项或多项对该次交替传译任务造成困难的原因。如果涉及多项,受试对象需要对几项因素按照影响程度对其进行从高到低的排序。第二题是针对源语语篇的逻辑结构,共有 3 个选项:"逻辑结构比较简单,容易理解和记忆""逻辑结构容易理解,但不容易记忆"和"逻辑结构较难,不易理解"。笔者希望通过此题了解逻辑结构对难度产生影响的原因。问卷回收率为 100%。受试对象在完成口译任务后立即填写对应的问卷,保证对每项交替传译任务的难度有较为真实的反馈。调查问卷的完整版详见附录。

4.3   数据分析方法

上文主要介绍了获取数据的方法,即实验法和问卷调查法。本节将主要介绍分析数据的方法。本书研究中,共涉及两类数据分析方法,即文本分析法和统计学方法。

在文本分析法中,笔者首先运用 RST 工具对所选实验材料的信息层次和修辞关系进行分析,画出每篇源语材料的修辞结构图,以图的方式直观呈现源语在信息层次和逻辑关系上存在的差异。RST 工具的应用在第 3 章和第 4 章都已做过详细介绍,本节将不再赘述。此外,文本分析法还体现在对原文和译文的命题密度分析上。一方面,对比原文和译文的信息密度旨在对受试对象的译文信息忠实度进行评分;另一方面,通过对比,笔者可以发现译文中的失误,从而定位源语中影响交替传译难度的具体信息点,进一步分析造成难度的原因。

在统计学方法中,笔者采用 SPSS 21.0 统计工具根据不同目的计算不同的统计量。首先,笔者采用科恩的 Kappa 系数检验两个评分员对同一篇口译产出的评分者信度,K 值结果在 0 到 1 之间。K 值越接近 1,则评分者信度越高,即两名评分员的打分越接近。其次,笔者采用克隆巴赫系数检验调查问卷中 NASA-TLX 量表的内部一致性信度。内部一致性信度用于确定测试中各个项目是否处于同一维度、架构或领域,检验各项目所测试的结果意义是否一致。克隆巴赫系数在测试量表内部一致性方面被普遍应用,结果 α 是在 0 到 1 之间。α 值越接近 1,证明量表的内部一致性信度越高。通常来讲,α 在 0.7 以上就是可接受的范围。再次,笔者采用皮尔森相关系数计算难度的主观感知和外在表现之间的相关性。r 值在 0.5—0.8 之间是中度相关,r 值在 0.8 以上是强相关。相关分析的目的在于从口译质量评估的客观角度辅助证明难度量表的效度,避免出现量表中学生对难度感知不准,主观评判偏误过大的现象。只要主观感知和外在表现存在正相关,就可以说明量表是有效的。如果 r 值越高,那么说明外在表现对难度的解释力越强。最后,针对自变量"信息层次",由于两组受试对象(每组 16 人)分别做语篇 B 和语篇 D,因此笔者采用独立样本 t 检验分析两组受试对象对语篇的难度评估,看其是否存在显著差异;针对"修辞关系",笔者采用配对样本 t 检验来确认同一组受试对象对两个语篇的难度评估,看其是否存在显著差异。

第 5 章　数据分析

在本章中,笔者将对 3 项实验的数据进行分析。首先,笔者将运用第 4 章提及的统计学方法对实验结果进行量化考察;然后在实验和调查问卷结果的基础上,笔者将通过原文和译文的对比分析,结合典型案例,探讨量化差异背后的原因。

5.1　技能习得阶段

5.1.1　实验一数据分析

1. 统计检验结果

本实验用于回答信息层级是否会对交替传译教学材料难度产生显著影响。在对结果进行量化统计之前,笔者首先对语篇 B 和语篇 D 的口译产出质量评估做了评分员一致性检验。两位评分员对语篇 B 口译产出评分的 Kappa 系数值为 0.704(见表 5 - 1),对语篇 D 口译产出评分的 Kappa 系数值为 0.701(见表 5 - 2),均在 0.7 以上。因此,可以说两位评分员的评分结果具有较高一致性,可以作为口译表现得分的参考依据。为确保口译评估的全面客观,根据第 4 章所述,受试对象最终得分是基于评分专家对口译产出的整体评估和针对信息忠实度的命题数量评估两方面内容。每组受试对象的具体分数详见附录。

表 5 - 1　评分员一致性结果(语篇 B)

	值	渐进标准误差[a]	近似值 T[b]	近似值 Sig.
一致性度量 Kappa	0.704	0.119	7.087	0.000
有效案例中的 N	16			

表 5-2 评分员一致性结果(语篇 D)

	值	渐进标准误差[a]	近似值 T[b]	近似值 Sig.
一致性度量 Kappa	0.701	0.122	6.859	0.000
有效案例中的 N	16			

根据第 3 章,本书研究将难度定义为一种主观感知。在实验中,笔者主要是通过 NASA-TLX 量表将"难度"概念操作化。由于 NASA-TLX 量表是第一次用于口译任务难度的测量,且本书研究只选择该量表中的 4 个维度进行考察,因此需要对 NASA-TLX 量表的内部一致性信度进行检验。统计结果显示,语篇 B 和语篇 D 的克隆巴赫系数分别为 0.714 和 0.770(见表 5-3),均在 0.7 以上,证明量表的内部一致性较好,该量表对受试对象在完成任务时工作负荷的测量准确度可以达到 70% 以上。

表 5-3 量表内部一致性检验

	克隆巴赫系数	基于标准化项的克隆巴赫系数	项数
语篇 B	0.714	0.740	4
语篇 D	0.770	0.762	4

为进一步排除主观评判的随意性,笔者将受试对象基于量表的难度评估值和受试对象的口译表现得分进行相关性分析。对于语篇 B,二者的皮尔森系数 $r=-0.765$,$p=0.01<0.05$,呈中度负相关;对于语篇 D,二者的皮尔森相关系数 $r=-0.886$,$p=0.00<0.05$,呈高度负相关。至此,可以说 NASA-TLX 量表可以有效反映口译任务难度。

在上述分析基础上,笔者对语篇 B 和语篇 D 的口译难度值进行了独立样本 T 检验。其中,口译难度值等于量表中四个测量维度得分之和。表 5-4 是统计检验的结果。可以看出,语篇 B 的难度均值为 23.5,语篇 D 的难度均值为 22.69。其中,p 值为 $0.561>0.05$。因此,目前并没有足够的证据说明语篇 B 和语篇 D 在难度上存在显著差异。

表 5-4　语篇 B 和语篇 D 的独立样本 T 检验

独立样本检验

		方差方程的 Levene 检验		均值方程的 t 检验						
		F	Sig.	t	df	Sig.（双侧）	均值差值	标准误差值	差分的 95% 置信区间	
									下限	上限
语篇难度值	假设方差相等	3.377	0.076	0.589	30	0.561	0.813	1.381	−2.007	3.632
	假设方差不相等			0.589	25.722	0.561	0.813	1.381	−2.027	3.652

2. 统计检验结果

由上文可知，语篇 B 和语篇 D 虽然在语篇层级上存在明显差别，但在难度上却并没有表现出显著差异。为什么会出现这种现象呢？笔者进一步做了文本对比分析。在下文中，笔者将逐一对比语篇 B 和语篇 D 在层次上存在差别之处的口译表现。

例 1：

例 1 是语篇 B 和语篇 D 核心内容相近的两段话（见图 5-1、图 5-2）。不难看出，此处语篇 B 共有 8 层，而语篇 D 只有 2 层。语篇 B 比语篇 D 多出的层次所涉及的修辞关系包括阐述关系、对比关系、条件关系、让步关系等。笔者对比了两组学生的口译表现，结果发现学生对语篇 D 片段的处理要明显好于对语篇 B 片段的处理，即学生对语篇层次较少的语段处理得较好。语篇 B 的片段可以大致分为两部分内容，第一部分和语篇 D 片段内容基本一样，但学生在翻译时出现了明显的错译和漏译的现象。比如，实验 A 组中受试对象 6 的译文是："……首先……首先我们来看一下肢体……肢体语言，首先……肢体语言可以反映出一个人是否……侵犯了他人的……他人的……私人空间。"该受试对象只是概括了这段话非常粗浅的含义，存在大量的信息缺失，意思表达模糊。而且，该受试对象的产出并不流畅。再比如，受试对象 10 的译文是："因为我们知道有时候……嗯……一不小心就会侵犯别人的私人空间。因为我们每个人都会有一个个人空间的意识，如果在两个人还没建立起信任的情况下，就离得很近的话，就可能会让别人觉得是有侵犯性的"。这名受试对象比上一名译出的内容稍多，但也缺失了比较重要的信息，如针对原文"Everyone keeps an invisible boundary between themselves and others based on how well they know the person they are interacting with.",该受试对象漏译了"人们根据和他人的熟悉程度决定和他人之间的距离"这层意思。相比之下,语篇 D 中类似内容的口译表现会更好。比如实验 B 组中受试对象 3 的译文是:"那么我们首先看一下肢体语言的第一个自然特征,那就是我们如何去摆放我们自己的位置。我们习惯与人保持一定的可见的界限,而且这个界限是基于我们对这个人的了解程度。如果那个人你不太熟,离你坐得太近的话,他就可能会冒犯你。"受试对象 5 的译文是:"那么我们要如何来判断自己应该与他人保持什么样的距离呢,我们与另外一个人保持距离的长短跟我们对这个人的熟悉程度有关。一般来说,我们与他人会保持 4 到 5 英尺这样一个距离,如果一个人与另外一个人距离得越近的话,其中一个人就会觉得……不是很舒服"。受试对象 3 和受试对象 5 除了"4 英尺"这一细节内容上不准确外,其他内容都完整准确。语篇 B 的第二部分是较之语篇 D 多出的层次,它是对第一部分的举例阐释和补充。笔者发现,受试译员尤其对第二段的翻译出现了明显的差错和疏漏。比如实验 A 组中受试对象 8 的译文是:"举个例子,假如说你进入到一间办公室,里面有一个人正在里面坐着,而她旁边有一些空椅子,你会选择坐在什么地方会让你觉得更加舒服一点呢? 研究表明,我们通常会选用一种可预测的模式。"这名受试对象完全没有翻译出原文举例阐释的内容。受试对象 6 的译文是:"比如说在一个房间中……比如说在一个凳子的两端,通常情况下,一个人坐在一端的话,另外一个……如果想再,想也来坐下,他就会选择在另一端坐下。"可以看出,这名受试对象试图翻译举例的内容,但是从表达来看与原文意思相距甚远。总结来看,翻译语篇 B 的学生译员组不仅在多出的层次内容上口译表现较差,同时还在与语篇 D 相似层次的内容上出现了较多纰漏。因此,在例 1 中,语篇层次的增加给受试的学生译员带来了额外的认知负荷。

例 2:

例 2 中,语篇 B 片段共有 5 层,而语篇 D 片段只有 2 层(见图 5 - 3、图 5 - 4)。同样,例 2 中两个语段的大致意思相同。笔者在对比两组学生的口译表现后,发现了和例 1 类似的结果,即学生对语篇 D 片段的处理要明显好于对语篇 B 片段的处理。语篇 B 片段比语篇 D 片段多出的层次所涉及的逻辑关系主要是阐述关系,此外还包括证据关系和条件关系。在语篇 B 片段中,演讲者增加了具体阐释类的信息和对观点的进一步说明。受试译员在翻译这段时,实验 A 组中受试对象 9 的译文是:"那么我们要如何才能够判断对方说的是真话还是假话

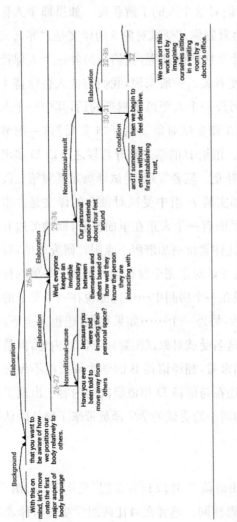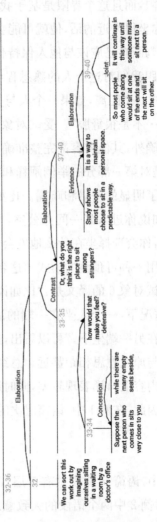

图 5 - 1 语篇 B 的语篇层级举例

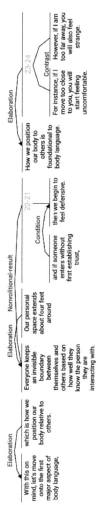

图 5 - 2　语篇 D 的语篇层级举例

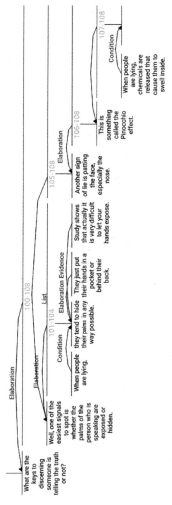

图 5 - 3　语篇 B 的语篇层级举例

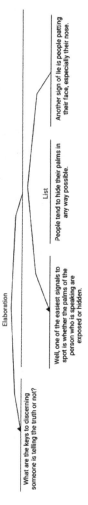

图 5 - 4　语篇 D 的语篇层级举例

呢？其实非常简单，你要知道当一个人在撒谎的时候他一般会把他的双手藏起来，有可能是放在口袋里，有可能是藏在背后。有时候他们甚至会摸自己的鼻子，这其实是叫做匹诺曹效应。当一个人在撒谎的时候他很可能会去摸他的鼻子。"这名受试对象出现了明显的信息缺失，没有把原文第三层的意思和第五层的意思翻译出来。受试对象 12 的译文是："一个其中之一……一个非常简单的办法呢，就是看这个人在说话的时候是不是……要观察他的手，如果这个人试图把自己的手藏起来，比如说放在口袋里或者是藏在背后，那么他很有可能在说谎。事实上人们是平常在说话的时候是很难以将自己的手藏起来的，另外一个判断……标准则是要观察一个人的鼻子，如果一个人频繁地触摸自己的鼻子的话，那么表明很有可能他是在说谎的。"这名受试对象对第三层靠后信息的翻译出现了错误。原文的意思是"科学研究表明人们撒谎的时候很难将手暴露在外"，而不是译员所讲的"平时说话很难将手隐藏"。受试对象 16 的译文是："还有其他的一些东西来判断他是否在说谎。有……有研究显示，如果人们在说谎的时候有一些东西是不可以被隐藏的，他通常会……很难被隐藏的，比如说，你的手会不自觉地放在口袋里，因为这时候就意味着你不想把真相表露出来。"这名受试对象的译文从第二层到第五层都存在明显失误。在第二层，受试对象缺失了有关"人们撒谎时会拍脸或鼻子"的信息。第三层，该受试对象缺失了有关"科学研究表明"的信息。由于受试对象所缺失的第二层信息和下面几层信息紧密相连，因此受试对象也缺失了下面第四层和第五层的信息。总结来看大部分受试对象出现失误的地方主要出现在语篇 B 片段中第三层以后，也就是第三层到第五层信息，少数受试对象在前两层信息中也存在翻译错误。而实验 B 组大部分受试对象对语篇 D 片段的翻译都比较完整。比如受试对象 3 的译文是："那么我们要如何才能够判断对方说的是真话还是假话呢？其实非常简单，就是看他的手是放在外面还是藏起来。你要知道当一个人在撒谎的时候他一般会把他的双手藏起来。有时候他们也会摸自己的鼻子。"因此，通过上述分析，可以得出结论：在例 2 中，语篇层次的增加也给受试的学生译员带来了额外的认知负荷。

例 3：

例 3 讲述的是一个人在和他人交往中所设立的肢体屏障，具体包括两种：一种是双臂交叉在胸前，另一种是在手里拿钱包、咖啡杯等。如图 5-5、图 5-6 所示，语篇 B 片段共有 5 层，而语篇 D 片段只有 2 层。语篇 B 片段所增加层次

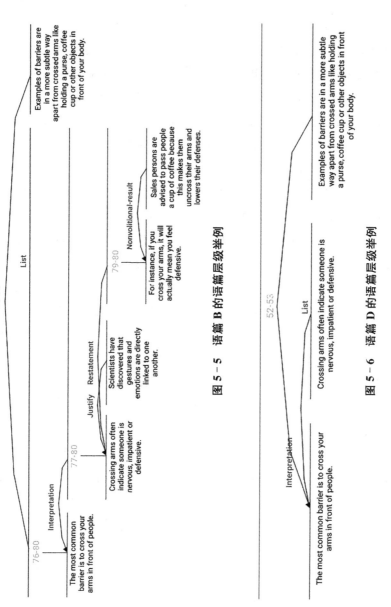

图 5 - 5　语篇 B 的语篇层级举例

图 5 - 6　语篇 D 的语篇层级举例

涉及的逻辑关系类型包括证据、证明和非意愿性原因。不同于例1和例2,笔者在对比两组受试译员的口译表现后发现,学生对语篇B片段的处理要好于对语篇D片段的处理。首先来看语篇D片段的译文。受试对象6的译文是:"如果人们……交叉双臂那么可能表示他很不耐烦或者是……态度漠然……也可能也表现出他对别人有防备心理。有时候人们会端一杯咖啡来掩饰自己的这种心理状态。"这名受试对象的译文出现了两个错误:第一,对前半段双臂交叉这个动作的解释存在错误,并没有"态度漠然";第二,后面"端一杯咖啡"并不是对前文的进一步描述,而是和前文的"交叉双臂"是并列关系,都是对屏障的举例说明。所以显然,译员弄错了其中的关系。受试对象12的译文是:"就是人们一般会把手臂交叉在面前,这个肢体语言一般意味着紧张……或者是没有失去耐心或者是感觉到受到了冒犯。人们也会使用这样会手里拿一个钱包来避免这样一个肢体动作。"该受试对象对原文前半段的理解无误,但是后半段翻译出现明显错误。人们拿钱包并不是为了避免前面的动作。所以和受试对象6相同,受试对象12同样搞错了后半段和前半段的关系。类似的错误也发生在受试对象9的译文中:"比如说……我们……我们会将……交叉环绕在胸前,这表明我们内心紧张没有耐心或者是对对方持有一种防御的态度。我们会使用杯子或其他物品挡住别人视线,获取安全感。"显然最后一句话和原文的意思相距甚远。不难看出,实验B组的成员都是在语篇D片段的后半段出现错误。下面再来看语篇B中类似意思的片段的翻译。语篇B片段在语篇D片段的基础上对第一部分"双臂交叉于胸前"的观点增加了证据类内容,因此比语篇D片段多3层。笔者发现,实验A组中大部分译员可以较完整地翻译语篇B片段的内容,尤其是后半部分内容。比如受试对象3的译文是:"如果我们双手交叉在胸前的话,那么往往意味着我们是比较紧张或是有防备心的。我们的手势,其实是和我们直接相关的。因此,如果一名销售人员给客户递上一杯咖啡的话,那么就会让客户防备心有所下降。另外呢,如果我们……如果我们在手上拿……拿些东西,比如说钱包的话也能够让我们感觉更加安全,尤其是当我们和陌生人接触时。"该译文中意思层次清晰,内容完整。因此,从这个例子中可以看出,原文信息层次的增加并没有给译员带来额外的认知负荷,反而在一定程度上缓解了译员的压力。笔者猜测,其中原因在于增加的层次内容让译员更好地理解了原文的意思,给予了译员一定的缓冲空间。所以译员可以较为顺利地从前半部分意思过渡到后半部分意思。

例4：

例4讲述的内容是关于人和人交流时所呈现的角度。演讲者阐述了他认为合适的角度和原因。如图5-7、图5-8所示，语篇B片段共有5层，而语篇D片段共有3层。语篇B中所增加的层次涉及的逻辑关系类型包括非意愿性原因关系、证据关系、对比关系和阐释关系。笔者在进行文本对比后发现，语篇B片段和语篇D片段的口译表现并没有出现明显的差异。两组受试对象都较为准确地译出了原文的信息。比如实验A组中受试对象7的译文是："接下来我想要说的就是人与人之间的面向的角度也能够体现出人们的态度。就是如果一个人跟人面对面地跟人谈话，一般就是两种可能，他们在进行非常私人的对话，或者是他们在进行有点类似于争执的对话。因为面对面就给人的对抗性太强了，而最让人舒服的角度其实是45度角，一听到这个的时候我妈妈是怀疑的，但之后她的怀疑解除了。因为她在参加某次聚会的时候发现自己跟别人面向角度刚好是45度角。这个例子也证明了我们对于这些身体语言是潜意识的。"而实验B组中受试对象11的译文是："另外一个肢体语言就是我们和人交谈时身体倾斜的角度，从这里我们可以窥见我们的态度以及两个人之间的关系。通常直接面对面的交谈，可能有两种情况，要么你们在进行私人的对话，要么就是你们在进行对抗式的交谈。所以45度角是最合适的角度。"可以看出，两名译员的口译表现都比较好。因此可以得出结论，在例4中，语篇信息层次的增加并没有对译员口译过程中的认知负荷造成显著的差别。

综上所述，语篇的层级数量和交替传译源语难度之间并没有直接关系。上文共有4处举例说明，每一处所对比的B篇和D篇的两个语段在意思上都是相近的。其中，在例1和例2中，较多层级的语段比较少层级的语段给译员带来的认知负荷更大。但在例3中，较少层级的语段反而比较多层级的语段给译员带来的认知负荷更大。在例4中，译员在处理较多层级的语段和较少层级的语段时，口译表现没有明显区别。因此，笔者得出结论，语篇的信息层级并不直接作用于交替传译源语难度。层级的增加在于对已有信息进一步阐释，有些类型的阐释缓解了译员的处理压力，而有些类型的阐释增加了译员的处理压力。笔者进一步分析发现，在前两个例子中，所增加的层级上的修辞关系主要包括阐述、对比、条件、让步，多数属于"添补类"关系类型。在例3中，所增加层级上的修辞关系主要包括证据、证明和非意愿性原因关系，属于"推演类"关系类型。据此笔者猜测，信息层级上的修辞关系可能和交替传译直接相关。下文实验二和实验

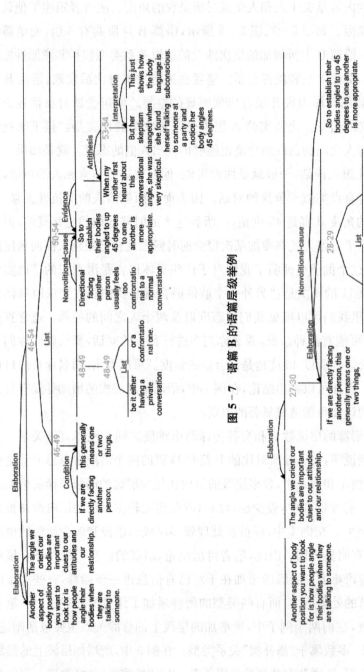

图 5 - 7　语篇 B 的语篇层级举例

图 5 - 8　语篇 D 的语篇层级举例

三将重点分析修辞关系类型和语篇难度之间的关系。

5.1.2　实验二数据分析

1. 统计检验结果

本实验用于回答在技能习得阶段"添补类"修辞关系和"推演类"修辞关系所构建的微观语篇结构对交替传译教学材料难度的影响。在对结果进行量化统计前,笔者首先对语篇 A 的口译产出质量评估进行了评分员一致性检验。两位评分员对语篇 A 的口译产出评分的 Kappa 系数值为 0.750(见表 5－5),在 0.7 以上。因此,可以说两位评分员的评分结果具有较高一致性,可以作为口译表现得分的参考依据。同实验一,受试对象最终得分是基于专家对其口译产出的整体评估和针对信息忠实度的命题数量评分两方面内容,每个受试对象的具体得分详见附录。

表 5－5　评分员一致性结果(语篇 A)

	值	渐进标准误差[a]	近似值 T[b]	近似值 Sig.
一致性度量 Kappa	0.750	0.115	6.414	0.000
有效案例中的 N	16			

本实验同样采用 NASA-TLX 量表将"难度"概念操作化。NASA-TLX 量表包含 4 个维度,笔者对 NASA-TLX 量表的内部一致性信度进行检验。结果显示,语篇 A 的克隆巴赫系数为 0.730(见表 5－6),在 0.7 以上,证明量表的内部一致性较好,对受试对象在完成任务时工作负荷的测量准确度可以达到 70%以上。

表 5－6　量表内部一致性检验(语篇 A 和语篇 B)

	克隆巴赫系数	项数
语篇 A	0.730	4
语篇 B	0.714	4

为进一步排除主观评判的随意性,针对语篇 A,笔者将受试对象基于量表的难度评估值和受试对象的口译表现得分进行相关分析。二者的皮尔森相关系数

r＝－0.503,p＝0.047＜0.05,呈中度负相关。至此,可以说 NASA-TLX 量表值是口译任务难度的有效反映。

在上述分析基础上,笔者对语篇 A 和语篇 B 的口译难度值进行配对样本 T 检验。其中,口译难度值等于量表中 4 个测量维度得分之和。检验结果如表 5－7 所示,语篇 A 的难度均值为 19.44,语篇 B 的难度均值为 23.50,p 值＝0.004＜0.01,具有显著差异。因此,语篇 A 的口译难度显著低于语篇 B 的交替传译难度。根据调查问卷结果,16 人中,有 11 人认为较之语篇 A,语篇 B 的结构不易理解或记忆。由于 A 和 B 的差异集中体现在微观结构类型上,语篇 A 以"推演类"关系为主,语篇 B 以"添补类"关系为主。因此,可以得出结论,针对于技能习得阶段的口译学习者,在英语到汉语的交替传译中,"推演类"关系构建的微观语篇结构比"添补类"关系构建的微观语篇结构更易于加工。

表 5－7　语篇 A 和语篇 B 的口译难度配对样本 T 检验
成对样本检验

	成对差分					t	df	Sig.（双侧）
	均值	标准差	均值的标准误差	差分的 95%置信区间				
				下限	上限			
配对 1　语篇 A 难度-语篇 B 难度	－4.062 50	4.767 51	1.191 88	－6.602 93	－1.522 07	－3.408	15	0.004

2. 原因分析

为什么交替传译中"推演类"关系构建的微观结构比"添补类"关系构建的微观结构更加容易加工呢? 笔者尝试从认知负荷的角度对此进行探讨。

口译过程包含理解和记忆两个核心环节。首先,从理解层面来看。任何理解活动都是对人脑认知资源的消耗,而口译理解过程较之其他理解过程更为复杂。根据许明(2010:9)从认知视角对交替传译过程的描述,交替传译的理解过程包括感知存储、词汇识别、语义解码、主谓组合、述谓组合、关系组合、事件形成等多个环节。其中,关系组合是在命题形成的基础上进行的,同时它也是各种微观事件和宏观事件形成的重要前提。因此,对源语关系结构的识别和加工是译员从表层理解走向深层理解的关键。一方面,译员需要运用语言知识、百科知识、主题知识寻找命题之间的关系,构建相对微观的事件;另一方面译员需要在此基础上通过分析整合更大范围的源语信息,构建相对宏观的事件。因此,关系组合这一环节是连接交替传译理解各子环节的枢纽,它的顺利实现需要各子环节的共同作用。然而,人脑的认知加工系统的容量是有限的,不可能将所有加工过程、已加工完成的内容以及已有知识全部放在加工系统当中,因此其中大部分是被储存在长期记忆中。只有在认知加工需要的时候,这部分信息才从长期记忆中被提取。对此有学者提出了"认知工作台"(cognitive workbench)模型(Britton,Glynn & Smith,1985:228)。该模型认为,人脑的中央处理单元精力有限,一次只能进行一次认知加工。认知工作台所容纳的是该次认知加工所需要的资源,因此理解的认知加工过程就是各理解子环节不断进入长期记忆,从长期记忆被提取到认知工作台,再从认知工作台回到长期记忆这样循环往复的过程。因此,在交替传译理解过程中,人的认知资源除了用于完成许明所阐述的各环节外,还需要用于记忆提取,即快速将所需信息从长期记忆提取到工作记忆中。提取的速度和准确度成为了实现理解的关键。根据提取在理解过程中的出现时间,可以分为提前提取(pre-fetch)和按需提取(demand fetch)。提前提取(prc-fetch)是在理解任务开始之前对理解过程中可能需要的信息和图示框架的激活,因此它是一种主动的预测行为;而按需提取是在任务进行过程中根据需求从长期记忆中搜寻相关信息和图示框架的过程,因而它是一种被动的应对行为。笔者在下文中将会结合实例分析译员在加工"添补类"关系和"推演类"关系时的提取方式;其次,从记忆层面来看。由第 2 章可知,长时工作记忆容量并不在于刺激信息的多少,而是取决于编码方式,即信息提取结构。语篇的修辞关系类型属于信息提取结构,因此,可以推测"添补类"关系和"推演类"关系对译员记忆的影响应该也是不同的。

在命题分析的基础上,笔者发现 16 名受试对象当中,有 15 名对"推演类"微观结构类型的加工要明显好于对"添补类"微观结构类型的加工。笔者首先对语篇 B 中实验对象集中出现错误的几处"添补类"关系作具体阐述。

例 5:

例 5 中,第一层出现了两个阐述关系(见图 5-9)。阐述关系是指辅助结构段对核心结构段的主题内容提供更多细节性的、具象化的补充。在这段话中,阐述关系的核心结构段是"Well,everyone keeps an invisible boundary between themselves and others based on how well they know the person they are interacting with.",表达的意思是"每个人都会根据自己和他人的熟悉程度,与他人保持一定的隐形距离"。前文 26—27 结构段是一个日常生活中的现象,作为例子导入核心结构段的抽象论述,而后文 29—36 结构段是对这个"隐形距离"的具体描述。在 16 名受试对象当中,有 10 名都在翻译这段时出现了明显的失误。错误译文可以分为三类:第一类错误译文是核心结构段的意思扭曲。比如受试对象 10 的译文是:"可能你会无意识地离一个人比较远,这种无形的距离其实就透露了你与他的关系如何。当有人进入我们的……隐……进入我们的非常近距离的时候,我们会感到非常的不舒服。"这里受试译员将意思的重心从"人与人之间的距离"变成了"人与人之间的关系"。第二类错误译文是遗漏原文大量细节,只对核心结构段进行概括总结。比如受试对象 6 的译文是:"……首先……首先我们来看一下肢体……肢体语言,首先……肢体语言可以反映出一个人是否……侵犯了他人的……他人的……私人空间。"受试对象 8 的译文是:"在与别人相处当中,我们常会自己来决定跟别人之间保持怎样的距离。我们在这种距离寻找一种……感。"第三类错误译文是核心结构段的意思被部分表达出来,但前面举例翻译错误,后面细节内容被遗漏。比如受试对象 12 的译文是:"啊……你有没有被人问过就是你有没有自己想过我们要人与人之间到底要保持多远的距离,我们都知道人与人之间有无形的界限的。我们……根据我们的肢体语言来与人交流,啊……我们都有个人的空间,那如果一旦侵犯了这个空间,那我们就感觉到不信任或者感觉到被侵犯。"从上述错误译文中可看出,多数学生错译或漏译阐述关系中前后辅助结构段的内容。因此,可以判断,译员在加工阐述关系时,不太可能对结构或内容做出提前预测。在听到本段开头的举例内容后,一些译员可能出现理解困难;另一些译员即使完成理解,但在听到核心结构段之后,其关注点已转向后面。由于没有任何心理预测,译员需要启动新一轮认知机制对核心结构段进行加工。译员采用的是按需提取的方式,从长期记忆中提取所需信息,因此这一加工过程占用了大量认知资源。译员在精力有限的情况下,很容易漏译或错译辅助信息内容。此外,从记忆的角度来看,阐述关系在人脑中的记忆线索并不明显。前文的举例和后文的细节描述与核心结构段之间关联度松散,因此学生译员在加工精力有限的前提下,很容易只记住核心意思而忽略其他内容。

例 6:

例 6 介绍的是六种不同情绪所表现出的不同面部表情(见图 5 - 10)。观察图示不难发现,这段内容之间是"添补类"关系,具体包括阐述、列举、连接和对

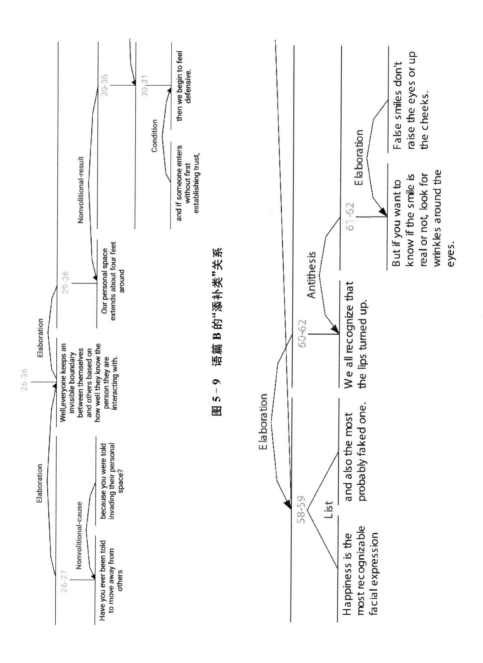

图 5 - 9 语篇 B 的"添补类"关系

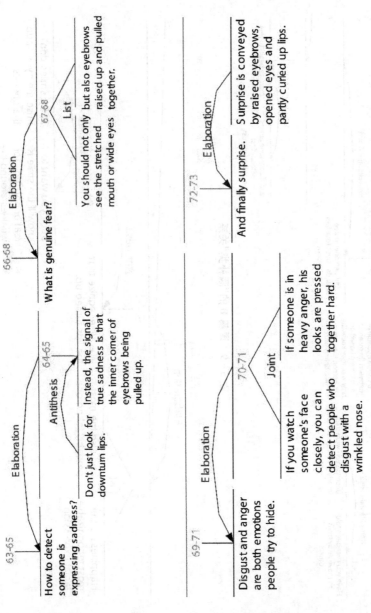

图 5 – 10　语篇 B 中"添补类"关系举例

照。阐述关系的定义上文已经介绍过,此处不再赘述。在此例中,阐述关系用于具体描述每种情绪的面部表情,如嘴角上扬或下垂、眼睛睁大、眉心紧蹙等。列举是对同类现象的罗列,现象之间具有一定同质性。结构段 67—68 之间就是列举关系,它们都是恐惧情绪的面部表现。在连接关系中,两个结构段除了在地位上并列外,内容上并无明确关系。如结构段 70—71,它们只是分别描述厌恶和发怒的表情。对照关系所连接的结构段虽然在内容上彼此相斥,但不同于对比关系,它们在地位上有核心和辅助之分。比如结构段 64—65,演讲者希望强调的是后者。在 16 名实验受试对象当中,有 13 名在翻译这段时都出现了明显的内容缺失或错误。具体表现为以下两种情况:第一,译员在翻译中只说出第一种情绪,后面五种情绪的内容大量缺失。比如受试对象 6 的译文:"有时候是真心的,而有时候是伪装出来的,所以说我们每个人都会微笑,但是……如何能够判断出他的微笑是真诚的还是虚假的呢? 这时候呢,我们需要进行更加仔细的观察,就比如说,嗯,在判断一个人是否是在真的微笑的时候我们可以看他的眼角的皱纹……的多少;而在另外的一些情况下,比如说嗯伤心啊吃惊啊等等各种情绪,都可以通过不同的……细节来显示。比如说你距离一个人足够近的时候,你可以判断出他是否真的是被恶心到了呀或者是真的非常生气等等……而在……吃惊的时候呢你通常会发现……一个人的嘴唇是张开的,并且眼睛睁得非常的圆。"从译文可以看出,这名受试对象对第一个情绪和面部表情的翻译尽管存在不准确和不完整的情况,但基本保留了原文大意。但从第二个情绪描述开始,受试学生很显然只抓住了原文的只言片语,所以他只能概括大意,甚至出现了一定程度的编造。第二,几种情绪面部表情的混淆。有部分受试对象在翻译这段时错将对后面某种情绪的描述放到了前面情绪的描述中。比如受试对象 13 的译文是:"……首先就是开心,开心是最常见的一个表情,也是最,最容易辨识的一个表情。当你很开心的时候,一般来说是会嘴角上扬,但是如果我们想要判断这个人是否真的开心,是否真的在笑的话,我们可以观察他眼角的皱纹,如果是假笑的话,他的,他的眼角是不会有出现皱纹的,他的笑容只会停留在脸颊上,如……如果是真的笑容的话,才会影响到眼……眼周;如果这个人是悲伤,第二点如果这个人是悲伤的话,那他的……嗯他的眉毛可能会……嗯……眉毛内侧可能会皱成一团,这是很难以隐藏的;第三方面是生气。当一个人感到生气的时候眉毛会上扬,眼睛会睁大,嘴巴会张开;第四是惊喜,当然惊喜的时候通常也会抬起眉毛。"其中,"难以掩藏"本来是演讲者对"厌恶和生气"的描述,而在这里被译员放在了"悲伤"的后面。此外,译员将惊讶的表情和生气的表情混淆,"眉毛会上扬,眼睛会睁大,嘴巴会张开"是原文对"惊讶"的描述,但在这里被译员放在了"生气"后面。译员之所以出现上述错误,笔者认为很重要的原因在于原文的结构。原文内容全部是"添补类"关系,错误译文表现为结构段后半部分内容的大量缺失或张冠李戴。因此,可以断定:第一,译员很少能够根据前面结构段内容预测到后面结构段的信息。每次加工完一个结构段,译员都要重新启动新一轮的认知加工机制,这一方面耗用了大量认知资源,另一方面从长期记忆中频繁提取信息会不停打断正常的理解加工过程,使其变得不连续,减缓理解的速度。因此,这也就是为什么大部分学生译员在翻译有关第一个情绪"开心"的内容时准确率较高,但越往后口译产出质量变得越差。第二,受试产出之所以在内容顺序上会混淆是因为阐述、列举和连接关系中结构段内容彼此之间的约束性很弱,实验受试对象很难将其作为一个整体来记忆;而且上述添补类关系中结构段并没有明显的顺序,所以译员加工时也会出现记忆组块零散无序。

例 7:

例 7 描述的是一个候诊室的场景,大意是说在很多空位的情况下,人们一般不会选择坐到离别人很近的位置,因为这样会让人感到很不舒服(见图 5-11)。演讲者使用这个例子,是为进一步阐述前文所讲的"人和人之间会保持一定距离"这个观点。本段意思可分为两部分。第一部分是介绍场景,提出问题;逻辑关系包括让步、条件和对比。第二部分是回答问题,阐述理由;逻辑关系包括证明、阐述、连接等。因此,本段还是以"添补类"关系为主。在 16 名受试对象当中,有 12 名受试对象对这段翻译存在大量错误。其中,将近 80% 的受试对象都没有将第一部分的场景内容翻译正确,比如受试对象 13 的译文是:"比如去……医院看病时……你和医生之间的距离,……当……他要你坐近一点的时候,你是否会感到被……侵犯了隐私"。原语内容本来讲的是候诊室内患者之间的距离,但这名学生译员理解错误,变成了患者和医生之间的距离;再比如受试对象 15 的译文是:"比如说,你去到进入,去看医生,这时候又进来了一个人,如果旁边有个空位置……他会在旁边选择坐下吗?如果坐下之后一般来说我们都会有一种防御心理……"这名受试对象翻译出了场景的部分意思,但是没有说出核心点,即"另一个人进入候诊室之后,本来有很多位置,但是却选择坐在了离你很近的位置上","座位数量多"的对比以及"离你很近"的距离才是演讲者强调的重点。究其原因,在于对 33—34 结构段的让步关系的理解失误。其实,笔者通过分析发现,多数实验对象在翻译第一层意思时问题就出在这里的让步关系。让步关系与其他关系的不同点在于两个结构段之间的方向是相反的,受试对象在加工第二个结构段时,需要调动长期记忆的存储和前面内容进行对比,因此增加了认知困难。对于本段第二部分问题的回答,大部分受试对象翻出了阐述关系中39—40结构段的具象化内容,但却忽略了37—38结构段抽象化的评论性内容。比如受试对象12的译文是:"研究显示呢,当陌生人……到一个房间的时候,他们的那个座位呢,是可以……是有一定规律的。就刚开始时候他们坐在一个房间的一个一端,然后第二个人进来坐到另一端。他们以此类推……最后呢,就会有人坐在……坐在……一个人的隔壁。"这名译员忽略了评论性的内容;再比如受试对象15的译文是:"其实研究表明,我们每个人对个人空间的这种定义都是不一样的,并且我们在行为当中也反应出来不同的结果,比如说在一个房间里一个人可能一开始坐在这一头,另一个人坐在另一头。随着人越来越多呢,最后会有人坐在你的旁边。"该译员虽然注意到前面评论性的话语,但是对内容的理解是错误的。原文的重点在于强调"每个人会保持个人空间",而不是"每个人对个人空间的定义反映在不同行为上"。笔者认为,可能由于39—40结构段与前面第一层意思联系更加紧密,仍然属于对这个例子的具体描述,所以在加工这部分内容时,译员将前面的内容提取,与之进行整合,作为一个整体来理解记忆;而对于37—39结构段,不再是例子本身内容的叙述,而是评论性的抽象内容。因此,受试译员需要启动新的认知机制,而在精力有限的前提下,很可能出现错误或忽略该内容。

　　例8:

　　例8是对另一种新的肢体语言的介绍,即"人与人之间的屏障",原文中多采用"阐述"和"解释"两种修辞关系(见图5-12)。与阐述关系不同,解释关系主要是对核心结构段做出评价性的补充。比如在这段中,77—81结构段是对"将双臂交叉抱在胸前"这一动作所暗示的内心情绪的诠释。通过分析受试学生的译文,笔者发现,16名受试对象中12名都只是译出了阐述关系中后面具体的"屏障"的内容,但却没有在前面准确点出"屏障"这个核心词以及屏障的定义。比如,受试对象9的译文是:"第三个肢体语言就是交叉双臂,在内在……一本叫做肢体语言的书当中,就提到说交叉双臂有很多的解释,一个是不安全感,另外一个是不耐心,还有就是防御性。"因此,该受试对象可能是由于没有听懂前面的内容,所以直接把"交叉双臂"作为本段的主题词来介绍,但其实"交叉双臂"只是

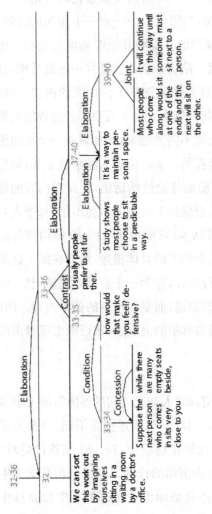

图 5 - 11 语篇 B 中"添补类"关系举例

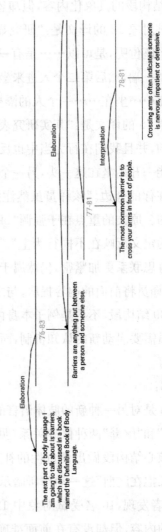

图 5 - 12 语篇 B 中"添补类"关系举例

身体屏障的一个例子。再比如,受试对象 1 的译文是:"嗯……第三个方面呢,则是你的手势,……第一……有一本书呢,是讲到肢体语言的定义的,嗯,我们可以,可以了解一些常见的手势所代表的含义。有些人他会交叉着他的手臂,环绕手臂在胸前,这往往意味着他们是紧张或者不耐烦或者处于一种防备的状态。"这名受试也翻译出了后面的例子,同时他也注意到了原文中 barrier 的存在,但没有翻译正确;再比如受试对象 10 的译文是:"另外一个就是……另外一个有关肢体语言的就是障碍,人跟人之间的,都是有一定距离的啊。如果他交叉着双臂,这就显示他比较紧张……或者没有耐心或者是比较或是有啊有自保的心态,那我们的手势还有跟情感跟他人是紧密联系着的,如果说你交叉双臂就显得你比较保守。"该受试对象翻译对了核心词语"障碍",但是没有翻译对后面的定义内容,"障碍"并不是"人和人之间的距离",而是"阻挡物"。因此,从以上译文可以看出,受试对象都是在前半部分内容上出现了问题,即被阐述的核心词。笔者分析,有两点原因造成这一结果:第一,由于核心词位于本段开头,其所描述的内容是前文没有提到过的,所以受试对象对其理解加工面临很多不确定性,再加上 barrier 这个词音节少,受试对象一旦没有听到,就很容易将其意思错过;第二,受试译员只有在听完后面的举例解释后才有可能对前面所讲的 barrier 有比较全面的理解。但是,这需要将其先存储在长期记忆中,在加工完后面的内容后,再将其从长期记忆中提取出来进行二次加工。这样多次反复的加工和提取需要耗费大量的认知资源,因此给译员加工带来了困难。

综上所述,译员在加工"添补类"关系时采取的是按需提取的方式。语篇 B 中的"添补类"关系包括阐述关系、对照关系、背景关系、列举关系、序列关系、让步关系等,这些关系在文中基本都是用于传达新信息。根据第 3 章的工作定义,"添补类"关系指结构段之间是简单的添加和补充,相互关联性较弱,并不紧密依存。因此,无论从结构还是从内容来看,"添补类"关系都是较难预测的。认知主体很难提取相关信息或图示框架,他们更多是一边加工一边提取。在加工过程中,认知主体需要首先探测出所需要理解的元素,然后在长期记忆中寻找并提取。由于认知工作台的容量有限,认知主体需要决定所提取的元素替代哪些已有元素,最后将新元素置于认知工作台上,将旧的元素放回到长期记忆中。整个提取过程包含上述若干环节,因此占用了大量的认知资源,需要耗费较多加工时间。而且从长期记忆中频繁提取信息会打断正常的理解过程,阻碍理解。此外,作为信息提取结构,"添补类"关系中的结构段在客观世界中出现的顺序是不固定的,而且彼此之间制约性弱,因此很难作为一个整体来记忆。再加上"添补类"关系本身的特征构成元素较少,认知主体可以用来进行记忆追踪的线索就很有限,因此这也给有效记忆带来了困难。

下面笔者将结合语篇 A 中的实例重点分析"推演类"关系所构建的微观结构给交替传译带来的认知负荷。

例 9:

例 9 中,共有三个非意愿性原因关系和一个对照关系,因此本段内容以"推演类"关系为主(见图 5-13)。非意愿性原因关系是指核心结构段表示原因,辅助结构段表示结果,而且由因到果的过程并非是人为有意达成的。比如 26 结构段说的是"那些沉迷网络的学生学习成绩受到的影响最严重",属于结果;后面27 结构段表明原因,即"他们会忘记做功课"。这个原因是一种自然而然发生的客观存在,并不是人为主导的。通过分析 16 名受试对象的产出,笔者发现,所有受试对象对这段信息的翻译准确度都较高,只存在少量细节的遗漏。比如,受试对象 16 的译文是:"研究显示,在学习过程当中使用社交网络的学生,他们中80%的人学习表现都会比较差。虽然说社交网络不是一种毒品但确实会让人上瘾,因为……因为有的时候有的人使用社交网络太沉迷于其中……从而忘记了老师布置的家庭作业。"受试对象 1 的译文是:"研究显示有玩社交网络会导致80%的学生低的成绩,社交网络虽然并不是一种毒品,但是它也会让人上瘾,比如说学生在玩社交网络之后很容易就能就忘记布置的作业。"两名受试对象的译文虽然还存在问题,但是涵盖了本段的核心意思。值得一提的是,本段第一句讲的是一项研究发现,中间包含数字。除了 3 名受试对象外,其余受试对象对这句的翻译准确无误。然而在语篇 B 中,也存在类似研究发现性质的内容,譬如上文例 7 中的 37—38 结构段,但大部分受试对象都没有翻译出这句的意思。笔者认为,原因在于它与语段中其余内容之间的关系。因为语篇 A 中,它处于最上层的非意愿性原因关系中,扮演结果的角色。译员将其和后面的原因算作一个整体来理解和记忆,因此不容易被遗漏。而在语篇 B 中,它是作为阐述关系的一部分,如上文分析,译员需要启动新的认知机制对其进行加工,因此带来了额外的认知负荷,容易发生错误。

例 10:

与例 9 类似,例 10 中除了一个让步关系外,其余三个都是层层相套的非意愿性原因关系(见图 5-14)。通过分析受试对象的产出,笔者发现了和例 9 同样

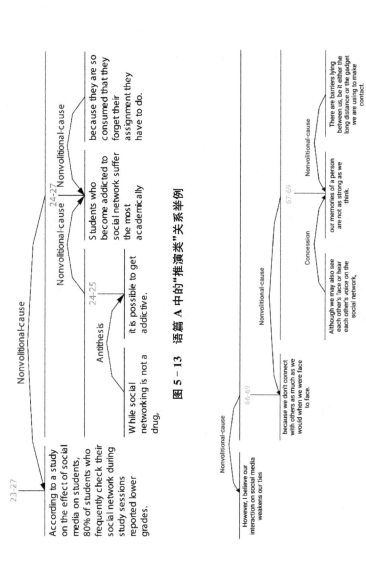

图 5 - 13 语篇 A 中的"推演类"关系举例

图 5 - 14 语篇 A 中的"推演类"关系举例

的结果,即 16 名受试对象对这段翻译的正确率较高。比如受试对象 4 的译文是:"但是这样的一种社交我觉得是一种其实是削弱了人和人之间的联接,跟面对面的交流比起来肯定是削弱了这种……互相之间的更好的联通。现在虽然网络你也能看到脸或者听到他们的声音,但是其实人的记忆都是非常有限的,比我们想象的还要弱,而且我们之间的沟通其实存在着一道屏障,也就是我们手中的这个电子设备。"受试对象 4 除了最后一句的细节有所遗漏外,其余内容都做到了准确的还原。再比如受试对象 13 的译文是:"然而我却认为这样的社交网络社交媒体是在弱化人与人之间的关系,因为它是远远比不上面对面谈话那样好的。虽然我们也许可以通过社交媒体看到对方的脸,听到他们的声音,可是我们对于人的记忆呢,却不像过去那样的清晰那样的完整了,那么社交媒体呢事实上呢,在人与人之间创造了一道鸿沟,这道鸿沟可以是你们的空间距离……也可以是你们使用的设备。"这个译文相比上一个内容更加完整。其余受试对象的产出质量与以上两名类似。笔者认为,本段产出质量较高的一个原因在于其以"推演类"关系为主。译员在听到 because 之后,会主动推测后文将会围绕"社交媒体为什么会削弱人与人之间关系"展开,而这一论点及其原因并不罕见,因此译员会有自己的猜测和预判。再加上原文中原因紧跟其后,因此很快就能印证译员的预判,这样的加工一方面节省了加工时间,另一方面增强了记忆,因此产出质量较高。

例 11:

例 11 和语篇 B 中的例 7 有相似之处,即它也涉及一个场景描述(见图 5 - 15)。而且场景内容之间的修辞关系是"连接"和"对照",属于"添补类"关系。从上文可知,近 80%的受试对象都没有将语篇 B 中的场景内容翻译正确。而不同的是,笔者通过分析发现,70%以上的受试对象都可以将本段中的场景基本正确地翻译出来。比如受试对象 8 的译文是:"就比如说……想象一下你在你的朋友的晚会上搂着你的未婚妻,然后你不停地拍照,然后把这些照片上传到你的社交网站上去,这个可能看起来并不会有什么影响,然而当你……要找工作的时候,你未来的雇主可能会通过谷歌搜到你的这些照片,他们看到这些照片之后就会觉得你可能不大正经,所以就不大适合他们的公司。"有些受试对象即使理解错了场景的部分内容,但是在译文中还是可以还原场景的功能和作用。比如受试对象 7 的译文是:"那么之前呢……如果比如说你结婚的时候……那么有非常多的亲朋好友前来祝福,那么他们往往会和你勾肩搭背啊……这样那么你会拍下

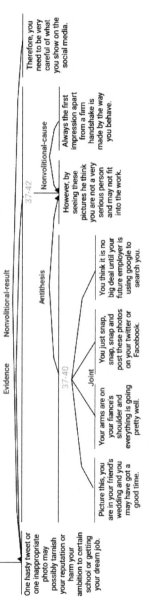

图 5 – 15 语篇 A 中的 "推演类" 关系举例

一些照片,那么你会发到社交媒体上,其实这并不没有什么不妥,但是呢如果你在未来申请一份工作的时候,这时候你未来的雇主就会在谷歌上搜索你的一些信息,然后就搜出这些照片,那么他就会觉得你并不是一个非常严肃的人,不适合在他的公司工作。"这个译文所描述的场景内容和原文的内容存在明显差别,但是它在译文中也说明了"社交媒体上的不慎发布会影响一个人的工作"这个观点,因此它和原文在作用上是相同的。同样是场景描述,同一批受试在翻译语篇A和语篇B中的表现存在明显的差异,笔者认为,原因在于场景内容与其他内容之间的关系。在语篇A中,场景内容是作为前面观点的证据出现的,因此和前文是证明关系,属于"推演类"关系的一种。译员在理解这个场景之前会启动长期记忆中已有的图示,在理解过程中根据因果关系来追踪场景内容,并将其作为一个原因整体来进行记忆加工;而在语篇B中,场景内容是作为第一句的阐述性信息存在。在听到第一句时,译员对后文内容并没有任何概念,需要一边听一边存储一边理解,因此有限的认知资源被分割到多个任务当中,就会出现精力不济的现象。

通过上述语篇A的案例分析以及类似内容在语篇A和语篇B中的对比分析,可以看出受试译员对"推演类"关系的加工比对"添补类"关系的加工要更好。根据第3章的定义,"推演类"关系中两个结构段之间存在一个推理演绎的过程,二者相互依存,且在客观世界出现的顺序一定是确定的。本书研究涉及的"推演类"关系包括非意愿性原因关系、非意愿性结果关系、意愿性原因关系、意愿性结果关系、条件关系、析取关系、目的关系、解答关系、证据关系、证明关系。从理解方面来看,前人研究表明,由于因果信息的关联度强,读者在阅读中会倾向于通过追踪语篇内的因果信息来表征事件(Sanders, 2000)。因果信息是"推演类"关系的核心特征,所以笔者推断,在交替传译中译员也会首先确定所加工的内容是否具有"推演类"关系。因此,较之"添补类"关系,"推演类"关系具有认知的优先性。此外,根据图示理论,"推演类"关系属于图示知识。当关系中的条件、原因、问题等出现时,认知主体会对现象、结果或解决方案等产生心理预期。因此,根据"认知工作台"模型,在加工"推演类"关系所构建的微观结构时,认知主体进行的更多的是提前提取(pre-fetch),即在理解任务开始前根据预测提前从长期记忆中提取所需信息。提前提取在交替传译加工中具有两点优势:第一,节省时间和精力。由于"推演类"关系构建的是微观结构,因此译员的提前预测是否与源语内容吻合可以即刻得到证实。如果吻合,那么译员不再需要进行实时按需提取,可以将有限的认知资源用于新内容的加工。第二,理解过程没有中断。由于译员可以预测到"推演类"关系的结构和内容,因此译员会将所需信息提前提取到长期记忆中。在理解加工时,译员不需要从长期记忆中多次提取信息,因此不会对理解过程造成干扰,可以保证理解过程的顺畅进行。上述案例的结果也证明了这一点。从记忆方面来看,首先,译员对"推演类"关系较短的反应时间有利于记忆的存储,因为相互联系的事件之间在认知加工中间隔时间越长,越不容易记住;其次,由于推演类关系具有较强的组织性,它具有的特征因素明显,且结构段之间制约力强,因此通常会被认知主体整合以组块的形式记忆,记忆线索明显,便于记忆。

3. 分析总结

综上所述,在交替传译中,"推演类"关系构建的微观结构比"添补类"关系构建的微观结构更容易加工,其根本原因在于理解过程中对长期记忆的不同提取方式。在理解"推演类"关系时,译员更多采用的是提前提取,即在加工前对内容有心理预设和期待,并在加工过程中得到快速验证。这种提取方式一方面节省了加工时间,另一方面确保了理解过程的整体性和顺畅性,因此给译员带来的认知负荷相对较小;相反,译员在理解"添补类"关系时,更多采用的是按需提取(demand-fetch)。这种加工方式会带来更多认知压力。第一,由于对内容和结构预测的可能性小,译员需要随着源语的输入进行实时加工,一边将加工好的内容存储在长期记忆中,一边从长期记忆中提取所需信息,因此会耗费时间和精力。第二,在"添补类"关系中,结构段之间联系松散,比如语篇 B 中的列举关系、连接关系等。所以,译员在加工完一个结构段后,需要重新启动认知机制进行新结构段的加工。认知机制这种不断的启动对于有限的认知资源是一种挑战,所以才会有上文分析中所出现的越往后的结构段信息忠实度越差的现象。第三,由于结构段之间关系松散,无法作为一个整体来理解,译员的关注点会在结构段之间不断转移,所以才会出现在语篇 B 的阐述关系中,无论是抽象概括还是具体举例,总有部分信息在交替传译产出中缺失的现象。第四,译员在理解过程中,倾向于确定内容之间是否存在因果关系,而不会主动追踪"添补类"关系,因此被动识别也使译员很难借助上下文理解源语内容。除了理解层面的原因外,记忆也是一个重要原因。相比起"添补类"关系,"推演类"关系特征明显,结构段之间依存度高,因此更能够被译员作为一个整体来记忆。而"添补类"关系中的内容零散,不利于记忆。此外,通过对比语篇 A 和语篇 B 的口译产出,笔者还发现,同样性质的内容(如上文所提到的场景描述),当其处在"推演类"关系中时,交替传译产出的信息忠实度较高;而当其处在"添补类"关系中时,交替传译产出的信息忠实度较低。这点进一步证实了信息间的修辞关系独立于信息内容之外对译员会造成认知负荷上的差异。在微观结构中,"添补类"关系比"推演类"关系给交替传译带来更大的认知压力。

5.1.3　实验三数据分析

1. 统计结果检验

本实验用于回答在技能习得阶段,"添补类"修辞关系和"推演类"修辞关系所构建的宏观结构对交替传译源语语篇难度的影响。在对结果量化统计前,笔者首先对语篇 C 的口译产出质量评估进行了评分员一致性检验。两位评分员对语篇 C 的口译产出评分的 Kappa 系数值 0.738(见表 5-8),在 0.7 以上。因此,评分员一致性信度较高。与实验一和实验二相同,本实验中受试对象的最终口译得分是基于专家评估和信息忠实度评估两方面的结果,每名受试对象的每项具体得分详见附录 4。笔者经转写发现,其中两名受试对象的录音由于设备问题没有完整录下,无法作有效分析。因此,参与语篇 C 口译的受试译员共有 14 名。

表 5-8　评分员一致性结果(语篇 C)

	值	渐进标准误差[a]	近似值 T[b]	近似值 Sig.
一致性度量 Kappa	0.738	0.128	6.302	0.000
有效案例中的 N	14			

本实验同样采用 NASA-TLX 量表将"难度"概念操作化,其中 NASA-TLX 量表包含 4 个维度,分别是心智需求、挫败感、努力程度和表现。经检验,语篇 C 的克隆巴赫系数为 0.782(见表 5-9),量表内部一致性信度较高,可以证明 NASA-TLX 量表在测量语篇 C 给受试译员带来认知负荷方面的准确度在 78%以上。

表 5-9　NASA-TLX 量表内部一致性检验(语篇 C)

克隆巴赫系数	基于标准化项的克隆巴赫系数	项数
0.782	0.756	4

　　为进一步排除主观评判的随意性,笔者将受试对象基于量表的难度评估值和受试对象的口译表现得分进行相关分析。对于语篇 C,二者的皮尔森相关系数 $r=-0.563$,$p=0.027<0.05$,呈中度负相关。至此,可以说 NASA-TLX 量表值是口译任务难度的有效反映。

　　在上述分析的基础上,笔者对语篇 B 和语篇 C 的口译难度值进行配对样本 T 检验。其中,口译难度值等于量表中 4 个测量维度得分之和。表 5 - 10 是检验结果,语篇 B 的难度均值为 23.20,语篇 C 的难度均值为 26.10,p 值=$0.04<0.05$,具有显著差异。因此,语篇 B 的口译难度显著低于语篇 C 的口译难度。根据调查问卷结果,14 名受试对象中,有 11 名受试对象认为较之语篇 B,语篇 C 在理解和记忆方面都带来了更大的困难,有 3 名受试对象认为语篇 C 的逻辑结构和语篇 B 的逻辑结构在理解层面难度相当,但是更难于记忆。由第 4 章可知,语篇 B 和语篇 C 的差异主要集中在宏观结构类型上,语篇 B 以"添补类"关系为主,语篇 C 以"推演类"关系为主。因此可以得出结论,对于技能习得阶段的口译学习者,在英语到汉语交替传译中,"添补类"关系构建的宏观结构比"推演类"关系构建的宏观结构更易于加工。

表 5 - 10　语篇 B 和语篇 C 的口译难度配对样本 T 检验

成对样本检验

	成对差分					t	df	Sig.（双侧）
	均值	标准差	均值的标准误差	差分的 95%置信区间				
				下限	上限			
配对 1　语篇 B 难度-语篇 C 难度	-2.8929	4.7401	1.2668	-5.6297	-0.1560	-2.284	13	0.040

2. 原因分析

　　为什么"推演类"关系构建的宏观结构比"添补类"关系构建的宏观结构在交替传译中给技能习得阶段的学习者带来更大的认知负荷呢?笔者首先对语篇 C 的原文进行了文本分析。由第 4 章可知,语篇 C 的主题是"我们为什么要工作",整篇演讲围绕这个问题而展开。语篇 C 的宏观结构如图 5 - 16 所示。

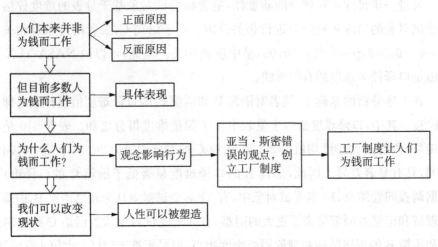

图 5 - 16　语篇 C 的宏观结构

由图 5 - 16 可知,语篇 C 包含 4 部分内容。在第一部分,演讲者认为很多人工作的初衷并不是为了钱,并分别从正反两方面证明了这个观点。因此第一部分的宏观结构是通过两个"证明类"推理关系构建的;第二部分描述了目前多数人却是为钱而工作。由于是在阐明现象,因此这部分的宏观结构是通过"阐述类"添补关系构建的;在第三部分,演讲者探讨了为什么目前多数人为钱而工作。演讲者认为,观念影响行为,人们通过制度来维系某种观念。工厂制度是基于亚当·斯密对人性的错误看法,但它在现实中却导致人们为钱而工作。由于这部分是在回答问题,因此宏观结构通过两个"证明类"推理关系和一个"证据类"推理关系构建;第四部分,演讲者提出"人性是可以被塑造的"观点,启发听众通过制定新的工作制度来改变"为钱而工作"的现状。本段的宏观结构是通过"非意愿性原因"推理类关系构建的。

在明确原文宏观结构类型和分布后,笔者对比了原文和实验受试对象的交替传译产出。基于信息忠实度的分析,笔者发现,多数受试对象在翻译以下几处推理类关系构建的宏观结构时出现明显错误。笔者将通过分析译文探讨造成错误的可能原因。

例 12:

例 12 是原文第一部分内容,从正反两方面证明观点"人工作不是为了钱"。由图 5 - 17 可知,7—12 结构段是正面证明,即人们工作的初衷在于工作有意义和有吸引力。13—15 结构段和 6 结构段是反面证明,即为物质回报而工作的动机通常会遭到别人鄙视。由于演讲者此处突出的是反面证明的论据,因此其居于核心结构段的位置,与结构段 6 构成"证明关系"。经笔者分析,有一半受试对象对这段内容口译的信息忠实度都在 50% 以下。具体的错误译文类型分为两类。其中,有 4 名受试对象完全没有构建起来原文的证明关系,只译出一些零散的关键词。如受试对象 9 的译文是:"你可能会说这是因为我们必须要生存,有的人会说我工作是因为我觉得我的工作富有挑战性,它能够让我非常地投入到其中而且能够刺激我,而且我认为我的工作是非常有意义的。当然了,如果你足够幸运的话,你可能会觉得你的工作是一件非常重要的事情,可是我们大多数的人工作都不是这些原因,而只是为了得到那份报酬。"该译文中关于正面原因部分的核心词都已出现,但论据和论点间的证明关系并未搭建起来;反面原因部分的内容基本没有译出;剩下 4 名受试对象的译文中只是构建起了正面的证明关系,没有构建起反面的证明关系。如受试对象 11 的译文是:"当然我们不是想要得到我们工作只是为了养活自己这样一个答案,我们的工作可能是非常具有挑战性的,比较有意义的,如果你感如果幸运的话你的工作可能是非常重要的。但是这一些理由都……都……不是我所想要讲的,通常我们在说到别人时,我们会说他工作是为了钱。"该受试对象基本译出了第一个证明关系的内容,但是没有译出第二个证明关系。译文最后一句虽然含有一些原文的词语,但是表达的意思与原文出入较大。再比如受试对象 9 的译文是:"有的人会说为了生计。但是我相信坐在这个房间里的人应该并不是这样想的,因为我们的工作是非常具有挑战性的非常能够引人深思的发人深省有意义的,或者说如果幸运的话是非是非常重要的,我们确实需要工资和薪酬,但是那并不是我们做工我们工作的最主要的原因。一般来讲,物质定律支配我们所做的一切。"可以看出,该受试对象对第一个证明关系内容的翻译完整准确,但最后一句内容明显和前文脱轨且丢失原文大量信息,因此很显然译员没有听懂讲者从反面论述的内容。

在上述两类错误译文中,多数都出现了原文对应的部分核心词,但关键在于结构关系搭建出现错误。笔者认为,本段的"证明关系"带给受试译员的认知压力主要体现在两方面:第一,由于此处推理类关系构建的是宏观结构,它包含的内容更多,涉及的范围更广,而且原文中没有明显的衔接连词给译员提示,所以译员无法对原文的结构和内容进行提前预测,只能靠一边加工信息一边分析。原文 7—12 结构段是三个并列形容词,如果译员在对其理解上占用过多精力,很可能无暇判定它们和前文的关系。第二,一半受试对象都在本段第二部分,即反面原因的论述部分出现明显的理解问题。笔者认为,原因在于论点和论据之间的距离相距甚远。由图 5-17 可知,13—15 结构段是反面原因的论据。译员在加工完 7—12 结构段后,需要启动新一轮的认知机制,将 13—15 结构段和前面的 6 结构段建立推理证明的关系,中间相隔 5 个结构段。也就是说,译员需要从长期记忆中选择提取加工时间相隔较远的内容,并将其激活后与当前加工的内容构建联系,这一过程无论给译员的记忆还是理解都带来了较大的困难。

例 13:

例 13 是原文第三部分对"为什么目前人们为钱而工作"的后半部分回答(见图 5-18)。前半部分中,演讲人论述了"观念会影响和改变人的行为",由于这部分内容(26—40 结构段)以添补类关系为主,此处不做直接讨论。这里只是强调,前半部分内容关系到后半部分的理解。在后半部分,演讲人对上述问题做出了回答。由上图可以看出,本段的宏观结构也是由两个"证明关系"构建的,第一个非意愿性原因关系 43—52 结构段论证了"亚当·斯密为什么要创造工厂制度",建立在 5 层结构之上;第二个"非意愿性结果关系"是结构段 43—49 结合前面结构段 50,阐述了亚当·斯密"人类天生懒惰,工作只为金钱"的观点的结果和影响。

关于结构段 43—51 和结构段 52 所建构的第一个"推演类"关系,它讲述的内容是:"错误的观点不会消失,因为人们会创造制度来保障它的实施。所以说,亚当·斯密创立工厂制度的原因在于他错误地认为人的天性是懒惰的,只能靠物质激励来工作。"16 名受试对象中,有 7 名受试对象在口译产出中未能构建起"证明关系"。第一类错误译文是存在明显的信息缺漏。比如受试对象 14 的译文是:"……观点技术有很特别的一点,那就是不同于物质科技中不好的会退出舞台。但如果人们相信一个观点的话,即使是错误的,人们也会买它的账。此外在现在的社会当中呢,在很多工厂里人们除了金钱的回报之外,没有其他的回报了,金钱就是最重要的回报。经济学家亚当·斯密曾经说过他认为所有的人本质上都是懒惰的,所以在工作中除非他们有直接的刺激,直接的物质刺激比如报酬,否则他们是不会去工作的。这也就是为什么工作最直接的原因就是为了工资。"这名受试的口译产出完整准确还原了原文自下而上第一层和第二层的信息,但是第三层信息和第四层信息完全缺失,译员虽然翻译出了第五层信息,但与前文明显脱节。所以从整体上看,译文内容只是原文的只言片语。笔者认为,译员没能够构建出原文"证明关系"的主要原因在于在这一推理关系中,条件的

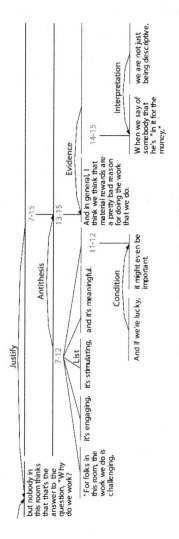

图 5 - 17　语篇 C 的宏观结构举例

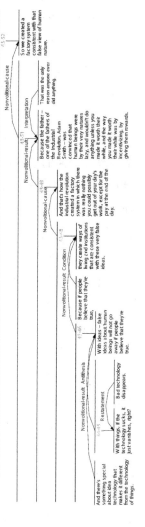

图 5 - 18　语篇 C 中宏观结构举例

层次较多,共有五层。每一层构成了上面一层的基础,这就意味着条件内容之间彼此的依赖性较强,因此任意一层内容的理解缺失都会造成整个推理链条的断裂。所以,层次越多,译员必须理解的内容就越多,每部分内容对最后结论的形成所发挥的作用就会越大。

第二类错误译文的特点是译文中原文每层的信息都在,但由于部分信息之间关系出现错误,从而导致宏观结构无法构建。比如受试对象10的译文是:"有关想法科技有一个非常特殊的特点就是如果科技很烂的话那么它可能会消失掉,我们都知道,烂的科技会被人们淘汰掉;但是想法不是这样子的,即使是错误的想法也可以流传下来只要人们相信它就可以了。如果人们相信这样的想法,那么人们就会创造出自己独特的生活方式独特的机制与这个想法所匹配。这就是工厂是如何运作的,这就是工业革命是如何运作的。在工业革命当中人们什么都做不了,不能改变任何的东西,普通人们……普通人只能被动地接受他们自己的工资。亚当·斯密曾经说过人们都是懒惰的除非他们自己的工作被给与了一定的价值,他们的工作被给予了相应的回报;所以我们创建了工厂,在工厂里面人们工作有了会得到一定的回报。"不难看出,原文的大部分信息点在这名受试的交替传译产出中都有所体现。但是译文中"这就是工厂是如何运作的……被动地接受他们自己的工资"和前文的关系发生错误,也正因如此,第五层内容虽然在译文中有所保留,但是孤立地存在,无法和前文形成有机整体,"证明关系"的宏观结构也难以构建。究其原因,笔者发现问题发生在原文的第四层意思上。第四层是一个结果,即工业革命创造了工厂制度。而造成这个结果的原因条件是分布在这一结果的两边,分别是前三层内容和第五层内容。这样的条件分布给译员的加工带来了额外的认知负荷。在本段中,部分原因位于结论之前,部分原因位于结论之后。译员在第一次由原因到结果的正向加工之前,由于条件不充足,无法构建因果关系,因此需要将原因存储在长期记忆中。等译员听到结果之后的原因时,需重新启动认知机制,提取长期记忆中已经加工好的部分原因进行分析整合,然后进行逆向加工。两次加工再加上长期记忆存储,译员需要耗用更多的认知资源,因此多数译员在本段的第四层信息上出现问题,从而无法构建宏观结构。

此外,本段和前文内容"观念影响行为"共同回答了演讲者提出的问题:为什么当前人们只为钱而工作?因此构成证明关系。它的基本内容是:亚当·斯密创立了工厂制度,用于维护他的错误观念,即人的天性是懒惰的。而由于观念会影响人的行为和塑造人性,因此在工厂制度下的结果就只能是人为钱而工作。前半部分内容即第一个"证据",而从第一个"证据"如何过渡到第二个"证据",在更宏观意义上实现宏观结构,译员需联系前文内容。笔者发现,有 10 名受试对象在构建第二个"证据"上出现问题,其中 5 名受试对象没有翻译出第一个"证据";另外 5 名受试对象虽然翻译了第一个"证据",但是未翻译出第二个证据,笔者将重点分析后者。比如受试对象 5 的译文是:"这是基于亚当·斯密所提出的这样一种观点,我们建立起了现代所谓的工厂体系,而一旦我们想要废除这样的工厂体系的话,我们没有任何的其他的办法,我们只能按照亚当·斯密提出这样的观点,实际上是因为环境才造成了的这样的……现象。"显然,译文中最后一句的信息翻译错误。笔者发现,该受试译员在翻译前面第一个证据时,就出现了大量的信息错误,因此直接导致在本段中关系无法建立。受试对象 12 的译文是:"所以我们工厂体系实际上是建立在这种错误观念之上,而当时这种工厂体系实际上实施了之后,我们发现我们找不到其他的办法去取代它,而只能够继续延续亚当·史密斯他的这种想法,还有他之前的一些见解,所以说当我们有一个错误的想法,然后呢这一个错误的想法不断酝酿不断发展到最后很有可能随着时间推移竟然最后变成了正确的想法当然。"可以看出,这名译员用了很多话语表达,但离"在这种工厂体制下,人们只能为钱而工作"这个核心意思还相距甚远。因此可以推断,译员听到了本段最后一句话,也抓住了一些核心词,但由于只关注眼前内容,所以无法理解原文意思。笔者发现这名译员对前文证据的翻译没有问题,所以可以推断原因在于译员没有主动提取前文信息。综上所述,笔者认为之所以多数受试对象没有翻译出第二个证据,原因在于:第一,证明关系中的核心论点是在后面结构段出现的,因此译员需要做倒退式推理,由论点返向论据。这些论据第一次被译员听到时,在译员大脑中并没有一个明确指向,译员无法凭借这些论据对论点做出预测。因此这些论据在第一次加工时,只是处于半加工状态。译员需要暂时将其存储在长期记忆中,这对于长期记忆是一种压力;第二,论据位置距离较远,没有连续性。译员在进行倒退式推理过程中,需要不断追溯前面一个或更多相关事件,直到满足论据是论点的充分条件。但事件之间相隔越远,大脑对它们的记忆就越弱,将它们整合在一起的可能性就越小。从上文可知,由于第一个证据和第二个证据二者相差较远,在没有心理预期下,译员很难从长期记忆中提取有效信息。

　　结合语篇 C 的宏观结构图,可以得知,语篇 C 的核心内容是第三部分和第四部分。第三部分内容建立在"推演类"关系的基础之上,例13分析是对它的详细阐述。而第三部分和第四部分内容也是通过"推演类"关系连接的。基本推理过程是:由于亚当·斯密创造的工厂制度使人们为钱而工作,因此我们可以通过改变公司的制度来使得人们不再为钱而工作。纵观所有实验受试对象的产出,无论是针对第三部分本身还是针对第三部分和第四部分内容,笔者发现一个普遍现象,即译文只要在原因方面存在错误,其结论便无法正确被推出。

上文分析了语篇 C 的宏观结构类型及受试译员的表现。由统计结果可知,译员对语篇 B 的口译产出要明显优于语篇 C。因此,笔者将对语篇 B 的宏观结构类型作详细分析。语篇 B 的主题是"肢体语言",整篇演讲阐述了如何解读不同类型的肢体语言。图 5 - 19 是语篇 B 的宏观结构图:

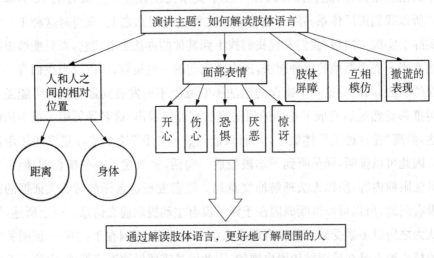

图 5 - 19　语篇 B 的宏观结构图

语篇 B 包含三部分内容:第一部分,演讲者引出演讲主题,即肢体语言及其含义。第二部分,演讲者分别介绍了肢体语言的 5 个方面:人和人之间的相对位置、面部表情、肢体屏障、互相模仿以及撒谎的表现。针对上述每方面,演讲者进行了详细阐述。比如,在人和人的相对位置方面,演讲者介绍了交流时所保持的距离及身体的角度;再比如,在面部表情方面,演讲者阐述了五种表情对应的肢体动作。最后,演讲者进行了总结,希望听众通过解读肢体语言,可以更好地了解周围的人。本篇演讲属于偏介绍性文体,全文的宏观结构是通过"阐述""列举""对比"等13个添补类关系构建的。笔者通过分析发现,对于原文 13 个修辞

关系所构建的宏观结构,实验受试对象的口译产出可以分为以下三类:

第一,针对原文约 22%的"添补类"关系(2 个阐述关系、1 个对照关系和 1 个列举关系)构建的宏观结构,90%受试对象能将其所包含的所有内容准确译出。

例 14:

图 5-20 中文字是介绍人与人交流时身体通常所呈的角度。本段的第一层是阐述关系(Elaboration),第二层是列举关系(List),内容都是对图最左边第一句"Another aspect of body position you want to be aware of is how people angle their bodies when they are talking to someone."的具体描述和补充,即这个角度是什么以及背后的原因。由于本段的局部信息比较简单,没有任何理解难点,因此大部分受试对象都可以将本段的宏观结构关系准确完整地构建出来,此处仅举一例说明。受试对象 11 的译文是:"另外一个肢体语言就是我们和人交谈时候身体倾斜的角度,从这里我们可以窥见我们的态度以及两个人之间的关系。通常直接面对面的交谈,可能有两种情况,要不是要么就是你们在进行私人的对话,要么就是你们在进行对抗式的交谈。在通常情况下,如果直面他人通常都是非常有对峙性的,所以 45°角是最合适的角度,我妈妈当时对这个理论持怀疑态度,但是后来当她在一个聚会上与人交谈的时候,她就发现 45 度角真的是最合适的角度,这就表明了我们与人交谈时采用的角度其实是下意识的。"该译文不仅覆盖"面对面站立"和"呈 45°角站立"两个并列部分的细节内容,同时还构建出这两部分内容和主题句"身体站立角度"之间的关系。

第二,针对原文约 67%的"添补类"关系(8 个阐述关系和 4 个列举关系)构建的宏观结构,约 77%的受试对象能将其核心意思翻译出来,还原顶层的修辞关系,但下层局部内容存在明显失误。

例 15:

例 15 包含五层修辞关系(见图 5-21)。第一层和第二层分别是"阐述关系"和"让步关系"。本段讲述了肢体语言的作用,它可以在很多情况下帮助我们做出更好的判断,比如在和别人第一次见面,或和朋友或同事交流,抑或是在判断一个政治候选人是否可信。同时,演讲者也提出判断肢体语言时应该小心,因为同一个肢体语言可能表示不同的意思。纵观受试对象的译文,大部分受试对象在翻译语篇结构第四层和第五层信息时都出现了问题,但口译产出中源语结构中第一层和第二层信息被翻译正确。比如,受试对象 10 的译文是:"肢体语言可以帮助我们。比如说,平时在跟你的同事或者朋友交往时,我们都广泛使用到了

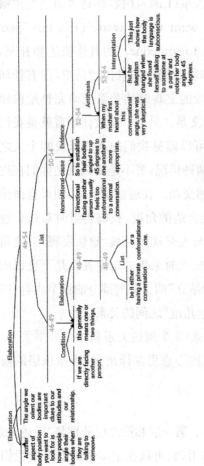

图 5 - 20　语篇 B 的宏观结构类型举例

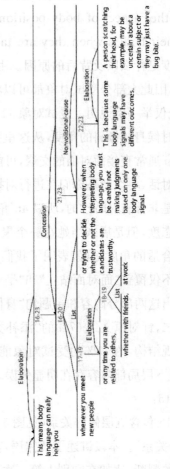

图 5 - 21　语篇 B 中宏观结构类型举例

肢体语言。它可以让你去辨别很多事情,比如这个人是否值得相信。但是在识别肢体语言的时候,我们要小心。我们不能只以一个人的某个肢体语言去判断一些事情。因为它有时会有不同的意思。"在这个译文中,结构段 16—20 中的信息部分缺失,结构段 23 的信息完全缺失,但是宏观结构"阐述关系"和"让步关系"被正确建构。

例 16:

例 16 的语段位于本篇开始,演讲者通过日常生活的举例引出演讲主题——"如何解读不同的肢体语言"。因此,本段的核心结构段是图 5 - 22 中最右边一句,即"Today I will elaborate some basic aspects of body language and how you can interpret them.",前面是对主题句的现象阐释,所以本段是通过最上层的阐述关系构建宏观结构的。通过分析实验结果,笔者发现大部分受试对象虽然在前文的现象罗列处会出现不同程度的问题,如内容缺失、意思错误等,但他们都可以把主题句翻译正确,而且也都可以将现象和主题句之间的阐释关系表现出来。比如受试对象 13 的译文是:"今天我想要讲的话题是肢体语言。也许你会想知道别人的肢体语言是否,也许你想知道别人在跟你说话的时候,是不是说了真相,还有就是人家是不是欢迎你加入他们的对话,有时候你可以从他们的表情判断出来,有时候你也可以从他们的肢体语言判断出来,从他们的……,所做出的手势等等。今天我要跟你们讲一下肢体语言的几个基本的方面。"从微观来看,该译文对于原文结构段 3 的翻译出现错误。但从宏观来看,译文的宏观结构"总-分-总"是对原文结构段的还原。同样,受试对象 11 的译文也具有这一特点:"嗯……那么,我们每天都在试使用各种各样的方式向别人表达我们的意思,我们有时候通过语言,有时候通过表情,有时候通过肢体交流等等。那么今天我想跟大家说的呢,就是肢体语言这个概念,那么包括就是它的基本概念和怎样去判断它。"该受试对象很可能没有听到前文的三个现象列举,仅对现象进行了粗略的概括,因此在此处局部关系的构建上是错误的。但是受试对象的最后一句话点出了核心句,而且前几句和最后一句之间是"分述-总述"的阐述关系,前几句本身是列举关系,因此该译文搭建起了原文第一层和第二层构建的宏观结构和核心意思,但是在局部细节处出现较多错误。

第三,针对少数修辞关系构建的宏观结构(2 个阐述关系),75%的受试对象在口译产出中无法建构,其顶层关系结构(宏观结构)和核心意思都存在明显错误。

例 17：

例 17 讲述的是人与人在交流时的肢体屏障,核心句是图 5 - 23 中最左边一句,即"The next part of body language I'm going to talk about is barriers."。从图示可看出,本段是通过阐述关系建立起宏观结构,即演讲者详细介绍了具体的几种屏障,包括双臂交叉于胸前、手拿钱包或咖啡杯放于胸前等,是典型的"总-分"类阐述关系。但是,实验中多数受试对象在翻译时,一方面没有说出核心句的意思,另一方面也没有将原文的阐述关系还原,因此整段内容和原文差别较大。比如受试对象 9 的译文是:"第三个肢体语言就是交叉双臂,在一本叫做肢体语言的书当中,就提到说交叉双臂有很多的解释,一个是不安全感,另外一个是不耐心,还有就是防御性。研究表明你自身的感情和肢体语言是非常有联系的,如果你交叉双臂的话就表示你在进行防御,销售人员需要将咖啡递给他们的顾客,这样的话顾客就会解开他们的双臂减少他们的防御性。其他让别人打解开双臂的办法有,手上拿一个钱包或者其他物体,比如说在 party 上或者是在美术馆,你可以手上拿一个钱包或者其他东西来增加你的安全感,特别是当你和你不太熟的人一起在外面的时候……"可以看出,该译文将本段内容理解成了对"交叉双臂"的阐释,"交叉双臂"作为了本段的核心词和上文的"面部表情""站立位置"等相并列,而后面的"手拿钱包或咖啡杯"成为了"交叉双臂"内容的附加阐释,这显然是错误的。因为这三个动作其实是并列的,而且都是附属于它们的上位分类"肢体屏障"。再比如受试对象 14 的译文是:"关于面部表情的另外一个方面,我也要讨论一下这个在一本书里面,一本关于面部表情的书里面也有讲过。就是人们一般会把手臂交叉在面前,这个肢体语言一般意味着紧张……或者是没有失去耐心或者是感觉到受到了冒犯。"这名受试对象将"交叉双臂"错误地归类到了上一段"面部表情"的阐释内容中,显然在结构和内容上都出现了明显的错误。在实验 2 的分析中,笔者对本段开头几个结构段构建的阐述类局部连贯类型有所分析。结果发现,16 名受试对象中 12 名都只是译出了阐述关系中后面具体的"屏障"内容,但却没有在前面准确点出"屏障"这个核心词以及屏障的定义。由于对本段的核心意思理解有误,大部分译员虽然听到了后面的一些信息,但也无法构建起本段的宏观结构。

以上是笔者基于原文的修辞结构,对实验受试对象如何在交替传译中加工原文"阐述类"关系所构建的宏观结构所做的分析。而修辞结构图最多能描述的是语篇的中观结构,因此笔者在此基础上进一步描绘出本演讲最顶层的宏观结

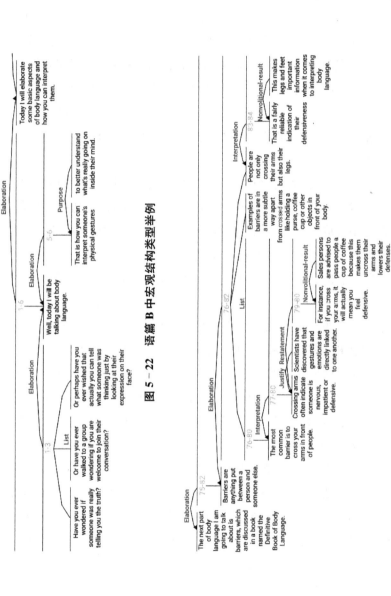

图 5 – 22 语篇 B 中宏观结构类型举例

图 5 – 23 语篇 B 中宏观结构举例

构。从图 5－23 可知,原文的宏观结构也是通过"阐述关系"和"列举关系"来构建的,演讲者具体阐述了人和人的相对位置、面部表情、肢体屏障、互相模仿和撒谎的表现 5 种肢体语言及其背后的含义。纵观所有受试对象的译文,笔者发现两个特点:第一,所有受试对象都在交替传译产出中构建起了位于最外层的两大关系,即 5 种肢体语言之间的列举关系和不同肢体语言与中心句之间的阐述关系;第二,不同受试对象对 5 种肢体语言内容翻译的准确性存在差别,但其对某种肢体语言内容的忽视或者错误理解并不会影响其对另外几种肢体语言的翻译。比如受试对象 14 对"肢体屏障"的理解存在失误,但是其在口译后面"互相模仿"和"撒谎的表现"两类肢体语言的内容时准确率却较高。

3. 分析总结

从加工方式上来看,语篇 B 中宏观结构是通过"添补类"关系构建的。与局部连贯相同,译员在加工时同样采取"按需提取"的方式,即一边接收新信息,一边从长期记忆中提取信息。在加工过程中,译员对"添补类"关系的结构和内容无法提前预测。语篇 C 中宏观结构是通过"推演类"关系构建的,从原文内容可以判断,不同于局部连贯,译员的加工方式由之前的"提前提取"变成了"按需提取"。原因有两点:第一,在语篇 C 中,"推演类"关系构建的宏观结构涉及内容多,推理关系复杂,并不是日常生活中常见的因果现象或道理,因此译员在翻译时大脑中不存在相应的图示框架可以激活,也就无法产生心理预设;第二,语篇 C 中"推演类"关系的原因和结论之间大多相距较远,所以即便译员在某些情况下作出了提前推断,也无法得到即刻验证,因此在较长的时间间隔中,预测效果甚微。因此,在宏观结构中,译员对"添补类"关系和"推演类"关系的加工方式是一样的——均为"按需提取",即依据上下文对讲话内容进行理解和记忆。

基于语篇 B 和语篇 C 宏观结构的案例分析,笔者发现,实验受试对象针对"添补类"关系的宏观结构和"推演类"关系的宏观结构的口译产出特点是不尽相同的。对于"添补类"关系构建的宏观结构,除少数几处外,多数受试对象至少可以搭建起原文结构并保留核心意思。尽管在下层结构段的翻译中会出现多种错误,但这并不影响顶层关系的构建。也就是说,"添补类"关系中,部分内容的翻译失误并不影响其他内容的翻译和整体关系的构建。究其原因,在于"添补类"关系中结构段之间只是简单的添加和补充,彼此并不相互依存。此外,虽然语篇 B 中"添补类"关系体现的是语篇相对宏观的结构,但译员不需要听到全部内容后才能构建,译员只需要听到核心句和核心词便可以搭建关系,因此才会出现译文中整体关系正确而具体内容缺失或错误的现象。

而对于"推演类"关系构建的宏观结构而言,多数受试对象的口译失误多体现为关系结构无法构建,而且其中任何一部分内容的缺失都会导致整个关系的崩塌。究其原因,在于"推演类"关系的本质和特点。根据定义,"推演类"关系的结构段之间存在推理演绎的线性发展过程,也就是说,结构段相互依存性强,彼此互为充分条件或必要条件。"推演类"关系具备三个特点:①时间先后性,即原因一定发生于结果之前;②运作性,即结果发生时,原因一定是处于激活状态;③充分性或必要性,即原因和结果需满足充分条件或必要条件(van de Broek,1990)。基于上文的案例分析,可以总结出导致"推演类"关系构建的宏观结构难以加工的四个原因:第一,原因和结果在文中相距甚远(即结构段之间的水平距离)。这意味着关系的加工过程被其他内容打断。根据前人文献,如果认知过程被打断,认知内容在记忆中被唤起的难度就会增加(Black,1984)。而且,时间间隔越长,被遗忘的可能性会越大(Britton,Glynn,& Jeffrey,1985)。由于译员在激活前文出现的原因或结果上存在困难,所以"推演类"关系难以构建。第二,原因分布的信息层次较多。由于信息层次的每一层都是上一层的基础,因此原因分布的信息层次越多,说明内容之间的依赖性就越大。译员对任何一层内容的理解错误都可能无法得出最后的结论。第三,表示原因的内容之间水平距离较远。根据"推演类"关系的特点,原因必须具备足够的充分性,才能推出结论。译员只凭借部分原因,无法构建关系,只能将其存储在长期记忆中。在原因内容之间相隔甚远的条件下,译员对"推演类"关系的追踪过程不得不中断,无法持续进行。译员需在不连贯处根据新内容构建新的起点,然后在后文中识别出新的原因内容后,重新基于前文构建完整的推演关系。一方面,译员不断启动认知机制本身是对认知资源的消耗;另一方面,译员需要跨越较长的间隔时间从长期记忆中激活相应的内容,这给长期记忆带来压力。第四,逆向推理。在结论出现之前,前面的原因并没有一个明确的指向,因此译员无法将其置于"推演类"关系的构建中。只有在结论出现后,译员进行倒推,根据结论不断向前追溯原因事件,直到满足推论条件。这一推论过程主要依靠的是前文信息加工以及在长期记忆中的存储。如果译员在前文原因信息加工时出现错误,会直接导致对后面结论的无法理解,也就无法正确翻译;如果译员在追溯过程中无法激活相关原因,那么"推演类"关系也无法得到构建。因此才会出现译文中只出现部分原因而结论错误,或者部分原因和结论之间脱节的现象。

综上所述,无论从数据结果还是从文本分析来看,"推演类"关系构建的宏观结构比"添补类"关系构建的宏观结构在交替传译中更难以加工。译员在构建"添补类"关系的宏观结构时,不需要调动所有文本信息,部分内容的理解失误也不影响整体关系的构建;相反,译员在构建"推演类"关系的宏观结构时,由于因果的紧密联系性,译员需要跨越层次和结构段的水平距离提取所有相关信息进行推演,所有影响推理过程中原因充分性的因素(如原因在文中的分布以及因果关系的距离等)都会影响"推演类"关系的构建。此外,任何一部分内容的理解或记忆失误也都会导致译文中整体关系的无法还原。

5.2　技能夯实阶段

5.2.1　实验四数据分析

1. 统计检验结果

本实验用于探索对于技能夯实阶段的交替传译学习者,"添补类"修辞关系和"推演类"修辞关系所构建的微观语篇结构对于交替传译难度的影响是否存在显著差异。与 5.1 的一组实验类似,笔者在进行量化统计之前,首先对评分员对语篇 A1 和 B1 的口译质量评分做一致性检验,结果显示 Kappa 系数值分别为 0.478(见表 5-11)和 0.409(见表 5-12),证明两名评分员在对语篇 A1 和 B1 的口译评分结果均具有中度一致性,可以用于衡量受试对象的口译表现。同第一组实验一样,受试对象的最终得分是基于专家对译文的整体评估和信息忠实度评估两项结果,每个受试对象的具体得分详见附录 4。

表 5-11　评分员一致性结果(语篇 A1)

	值	渐进标准误差[a]	近似值 T[b]	近似值 Sig.
一致性度量 Kappa	0.478	0.134	5.860	0.000
有效案例中的 N	15			

表 5-12　评分员一致性结果(语篇 B1)

	值	渐进标准误差[a]	近似值 T[b]	近似值 Sig.
一致性度量 Kappa	0.409	0.134	5.106	0.000
有效案例中的 N	15			

如第 4 章所述,NASA-TLX 量表中 4 个维度的综合得分作为每篇口译材料的难度值,因此笔者同样需要对 NASA 量表在本实验中的内部一致性信度进行检验。结果显示,语篇 A1 的克隆巴赫系数为 0.716,语篇 B1 的克隆巴赫系数为 0.760,如表 5 - 13 所示,均在 0.7 以上,说明 NASA-TLX 量表对受试对象完成工作任务时所承担的工作负荷的测量准确度达到 70% 以上,信度较高。

表 5 - 13　量表内部一致性检验(语篇 A1 和语篇 B1)

	克隆巴赫系数	项数
语篇 A1	0.716	4
语篇 B1	0.760	4

为进一步考察主观判断的可信度,笔者分别针对语篇 A1 和语篇 B1,将受试对象基于 NASA-TLX 量表给出的难度值和专家对口译表现的评分做相关分析,皮尔斯相关系数为 $r = -0.346$,$p = 0.206$,负相关并不显著;$r = -0.643$,$p = 0.01$,呈显著负相关,如表 5 - 14 所示。由于研究证明,口译水平并不是难度的有效体现(Sun & Shreve,2014),因此此处只做辅助证明。而且 NASA-TLX 量表值内部一致性信度较高,因此本研究以此作为交替传译任务难度的衡量指标。

表 5 - 14　语篇 A1 难度主观评分和口译表现相关性分析
Correlations

		口译表现得分	主观难度评分
口译表现得分	Pearson Correlation	1	-0.346
	Sig. (2-tailed)		0.206
	N	15	15
主观难度评分	Pearson Correlation	-0.346	1
	Sig. (2-tailed)	0.206	
	N	15	15

Correlations

		口译表现得分	主观难度评分
口译表现得分	Pearson Correlation	1	−0.643**
	Sig. (2-tailed)		0.010
	N	15	15
主观难度评分	Pearson Correlation	−0.643**	1
	Sig. (2-tailed)	0.010	
	N	15	15

在上述分析的基础上,笔者采用配对样本 T 检验考察语篇 A1 和语篇 B1 的交替传译难度对于技能夯实阶段的学习者是否存在显著差异。如表 5 - 15 所示,语篇 A1 的交替传译难度均值为 17.47,语篇 B1 的交替传译难度均值为 15.47。由于 p 值＝0.127＞0.05,因此虽然在均值上前者略高于后者,但两篇的交替传译难度并没有呈现显著差异。语篇 A1 的微观结构以"推演类"关系为主,语篇 B1 的微观结构以"添补类"关系为主。同时,调查问卷结果表明,60%的受试对象认为和语篇 A1 相比,语篇 B1 的逻辑结构简单,更加容易理解和记忆;20%的受试对象认为语篇 B1 的逻辑结构更容易理解,但不易记忆;剩余20%的受试对象认为语篇 B1 的逻辑结构比语篇 A1 更难记忆。因此可看出,绝大部分受试对象(80%)认为交替传译中处理"添补类"关系比处理"推演类"关系更加简单。在影响语篇 A1 和语篇 B1 难度的因素排序中,"逻辑结构"均排在信息密度、词汇复杂度、句子结构、讲话速度之后,因此可以说逻辑关系并非影响两个语篇交替传译难度的主要因素。

表 5 - 15　语篇 A1 和语篇 B1 的交替传译难度配对样本 T 检验

Paired Samples Test

	Paired Differences					t	df	Sig. (2-tailed)
	Mean	Std. Deviation	Std. Error Mean	95% Confidence Interval of the Difference				
				Lower	Upper			
Pair 1　语篇 A1 难度-语篇 B1 难度	2.000 00	4.780 91	1.234 43	−0.647 58	4.647 58	1.620	14	0.127

2. 原因分析

在技能夯实阶段，为什么"推演类"关系构建的微观语篇结构和"添补类"关系构建的微观语篇结构对交替传译任务难度的影响不存在显著差异？而为什么受试对象从主观感知上又会认为"推演类"关系构建的微观结构比"添补类"关系构建的微观结构在交替传译中更难加工（尽管没有达到统计学意义上的差别）？为回答上述问题，笔者分别对与语篇 A1 和语篇 B1 中微观结构对应的口译产出做了文本分析。

由上文可知，语篇 A1 在微观结构层面共包含 30 个"推演类"关系。其中，70%的关系可以被受试对象在交替传译中识别并构建，但剩余 30%的关系则无法被大部分受试对象在译语中还原。下面笔者将结合具体案例进行阐述。

例 18：

例 18 中演讲者阐明观点，即大学学费日益高涨，成为了大学生的担忧（见图 5 - 24）。其中包含两个微观层面的"推演类"关系。第一个是"证明关系"，位于第二层。在证明关系中，辅助结构段用于加强核心结构段内容的合理性。不难看出，结构段 4 是一项调查结果，为前文演讲者提出的"目前大学学费很高"的观点提供数据支撑。第二个是位于第一层的"非意愿性原因关系"，由结构段 1—4 和结构段 7 构成。结构段 1—4 是原因，说明大学学费高涨这一现象；结构段 7 是结果，说明高涨的学费导致学生对上大学的经济负担产生忧虑。在 15 名受试对象中，13 名受试对象都可以完整构建出上述两个关系结构。比如受试对象 2 的译文是："如果你们想要去大学，或者是你们认识某个人已经去了大学，那么你们可能就知道现在大学的学费是多么的昂贵了。根据美国劳动局的数据，在 2003 年 8 月到 2013 年 8 月这个期间，大学的学费增加了 80%，……我是一名……高中生，所以我非常希望上大学，但是大学的昂贵的费用真的让我担心不已。"受试对象 4 的译文是："如果任何人想要上大学或者你知道有谁在上大学的话，你一定为因为学费的昂贵会感到震惊。根据美国劳工部的数据，大学的价格指数从 2003 年的 8 月份到 2013 年的 8 月份上涨了 80%。……每……我们都对个人来说我们都想要去上大学，但是我个人来说想要去上大学，但是大学昂贵的费用却让我感倍感担心。"受试对象 2 的译文完整准确地还原了原文的关系结构和信息内容，受试对象 4 的译文虽然第一句的部分信息和原文存在偏差，但整体关系结构和原文仍然一致。另外两名受试对象在加工原文中"推演类"关系结构时，都存在不同程度的错误。比如受试对象 3 的译文是："对于任何曾经在大学生活过的人或者说认识上过大学的人来说,他们都对大学昂贵的费用有所耳闻。根据美国劳工部的统计,自 2003 年 8 月到 2013 年 8 月,美国的大学学费涨了八成。作为一名大学的大三学生,我去上大学,是因为有一个很大的忧虑,那么就是每一天,我们都听说人们有许许多多的人堕落贫困的生活。"仔细分析可看出,该译文的主要问题集中在 5—7 结构段。受试译员很可能是将文中"junior"(初中生)一词误解为"大三学生",导致对后文信息的处理发生连锁错误。因此,笔者推断此处"非意愿性原因"关系之所以未被建立,是由于词汇层面的加工错误。

例 19:

例 19 中的微观语篇结构包含两个"推演类"关系,第一个"推演类"关系是"意愿性结果"关系,说明政府改变给大学提供资金的方式的结果是大学开始申请私人贷款;第二个"推演类"关系是"非意愿性原因"关系,说明政府之所以转变方式是由于经济不景气带来的焦虑和对通货膨胀的担忧(见图 5 - 25)。通过分析受试对象的口译产出,笔者发现大部分受试对象在交替传译中处理上述两个"推演类"关系结构时都出现了问题。下面将根据译文错误分两类讨论。第一类是两个关系在受试对象的口译产出中均未被成功构建。比如受试对象 11 的译文是:"政府改变了他们对学校的支持政策,嗯……他们不再支持州立的大……州政府不再支持州立的大学,而是……而……而是让州立大学开始向私立转变。这样的话,那个大学会更容易地从银行得到私人贷款,这个转变是因为经济上……嗯我们的经济陷入衰退,而且通货膨胀非常严重。"该译文中,原文信息"support colleges through funding programs"和"providing subsidies to schools"被漏译,其余信息如"private loans""anxiety about economy"以及"inflation"虽然在译文中都有出现,但它们之间的逻辑关系完全错误。究其原因,笔者推断可能是由于受试对象在认知中将"大学申请私人贷款"过度解读为"大学转为私立大学",并且没有理解"政府转为向大学提供补助"和"大学不得不申请贷款"之间的因果联系,所以导致信息的漏译和错译。再比如受试对象 4 的译文是:"联邦政府他们改变了如何帮助资助大学的方式。以前呢,它是给大学提供直接的资金项目援助资金项目,但是现在它反而是给学校提供补助,这样子学生就可以私人贷款了,进行私人贷款。这种改变使得很多人变得紧张,因为这……因为当时的经济状况不好,而且人们很……而且人们很担心通货膨胀带来影响。"首先,该译文中"反而""学生私人贷款"等字眼说明该受试对象并不理解政府改变资助大学方式的结果。其次,译文中"很多人变得紧张"表明受试对

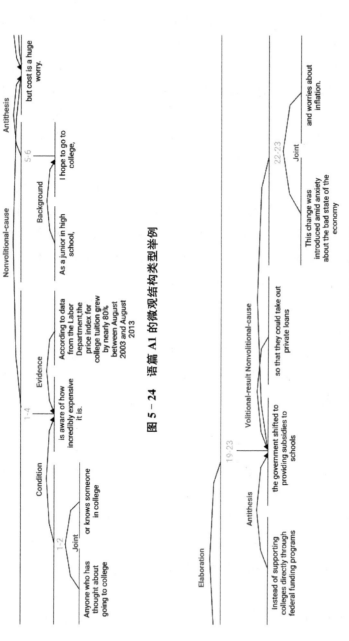

图 5 - 24　语篇 A1 的微观结构类型举例

图 5 - 25　语篇 A1 的微观结构类型举例

象也不理解演讲者此处是在解释前面现象的原因,而不是陈述结果。所以尽管
该译文最后一句信息正确,但是和前文无法建立联系,只能属于无效信息。第二
类是只有一个"推演类"关系在受试对象的口译产出中被构建。比如受试对象
12 的译文是:"联邦政府改变了大学的筹……嗯……资金筹集方式。嗯,他们
嗯,不再采用之前直接为大学运营提供资金支持的服务嗯……而是选择为大学
提供补贴。所以大学会慢慢地开始私人……私人……却慢慢地开始进行私人借
贷,这主要是因为当时经济运行不好,嗯,工资水平降低,嗯,经济整个大环境不
好,所以,嗯,大学会逐渐增加借贷。"虽然该受试对象在表达中存在较多改口或
停顿现象,但成功构建出了原文的"意愿性结果"关系。但是,最后一句存在明显
信息缺漏,而且由于受试对象错误地认为这句是演讲者用来解释"大学增加借
贷"的直接原因,所以没有正确构建起第二个"非意愿性原因"关系。再比如受试
对象 10 的译文是:"在原先……嗯……政府,我们的联邦政府是直接拨款资助大
学,但是后来他们将这种资助方式转变成了一种补助型的资助,也就是说学生可
以申请贷款来支付他们的学费。嗯……这种方式的提出是有时代的背景的,但
是我们有的这个遭遇了经济不景气以及对于通货膨胀的担忧等等因素。"该受试
对象在建构"意愿性结果关系"时,原因部分信息完整准确,但结果部分将贷款的
主体"大学"错译为"学生",因此关系构建错误。后面的"非意愿性原因"关系在
译文中构建正确。总结来看,由于例 19 中不存在低频词或复杂的句式结构,因
此可以排除词汇和句法层面的影响因素,因此应该将本段的难度影响因素聚焦
在语篇层面,即微观结构。同受试对象 3 类似,笔者推断受试对象 2 由于不理解
"大学申请私人贷款"和"通货膨胀"的关系,受试对象 10 由于不理解"大学申请
私人贷款"和"政府改为向大学提供补助"的关系,所以导致无法构建相应的"推
演类"关系。由前文可知,"推演类"关系的实质在于加工主体对信息的推理演绎
过程。显然,本段信息所含的"推演类"关系需要受试对象运用经济学常识做认
知补充,而受试对象如果缺乏这方面的知识,则很难将原因和结果联系在一起,
只能依靠字面意思记忆,于是很容易在产出中出现信息缺漏或张冠李戴的现象。

例 20:

例 20 中的微观结构包含两个"推演类"关系:第一个是"非意愿性原因"关
系,演讲者用于解释观点"一周工作 44 小时的工资为 319 美元";第二个是"证
明"关系,演讲者运用两个论据证明观点"得州六分之一的人生活在贫困线以下
不足为奇"(见图 5 - 26)。第一个论据是"生活在得州工资低而房价高",第二个

论据是"最低工资水准的人平均年龄是 35 岁"。15 名受试对象中,只有两名可以在口译产出中建立起上述两个"推演类"关系结构,并完整准确地译出原文信息。比如受试对象 8 的译文是:"根据联邦政府的最低薪水是 7.25 美元一个小时,这意味着如果你每周工作 44 个小时的话,你可以获得 319 美元的收入。如果你住在得克萨斯休斯顿的话,那么,每个月的一个房间的房租,每个月付给带有一个房间的房子的房租将会是 1 300 美元。现在嗯,不不仅仅是青少年的工作,获得最低的薪水,事实上获得最低薪水的年纪平均在 35 岁。其实如果这么来说的话,得克萨斯 1/6 的人都生活在贫困线以下,这就并不令人惊讶了。"另外有十名受试对象虽然能够建立起两个"推演类"关系结构,但在翻译结构段 56—57 时出现错误。比如受试对象 13 的译文是:"美国的这种最低的平均时薪是 7.5 美元,也就是说如果我们一周工作 44 个小时,那么我们每周可以获取的薪资就是 319 美元,那在得克萨斯的休斯顿地区,这样的一个房租是一周是房租是 1 300 美元,也就是说我们可以,嗯,但是我们说这种最低的的工资水平,嗯,已经是针对已经有持续了 45 年了,所以我们很不惊讶,我们所以说,如果我们发现这个数据就会一点都不惊讶,也就是说我们有 1/6 的人口都处于贫困线以下。"不难看出,该受试对象在翻译结构段 52—55 时,内容完整表述流畅。但在结构段 56—57 处,表达出现多处停顿和犹豫,因此可推断受试对象并不理解讲话人此处的用意,无法分辨出这是证明后面观点的第二层论据,因此译文出现了明显的意思脱节。其余三名受试对象则无法在交替传译中构建原文的"证明关系"。比如受试对象 10 的译文是:"如果你出去工作的话,你得到的时薪大概是 7.25 美金,每天每小时。也就是说,如果你一个星期工作 40 个小时的话,你将会得到嗯……319 美金每星期。然后,但是在嗯……在休斯……在得克萨斯州的休斯敦,嗯……你嗯……你可以得到 1 000,每个月你能得到 1 300 美金。然后,对于年轻人来说的话,嗯你可能要还自己的助学贷款,要还到 35 岁,在得克萨斯州,有很多人生活在贫困线以下。"该受试对象对"证明关系"中的两个论据都没有识别出来,仅是保留了部分词语的含义。由于受试对象无法将这些意思和前文信息有效联系起来,所以开始用多个语气填充词争取更多时间,最终只能拼凑信息。由于结构段 56—57 和结构段 54—55 呈并列连接关系,而且与结构段 58 之间也没有出现明确的因果连接词,因此与例 2 类似,例 3 中"证明关系"的构建也需要受试对象进行认知补充。不同的是,受试对象不需要激活专业领域知识,而是激活前文信息。由于认知补充只是用于识别部分论据,因此大部分受试对象仍然可以构建起"证明关系"。但是,由于认知补充的缺失,译文信息并不完整。

例21:

例21中包含"证明关系"和"非意愿性原因关系"两种"推演类"关系(见图 5-27)。其中,结构段67和结构段68构成"非意愿性原因关系",用来解释美国渔业崩溃的原因在于全球变暖和捕鱼配额限制;结构段69和结构段70构成"非意愿性原因关系",用来说明由于美国制造业向海外廉价劳动力市场转移,导致美国本土不再生产衣服、汽车、家具等制造业产品;结构段66和结构段67—70构成"证明关系",用以证明"很多工作在美国不复存在"这一观点的合理性;结构段71和结构段72呈现"非意愿性原因关系",说明低技能职业的消失是大学教育变得至关重要的原因;结构段64—70和结构段72呈现"非意愿性原因关系",具体阐明"由于渔业和制造业在美国本土逐渐消失,因此大学教育变得非常必要"。可以看出,上述"推演类"关系的推理过程都比较简单,属于受试对象的心理认知图示,受试对象不需要耗用过多的认知资源进行认知补充便可以将它们快速识别。因此,90%的受试对象都可以在译文中重新构建起这段所包含的5个"推演类"关系。比如,受试对象3的译文是:"但是,现在这些工作对于我们来说都是可望而不可及了。因为,全球变暖以及渔业匮乏,我们的渔业已经逐步萎缩。而在制造业方面,美国的制造业也逐渐让步于其他劳动力价格更加低廉的国家。在美国这就意味着,在美国我们很难在衣物制造业、汽车制造业以及家具制造业雇佣很多的劳动力。随着低技术工作的降低,高等教育对于人们来说愈来愈必不可少了。"该译文的问题主要体现在词汇层面(如将"对捕鱼进行配……限制"翻译为"渔业匮乏")和句子层面(如将"衣物汽车等不在美国生产"翻译为"很难雇佣很多劳动力"),但是在语篇结构层面和源语是一致的。

综上所述,对于技能夯实阶段的受训译员,"推演类"关系所构建的微观语篇结构给交替传译带来的难度仍然较小,译员可以较好地在译文中构建源语的关系结构,保留源语的意义。译员译文中出现的错误主要集中在词汇和句子层面(如例18和例21),而不是语篇层面。究其原因,仍然是由于译员在加工微观结构层面的"推演类"关系时,采取的是提前提取的方式,即译员在听到原因或条件时,往往可以激活已有的认知图示,对结果进行预测。因此,译员不但可以节省加工时间,同时还能够避免加工过程被打断。但是,值得注意的是,一旦"推演类"关系无法被预测或在短时间内被识别,受训译员便会出现翻译错误。根据塞莱斯科维奇、勒代雷(2011:67)的观点,认知补充是指为"理解讲话人的意思而

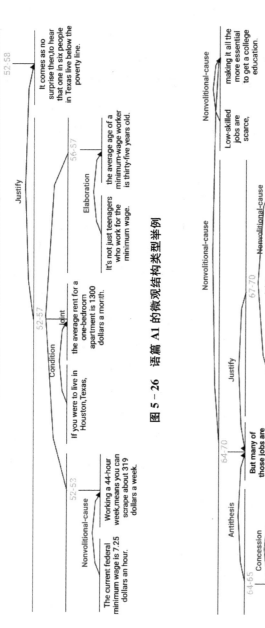

图 5 - 26　语篇 A1 的微观结构类型举例

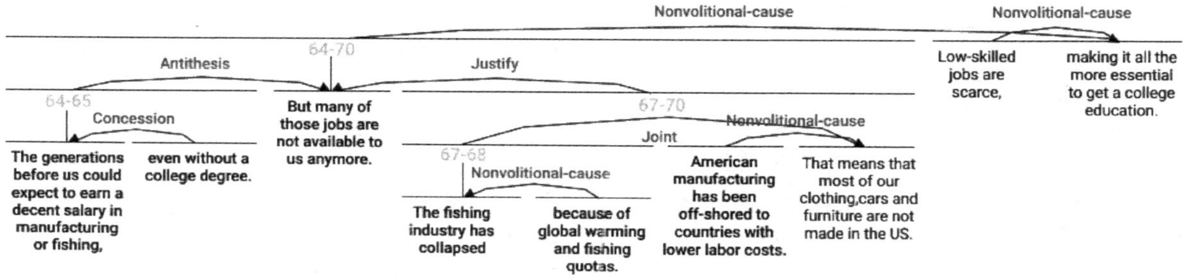

图 5 - 27　语篇 A1 的微观结构类型举例

需要的语言之外的其他知识",在口译理解中发挥关键作用。认知补充既包括从上下文中获得的信息,也包括和讲话者或讲话内容相关的背景知识或专业知识。在上述分析中,例19需要译员运用经济学知识,例20需要译员运用上下文信息,而实验中大部分译员这方面的能力仍有所欠缺,因此就构成了部分受试对象在主观上认为语篇A1结构较难加工的主要原因。

语篇B1在微观结构层面包含33个"添补类"关系和11个"推演类"关系。基于文本对比,笔者发现语篇B1中90%的"添补类"关系可以在受试对象的口译产出中得到还原,而且译文的信息准确率相对较高。下面将对不同类型的"添补类"关系做具体案例分析。

例22:

例22包含一个典型的"连接关系"(见图5-28)。在连接关系中,结构段之间不存在具体联系,但在语篇中享有同等地位和重要性。15名受试对象均可以在交替传译中将"连接关系"译出,少数受试对象在细节上出现错误。比如,受试对象14的译文是:"这一系列的严重的……这……呃……这一行为可能导致一系列的……呃……严重的后果,但是很少有人认识到这个的严重性。很多人都不愿意讲出来,有20%,据报报告,有28%的人……嗯……说提到自己被……呃……报告自己被……呃……霸凌,而大多数人呢,却不愿意指出来,就是不愿意声张出来,告诉老师等。嗯……有70%的大,在中学呢……小学中有70%的人经历过……呃……霸凌的人群中,有5%到15%说自己是时时时常有规律的……呃……时不时有规律的被被霸凌。"该受试对象在表达方面出现多次停顿和改口,因此口译产出断断续续;在信息忠实度方面,第一个数字被翻译错误,第二个数字所代表的信息被翻译错误,最后一句话中regularly的中文表述不恰当。总结来看,上述问题都是由于词汇因素导致的。

例23:

例23展示了典型的"列举关系"所构建的微观语篇结构(见图5-29)。演讲者详细介绍了身体霸凌、语言霸凌和情感霸凌三种不同的霸凌种类。其中,演讲者通过"列举关系"描述了三种霸凌的具体表现形式:身体霸凌表现为殴打、踢踹、不当触碰、校园恶作剧和掐捏;语言霸凌包括通过扭曲他人的名字来取笑他人,对他人的外表、着装和身体恶语相讥,对他人说脏话;情感霸凌是指散播恶毒谣言、嘲笑他人、故意无视他人、骚扰和挑衅。通过分析,除了在个别词汇上存在反应较慢或表述不贴切外,绝大多数受试对象不但可以将原文的"列举关系"结

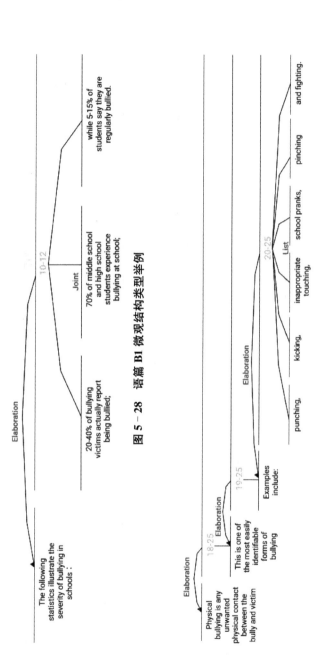

图 5 – 28　语篇 B1 微观结构类型举例

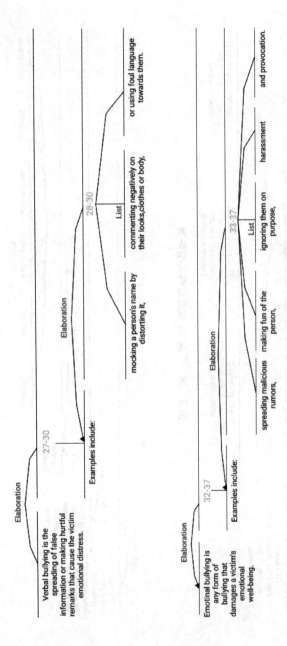

图 5 - 29　语篇 B1 微观结构类型举例

构在译文中还原,而且还可以将原文每种霸凌所对应的细节准确译出。比如,受试对象 10 的译文是:"身体上的霸凌是最容易识别的一种形式。它指那些……嗯……受那些霸凌者和受害者之间的受害者不愿意受到的身体接触,比如说,用拳头打、踢,他们不愿意受到的触摸、捏,或者是打架等。语言上的霸凌指对受害者进行一些容易使他们的情绪感到沮丧的、带有伤害性的话,比如说嘲笑他们的名字,或者是故意扭曲他们的名字,或者是对受害者的长相、衣着或者是身体等等进行一些消极的评价,或者是向他们说一些不好的话语。情绪上的霸凌是最难识别的一种形式,而情绪上的霸凌像其他两种形式一样,也会给受害者带来很大的伤害,比如说散播谣言、在背后说他们的坏话、故意忽视他们,或者是对他们进行语言上的骚扰,或者是激怒他们等等。"可以看出,该译文中除了"school prank"被漏译外,其余信息被完整再现。此处,不妨和本章的例 6 进行对比。例 6 介绍的是不同情绪的不同面部表情体现。在语篇中,不同情绪之间呈现"列举关系",针对每种情绪的不同面部表情之间也是都呈现"列举关系"。在技能习得阶段,受试对象在处理"列举关系"时,出现明显的信息缺失现象,比如只能在交替传译中较完整地描述出其中一种情绪;或者受试对象会将不同情绪之间的面部表情相互混淆,即使局部信息正确,但由于位置放错而使整体信息发生错误。但在技能夯实阶段,面对同样类型的"添补类"信息,受试对象的处理能力和口译表现有了较大的提高。首先,针对演讲者所描写的霸凌形式,所有受试译员都可以翻译出 80% 以上的信息,没有出现只译出一种而遗漏其他几种的现象;其次,针对每种霸凌的具体表现,受试译员并未出现信息张冠李戴的现象。细节信息存在少量漏译或翻译错误,但没有出现错位现象。因此,通过前后对比,可以看出交替传译学习者从技能习得阶段到技能夯实阶段,对"列举关系"的信息处理方式有明显改善。

例 24:

例 24 展示了典型的"阐述关系"所构建的微观语篇结构(见图 5 - 30)。演讲者通过层层推进,阐释了校园霸凌发生的过程。演讲者首先介绍了校园欺凌涉及的双方,通常是一群学生趁机欺负一个学生。一群学生中的部分个体为了避免成为受欺凌者而选择站在欺凌者一边。随后,演讲者描述了欺凌行为,包括侮辱、嘲笑和身体袭击。而受欺凌者一般在同龄人眼中显得有些另类。部分受试对象在翻译这段过程中出现两类问题:第一,译语表述方式不恰当;第二,译语后半部分信息有误。比如受试对象 9 的译文是:"那么欺凌它究竟是在怎样发生的呢？呃……它有时候往往就是，呃……是一群学生，对某一个单个学生他的一种欺凌。呃……在这个过程中呢，他们可能会就是利用这个就是被孤立的学生，或者说……呃……他们会，这……这群就是……呃……校园霸凌者，他们会……呃……有一群旁观者，而这些旁观者呢就是……呃……为了就是防止是自己将来有一天也会遭受霸凌，他们往往就会采取袖手旁观，甚至站到那个欺凌者这一边。嗯……总之这个校园霸凌呢，就是他这个霸凌者，他离不开他周围的一个就是同党的一个支持……那么这些……他们往往就采取一些就是身体上的一个欺凌。那这些受到就是校园霸凌的学生呢，他们很可能就会觉得自己不同于其他人，就是跟同龄人之间会产生一个隔阂感。"在译文的前半部分，该受试对象将"take advantage of"表述为"利用"意思不恰当，在本段语境下应该是"占便宜"或"欺负"的意思；译文后半部分信息的错误和遗漏比较明显。几种具体的欺凌行为中，受试对象只翻译出"身体欺凌"。而且，源语最后一句是在客观描述被欺凌者的特点，而不是被欺凌者的主观感受。再比如受试对象 6 的译文是："那么，校园欺凌又是如何发生的呢？校园欺凌通常发生在一群学生之间，他们会针对某一个学生拉帮结派的对其进行欺凌，那么有一些……嗯……有一些人呢，就会站在欺凌者这边和他组成帮派这样子来避免自己成为下一个被欺凌的受害者。那么这些欺凌者呢，会去在自己的所谓的朋友或……一帮人的支持下去羞辱或者是嘲笑受害者，通常会表现得非常的……非常的激进。那么他们欺凌的目标通常是一些小学生，这些小学生呢可能跟他们的同龄人会有所不同，看上去有一点不一样。"该译文中前半部分信息正确，后半部分同样是在对欺凌行为的描述方面出了问题。受试对象错把上一句的信息转移到了本句，没有翻译出"身体欺凌"，而且还对"aggressing"的理解也发生了偏差。受试对象在交替传译中发生的第一类问题主要是在个别词汇或词组层面，与语篇结构关联较小，因此在此不做深入探讨；而第二类关于信息缺漏和错误的问题，笔者认为部分原因在于语篇结构。本段中源语包含 4 个"阐述关系"。由于"阐述关系"所联结的前后结构段之间没有明显的制约因素，因此译员对内容和结构都无法做出提前预测，译员需要不断重新启动新一轮认知。在前半部分，在译员认知资源较充分的前提下，译员可以较好地处理信息；但到后半部分，随着译员的认知资源被不断消耗，交替传译产出的准确度和完整度随之下降。

例 25：

例 25 中只涉及一个"添补类"关系，即"让步关系"（见图 5-31）。在"让步关

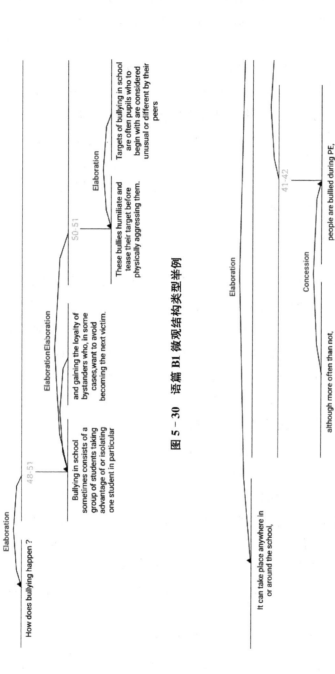

图 5 - 30　语篇 B1 微观结构类型举例

图 5 - 31　语篇 B1 微观结构类型举例

系"中,辅助结构段用于增强和补充核心结构段的信息。本段描述的是校园霸凌发生的场所。结构段 41—42 强调校园霸凌更经常发生在体育课上。纵观 15 名受试对象的口译产出,笔者发现除 2 名受试对象外,其余 13 名受试对象均没有翻译出结构段 41 的意思。比如受试对象 11 的译文是:"其实在学校霸凌无处不在,它可能发生在学校内部,也可能发生在学校周围,呃……比方说体育课";再比如,受试对象 2 的译文是:"校园霸凌可以在学校的任何地方发生,它可以是在体育课上。"两位受试对象都没有将演讲者希望强调的"更经常发生在学校"这层含义翻译出来。笔者认为,可能是由于受试对象对"让步关系"中的辅助结构段不敏感。由于辅助结构段属于次要信息,而且在"添补类"关系中结构段之间并不相互依存或相互制约,受试对象的关注点位于核心结构段信息,所以辅助结构段信息很容易因此被忽略。

例 26:

例 26 中包含"阐述关系""列举关系"和"总结关系"三种"添补类"关系(见图 5 - 32)。由于前两种关系在上文中已详细分析,因此本段只关注受试对象在交替传译中对"总结关系"的处理。在"总结关系"中,核心结构段通常超过一个,辅助结构段信息是核心结构段的总结和归纳。笔者观察受试译员的交替传译产出,发现十五名受试对象均可以准确译出该段"总结关系"中的所有信息。比如受试对象 14 的译文是:"那么教育者们如何能够识别校园霸凌呢?通常情况下,那些受到校园霸凌的人的体型会比同龄人更小,而且会因为一些事情不怎么开心。他们通常比较谨慎,容易焦虑,而且常常是比较安静的,他们可以被描述为是消极的,并且容易向他人屈服。如果有以上这些所有的特质的话,那么他们很有可能是潜在的校园霸凌的受害者。"该受试对象不仅翻译出了位于核心结构段的"被霸凌者特点",而且还翻译出了位于辅助结构段的对上述特点的归纳性信息。通过比较例 25 与例 26,笔者认为"总结关系"不同于"让步关系",核心结构段和辅助结构段之间虽然制约性较弱,但辅助结构段是建立在核心结构段之上的,是对核心结构段的概括,而并非引入新信息,因此不易被受试对象忽略。

综上所述,由于实验中受试对象可以在交替传译中较好地处理大部分"添补类"关系,因此可以得出结论:对于技能夯实阶段的受训译员,"添补类"关系所构建的微观语篇结构对交替传译难度的影响较小。具体来讲,译员在处理"列举关系""总结关系""目的关系""连接关系""对比关系"和"解释关系"时,可

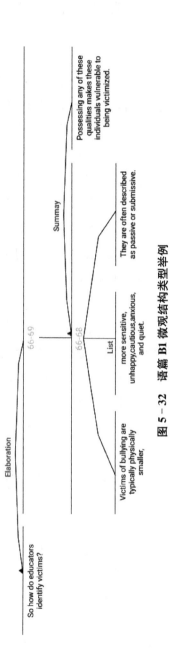

图 5 - 32　语篇 B1 微观结构类型举例

以基本完整准确地在口译产出中再现源语信息,翻译错误主要出现在词汇层面;但译员在处理"阐释关系"和"让步关系"时,容易遗漏或译错辅助结构段的信息。

3. 分析总结

在上文中,笔者分别分析了受训译员在交替传译中处理"推演类"关系所构建的微观语篇结构和"添补类"关系所构建的微观语篇结构的过程。可以看出,在大多数情况下,译员不但可以在口译产出中构建两类关系,而且还可以将两类关系所承载的信息准确译出。因此,在微观结构层面,"推演类"关系和"添补类"关系对交替传译任务难度的影响没有呈现出显著差异。这是技能夯实阶段的受训学生不同于技能习得阶段的受训学生的重要特征。在技能习得阶段,受训译员可以较好地处理"推演类关系",但在处理"添补类"关系时出现多处明显失误。但是在技能夯实阶段,译员在处理"添补类"关系时失误明显减少。笔者认为,这一差别背后的原因是受训译员口译能力的提高。技能习得阶段的学生在听辨理解、短期记忆和笔记方面都有较大的提升空间。一方面,学生在听辨理解环节耗用较多资源,自然用于短期记忆和交替传译笔记的资源就会减少,因此会出现大量信息失误;另一方面,学生的短期记忆和笔记技能还不娴熟,而且在协调听、大脑记忆和短期记忆的关系方面能力较弱,因此很容易出现信息顾此失彼或张冠李戴的现象。但经过大量练习,在技能夯实阶段,随着学生听辨理解的速度加快,对短期记忆方法和交替传译笔记方法的掌握更加娴熟,因此学生译员对"添补类"关系的处理能力显著提高。与此同时,通过实验数据分析还应该看到,学生译员在某些情况下处理两种关系结构时,仍会出现明显问题。在交替传译中处理"推演类"关系时,如果受训译员当时无法对结果进行预测,或其中的推理演绎过程需要译员进行认知补充,那么受训译员的口译产出很可能会出现问题;针对"添补类"关系,如果受训译员在交替传译中需连续处理多个"阐述关系"或者遇到"让步关系",那么上述关系结构中辅助结构段的信息很可能被忽略或译错。但是,由于"添补类"关系给交替传译任务造成的难点主要体现在记忆方面,对理解的影响较小;而"推演类"关系如果脱离译员的认知框架,即使在微观结构层面,其所需的认知补充会给信息理解直接造成压力,因此实验受试对象根据主观感受认为"推演类关系"比"添补类关系"给交替传译任务带来的难度更大。

5.2.2 实验五数据分析

1. 统计检验结果

本实验用于回答在技能夯实阶段"添补类"修辞关系和"推演类"修辞关系所构建的语篇宏观结构对交替传译任务难度的影响。笔者首先对语篇 C1 的口译产出质量评估进行评分员一致性检验。结果显示，Kappa 系数值为 0.453(见表 5-16)，证明两位评分员对语篇 C1 的评分具备一致性。与前面实验类似，专家的整体评估和信息忠实度评估共同决定受试对象的口译产出得分。

表 5-16　评分员一致性结果(语篇 C1)

	值	渐进标准误差[a]	近似值 T[b]	近似值 Sig.
一致性度量 Kappa	0.453	0.127	5.166	0.000
有效案例中的 N	15			

在本实验中，交替传译任务难度同样是通过 NASA-TLX 量表测量。由于交替传译实验任务类似，因此 NASA-TLX 量表仍然包含心智需求、挫败感、努力程度和表现 4 个维度。经检验，实验中该量表的克隆巴赫系数为 0.774(见表 5-17)，证明量表内部一致性信度较高，在反映语篇 C1 给受试译员带来的交替传译认知负荷方面准确度在 77% 以上。

表 5-17　量表内部一致性检验(语篇 C1)

	克隆巴赫系数	项数
语篇 A1	0.774	4

与此同时，笔者将量表所反映的受试对象对难度的主观评估和受试对象的口译表现打分做相关分析，对于语篇 C1，二者的皮尔森相关系数 $r = -0.513$，$p = 0.05$，如表 5-18 所示，呈中度负相关。基于此，本研究采用 NASA-TLX 量表的值作为衡量交替传译任务难度的指标。

表 5 - 18   语篇 C1 难度主观评分和口译表现相关性分析
Correlations

		口译表现得分	主观难度评分
口译表现得分	Pearson Correlation	1	−0.513
	Sig. (2-tailed)		0.050
	N	15	15
主观难度评分	Pearson Correlation	−0.513	1
	Sig. (2-tailed)	0.050	
	N	15	15

综上所述,可以证明 NASA-TLX 量表是语篇 C1 交替传译难度的有效反映。在此基础上,笔者对语篇 B1 和语篇 C1 的难度进行配对样本 T 检验。每篇的交替传译任务难度值为 4 项维度得分总和。表 5 - 19 的检验结果显示,语篇 B1 的难度均值为 15.47,语篇 C1 的难度均值为 27.40,两个语篇的交替传译难度呈现显著差异(p 值=0.000<0.05),因此语篇 C1 的交替传译难度显著高于语篇 B1。根据调查问卷结果,15 名受试对象中有 14 名认为相比于语篇 B1,语篇 C1 的逻辑结构更难理解和记忆,剩下 1 名受试对象认为语篇 C1 的逻辑结构容易理解但不易记忆;在对难度影响因素的排序中,85% 的受试对象都将逻辑结构排在了词汇、句子和语速之前。由于语篇 C1 的宏观结构以"推演类"关系为主,语篇 B1 的宏观结构以"添补类"关系为主,所以可以得出结论,对于技能夯实阶段的交替传译受训学员,"推演类"修辞关系所构建的宏观结构比"添补类"关系构建的宏观结构在交替传译中更难加工。

表 5 - 19   语篇 B1 和语篇 C1 的交替传译难度配对样本 T 检验
Paired Samples Test

	Paired Differences					t	df	Sig. (2-tailed)
	Mean	Std. Deviation	Std. Error Mean	95% Confidence Interval of the Difference				
				Lower	Upper			
Pair 1　语篇 B1 的难度-语篇 C1 的难度	−11.933	5.418	1.399	−14.934	−8.933	−8.531	14	0.000

2. 原因分析

为什么在交替传译中"推演类"关系构建的宏观结构始终比"添补类"关系构建的宏观结构更难处理？技能夯实阶段的受训学员与技能习得阶段的受训学员相比在处理这两类关系所构建的宏观结构时有何差异？下面笔者将详细阐述受试对象的处理过程。笔者首先对语篇 C1 的宏观结构做文本分析。语篇 C1 的主题是"肢体语言和思维意识"之间的关系，语篇 C1 的宏观结构如图 5－33 所示。

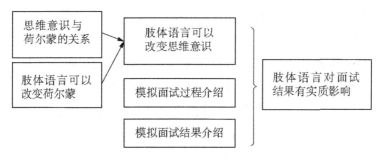

图 5－33　语篇 C1 的宏观语篇结构

由图 5－33 可知，语篇 C1 包含两部分内容。在第一部分，演讲者解释了为什么肢体语言会影响意识思维，语篇宏观结构通过"证明关系"构建。在局部层面，演讲者首先通过"阐述关系"阐明思维意识的强势与弱势是通过两种荷尔蒙来体现，分别是睾丸酮（testosterone）和皮质醇（cortisol）。为避免词汇带来额外难度，在实验中笔者提前告知受试对象两种激素，并将其简化为 T 激素和 C 激素；随后演讲者通过"列举关系""阐述关系""序列关系"等"添补类"关系介绍了相关的实证数据；最后演讲者基于前文信息证明改变身体姿势可以改变人的荷尔蒙，从而改变人的思维意识。在第二部分，演讲者论证了肢体语言对人的思维意识影响的实际意义，其宏观结构通过"非意愿性结果"和"非意愿性原因"两类关系构建。类似于第一部分，演讲者首先通过"列举关系""连接关系""总结关系"等介绍模拟面试的背景和细节经过，然后通过"阐述关系"描述模拟面试的结果。在此基础上，演讲者证明相比于履历或讲话内容，招聘者在更大程度上是依据应聘者在面试过程中展示出的气场和形象来决定其是否被录用。

在明确语篇 C1 的宏观结构和微观结构特征的基础上，笔者将源语和受试对象的译语产出进行了对比分析，发现多数受试对象在处理宏观结构层面时都发生了错误。下面，笔者将结合具体案例分析错误原因。

例 27：

例 27 是演讲中的第一部分内容，其宏观结构包含两个"推演类"关系（见图 5-34）。由图 5-34 中文字可知，结构段 39—43 和结构段 45—46 构成证据关系，说明两分钟的肢体动作可以导致荷尔蒙的变化，使人变得坚定自信或自卑以及抗压能力弱。在此基础上，结构段 39—46 和结构段 47 之间构成"证明关系"，通过实证结果证明肢体语言会改变人们的思维意识。上述两个宏观结构由若干微观结构支撑。具体来讲，结构段 39—43 呈列举关系，分别描述了在做完相应的肢体语言后，实验对象的行为变化特征和激素变化特征。行为变化特征的描述为结构段 39—40，呈"列举关系"，表明在做完代表强势的肢体动作后，86% 的实验对象表示愿意参与赌博；做完代表弱势的肢体动作后，只有 60% 的实验对象愿意参与赌博。激素变化特征的描述为结构段 41—43，呈现"列举关系"和"阐述关系"。表明做强势肢体动作后，实验对象的 T 激素上升 20%，C 激素下降 25%；做弱势肢体动作后，实验对象的 T 激素下降 10%，C 激素上升 15%。至此，结构段 39—43 构成结构段 45—46 的论据。笔者通过分析发现，只有一名受试对象将上文的意思全部译出。其余受试对象的口译产出存在两方面的问题：第一，没有还原源语中"证据关系"所构建的宏观结构。比如受试对象 12 的译文是："那么在……呃……风险承受的这个表上……做出……呃……强大行动，做出强有力表现动作的人，会有 80% 的……呃……百分之……在做出强有……在做出强硬姿势的人中有 80% 的人愿意……冒这个风险，而在做出……孤弱无援的姿势的……受访者中只有 60% 的人愿意冒冒这个风险，这个差别真的很大。那我们接下来再看一看激素的变化。……首先是 T 激素，在做出强有力姿势的受访人中……呃……T 激素增加了 20%，而另一组的 T 激素则降低了 10%。……然后我们可以看一下在两分钟之内激素发生了如此大的变化，在第一组的 C 激素中……呃……降低了 25%，而在第二组的 C 激素中却降低了……却增加了 50%，两分钟的时间，他们的荷尔蒙就发生如此大的变化。而这些变化可以让他们的……呃……T 激素的增加，……C 激素的减少会让他们的大脑更加舒适，而且在处理……呃……压力的时候也更加积极。由此我们可以得出结论，就是……呃……肢体语言确实会影响我们对自己的感觉，这一点不管是在其他人身上还是在我们自己身上都是一样的。"可以看出，该受试对象在处理微观语篇结构时表现较好，虽然表达存在不流利现象，但关于"行为特征"和"荷尔蒙特征"的论据基本完整。但是，在构建第一个"证据关系"时，该受试对

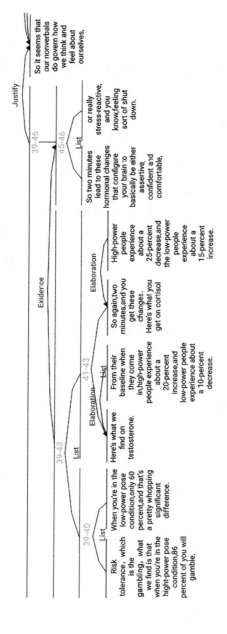

图 5 - 34　语篇 C1 宏观结构类型举例

象对结论部分的翻译存在错误。译文中虽然出现了"舒适""压力""积极"等核心词，但表达的是特定肢体动作的结果，而不是前文实验和数据的结论，因此与原文不符。再比如，受试对象 3 的译文是："当那些高姿势的人面临选择时，80% 都选择了去赌一赌，而那些处在低姿势的人呢，则是有 60% 选择去赌一赌。那么下面我们可以看到，对于 T 激素的变化而言，那些处于高高姿势的人，也就是感到自己大权在握的人，他们的 T 激素产生量升高了 20%。对于那些处于低姿势状态下无权势的人呢，他们感到自己的 T，他们的 T 激素产生量则降低了 10%，两分钟就发生了如此之多的改变。下面我们看看 C 激素，对于那些高姿势有权者而言，他们的 C 激素则降低了 25%，对于那些低姿势感到自己无权的人，他们的 C 激素上升了 15%。两分钟便使得荷尔蒙的分泌发生了改变。我们很容易去感到自己非常自信满满，有肯定人格，同时我们也很容易便堕入压力于不自信之中。我们所有的人都是这样的，所以肢体语言确实会影响我们自己，而我们的身体也会影响我们的心灵。"受试对象 3 和受试对象 12 类似，可以较完整准确地保留微观结构所承载的论据信息，但是在处理结构段 45—46 时，仍然发生错误。对应的译文不但与前文脱节，而且与本身的意思前后矛盾，因此可以断定该受试对象并不理解原文中这句话的意思，也没有意识到该句是前文信息的结论。笔者推断，此处的"证据关系"给交替传译带来难度主要是由于以下两点原因：首先，论据分布的结构段较为分散，而且结构段之间是"添补类"关系。虽然受试对象可以较好地处理结构段内部的微观结构，但是当多个添补类关系聚集在一起需要被加工时，受试对象的认知负荷会显著增加，因此受试对象只能将有限的认知资源集中处理论据，结论部分由于得到较少关注而容易被忽视。其次，结论和论据之间需要受试对象进行认知补充。论据部分强调的是"肢体动作对人类行为和荷尔蒙的影响"，结论部分强调的是"荷尔蒙对思维意识的影响"，并非直接相关。受试对象只有在脑中补充"不同荷尔蒙所对应的不同类型的思维意识的具体特征"，才能得出相应的结论。如果受试对象在前文信息上耗用过多精力，或不善于进行认知补充，则很容易在翻译结论时出错。在实验中，受试对象口译产出的第二类问题是与源语相比存在细节错误，但宏观结构被正确建构。比如受试对象 15 的译文是："通过这个游戏我们可以看出以下几个方面，首先是……对于冒险的接受程度，我们可以看到……嗯……那些……，那些采用更有权势的姿势的人们，他们……呃……有百分之，有 60% 的人愿意，更愿意去……呃……接受冒险，而那些采取……呃……，而且那些摆出……呃……没，缺少权势的姿势的人,他们仅仅有 16% 的人愿意去冒险。然后第二个就是关于 T 激素的水平,我们可以看到那些用……用更有权势的姿势的人,他们的 T 激素上升了 20%,而那些用没有权势的姿势的人,他们的 T 激素下降了 10%。呃……下面是关于 C 激素……啊……那些用更有权势的姿势的人,呃……他们的 C 激素下降了 25%,而那些采用……嗯……没有权势的姿势的人,他们的 C 激素上升了 15%。啊……通过这些数字我们可以观察到,啊……我们大脑里,我们可以通过这些数字我们可以……呃……认识到大脑的一些变化。那些……呃……那些采用……呃……显得自己更有权势的姿势的人,他们会更有信心,也更容易面对压力。呃……这通过这些我们发现,我们发现了……啊……这种身体姿势是……啊……这身体语言是如何影响了我们的感受和行为,然后我们的身体是如何改变了我们的思想。”该译文的问题首先集中于数字错误,第一句中第一个数字应该是“86%”,而不是“60%”;第二个数字是“60%”,而不是“16%”。其次,“我们可以通过这些数字我们可以……呃……认识到大脑的一些变化”一句表述不准确。源语表达的是“荷尔蒙的变化”,而非“大脑的变化”。但是,受试对象在译语中搭建起了位于原文首层和第二层的“证明关系”和“证据关系”。

例 28:

例 28 展现的是源语中“非意愿性结果关系”所构建的宏观语篇结构(见图 5-35)。演讲者解释了为什么选择面试场景来展示“肢体动作能够改变思维”这一结论在实际生活中的意义。结构段 53 是原因,演讲者认为肢体动作可以用于具有一定压力的社交场合。社交主体可以通过一定的肢体动作改变他人对自己的评价。结构段 54—59 是结果,演讲者运用“阐述关系”和“连接关系”描述了多个符合特点的社交场合,如青少年午餐会、学校董事会、推销会、公众演讲或工作面试。在众多选项中,演讲者最终选择了“工作面试”,因为这是多数人经历过的场景。通过文本对比,笔者发现一半左右的受试对象没有成功建立起源语中的“非意愿性结果”关系。比如受试对象 11 的译文是:“怎样应用到我们的生活当中呢? 嗯……我可以给大家举个……我们在,呃……我们在面对,呃……当我们在和朋友们交流的时候,还有青少年们相处的时候,啊……是否可以采用这些姿势呢? 在学校董事会开会的时候,甚至是在,呃……在进行工作面试的时候,呃……是否可以……呃……采用……呃……采用……呃……以上的成果来来展现自己,采用合适的姿势来展现自己呢? 我相信你们大部分的人都想把这些成果应用在自己找工作面试的时候,但是你可以,但是你在……呃……面试的时候可可以采用这种……呃……伸伸展自己的姿势吗？啊……显然是不可以的。"在该译文中，受试对象没有将"非意愿性结果关系"中的原因（结构段53）译出。虽然部分结果被译出，但只是辅助结构段的信息。表示结果的核心信息（结构段58—59）被翻译错误，与前文信息脱节。因此，该段的语篇宏观结构被错误建构。再比如，受试对象3的译文是："人们可以使用这些方法使用这些战略来面对社会威胁，因为我们的人生往往会被他人所评估，被我们的朋友所评估，在一次聚会中所评估，或者是在一次求职面试时可能会被面试官所评估。"在该译文中，"非意愿性结果关系"仍然没有被正确建构。受试对象将原因部分的信息基本翻译正确，结果部分位于辅助结构段（54—57）的信息也基本翻译正确，但是表示结果的核心结构段（58—59）的信息在译文中彻底缺失。两位受试对象在建构译语宏观语篇结构时发生的错误存在一个共同点：即"非意愿性结果"关系中结果部分的核心信息没有被译出。究其原因，笔者认为是由于该信息与前文的原因信息距离较远。按照加工顺序，译员容易先入为主地在结构段53和结构段54—57之间构建起因果关系。而且，结构段54—57呈"连接关系"和"阐述关系"，译员由于无法预测结构和内容，需要不断启动新一轮的认知过程加工新信息，因此在加工完结构段57时，其认知负荷接近饱和，于是很难对结构段58—59进行准确理解和记忆。

例29：

例29是对演讲第二部分"为什么肢体动作对面试具有实际意义"的具体解释和回答（见图5-36）。本段的宏观结构是由"非意愿性原因关系"构建。结构段87是结果信息，阐明观点"模拟面试中，面试者给面试官留下的整体印象决定了面试结果"。结构段88—89是第一个原因，表明"面试者的能力、讲话条理性和资质的得分对模拟面试结果都没有产生实质影响"，属于对观点的反面论证；结构段90—93是第二个原因，表明"面试者如果能够展示真实的自我，充分表明自己真实的观点，则对面试结果有积极的影响"，属于对观点的正面论证。笔者发现，80%的受试对象在口译中并没有完全译出两层原因。比如，受试对象13的译文是："最重要的并不是他们给出的演讲的内容，而是我们所看到的他们展现出来的他们的一些姿态。所以呢，我们认为这个，这，这是更加重要的，能更加地感受出他们的资质，也是最具影响的东西。因为人们虽然会做，给出一些……呃……讲话，但是更重要的是他们的一些……呃……真实的自我，他们是通过他们的姿势展现出来的。"很显然，受试对象没有理解第一个原因的意思，因此信息

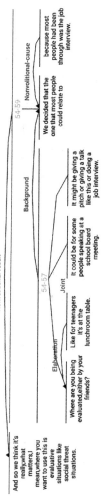

图 5 - 35 语篇 C1 的宏观结构类型举例

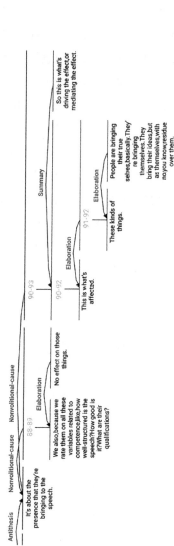

图 5 - 36 语篇 C1 的宏观结构类型举例

被完全扭曲。针对第二个原因,受试对象只译出少量信息,如"真实的自我",但并未和前文的结果建立起明确的关系。受试对象 14 的译文是:"其实跟他的演讲,跟他的话不相关。更重要的是你要表现出你在这儿……这个演讲的结构和引用质量都不重要,影响这个面试的是以上这些品质,关键是你自己要表达想法,这是非常有效的。"从译文可看出,该受试对象在努力理解源语背后的逻辑关系。在译文第一句,受试对象对信息进行重组,将第一个原因置于结果之前,但由于上下文信息不充足,因此受试对象对"presence"的翻译不到位。而且细节翻译不准确,如"qualification"不是"引用质量",而是"资质"。第二个原因的译文重心发生错误。演讲者强调的是"面试中展示真实自我"的重要性,而不是"表达想法"的重要性。从这一错误也可以看出,该受试对象并没有将此处的信息和前文"肢体语言对思维方式产生影响"的信息联系起来,并不理解演讲者为什么要介绍模拟面试过程和结果。此处,"展示真实自我"正是面试者做出强势肢体语言后改变自己的思维意识后的结果,因此是演讲者对肢体语言的作用和影响的证明。再比如,受试对象 15 的译文是:"那么我们会发现他们录用人所……呃……采取的原则并不是因为他们演讲的内容……呃……有多么好,而是因为他们整个……呃……演讲的气场给人很强。那么他们……呃……表达了一个真的自己,就是他们不仅传达了自己的想法,而且还表达了一个真的自己。而这个表达真的自己的这个过程将会有一个……呃……对面试有一个很重要的影响。"和受试对象 14 类似,受试对象 15 也进行了一定程度的信息重组。但受试对象 15 在陈述第一个原因时,表述过于笼统,缺失了对"演讲者能力、讲话条理性和讲者资质"等细节的描述。第二个原因的相关信息被基本译出。总结来看,该段中两个"非意愿性原因关系"构成的宏观结构的加工难度主要体现在以下三方面:第一,原因位于结果之后。相关研究表明"原因在后,结果在前"的逻辑关系比"原因在前,结果在后"的逻辑关系更容易加工(Chen,2014)。所以在进行口译产出时,很多译员选择先说原因,后说结果。第二,原因和结果距离相隔较远。第二个原因和结果之间相隔两个结构段,受试对象在加工完第一个逻辑关系后,需要运用认知资源追溯前文,重构新的逻辑关系。一旦受试对象没有追溯到正确的前文信息,就容易无法理解当前信息,发生翻译错误。第三,原因和结果之间需要利用上下文知识进行认知补充。本段虽然是在分析"面试结果的影响因素",但其实是在证明"肢体语言对于面试的意义"。因此翻译中,需要受试对象联系前文信息,将源语中"展示真实的自我和自己真实的想法"与"具有强势特征的肢体语言可以让人更加自信"两个观点相对应,只有这样译员才能够明白演讲者讲述这段话语的意义,才不会在翻译第二个原因时迷失在源语的字面形式之中。

　　综上所述,从实验结果可以看出,对于处在能力夯实阶段的受训译员,"推演类"关系构建的宏观语篇结构仍然会给交替传译任务带来较大的难度。具体体现为以下几点:首先,原因信息或论据信息分布在多个结构段。根据定义,"推演类"关系的建构需要译员根据原因或论据推理演绎结果或论点。对于宏观结构层面的"推演类"关系,译员往往根据已有知识无法对新信息进行预测,因此加工过程是"按需提取"和"实时加工"。如果论据或原因信息过于分散,那么译员对信息的整合则需要耗费较多精力。尤其是当论据或原因信息之间是呈"添补类"关系(如例 27 中的结构段 39—43)时,微观结构的加工就需要占用较多的认知资源,因此译员更加没有足够的精力来处理宏观结构,更加容易在口译中发生错误。其次,原因和结果的信息之间相距较远。对于"推演类"关系,认知主体通常是以整体为单位进行理解和记忆。但是构建宏观语篇结构的"推演类"关系由于涵盖内容较多,原因和结果很可能在位置上不是紧邻,由此造成译员的认知过程不得不中断。当译员加工完原因时,无法继续加工结果,需要将原因信息储存在短期记忆中,而留存时间过长会影响信息的清晰度。再加上译员需要启动新一轮认知识别结果信息,因此增加了构建"推演类"关系的难度。第三,推理演绎过程需要认知补充。在上述案例分析中,部分"推演类"关系的构建需要译员提取上下文信息进行认知补充。因此,译员须始终以讲话人的交际意图为导向,以便在加工新信息过程中能够随时提取并激活所需的信息。这无疑给译员的加工过程带来了额外的认知负荷。

　　那么实验中受试对象是如何处理语篇 B1 的宏观语篇结构的呢? 笔者对语篇 B1 的宏观语篇结构做以下描述:语篇 B1 的主题是"校园霸凌"。演讲者主要介绍了校园霸凌的普遍性与严重性、校园霸凌的种类、校园霸凌发生的过程和影响、识别校园霸凌的受害者的方法和如何预防校园霸凌。语篇 B1 的宏观结构如图 5 - 37 所示。

　　由图 5 - 37 可看出,语篇 B1 的宏观结构基本以"添补类"关系为主。演讲者首先通过"阐述关系",介绍了校园霸凌的普遍性和严重性。其次,通过"列举关系"和"阐述关系",演讲者详细描述了校园霸凌的种类和具体表现;再次,通过"阐述关系",演讲者解释了校园霸凌发生的过程和影响;最后,通过"列举关系"

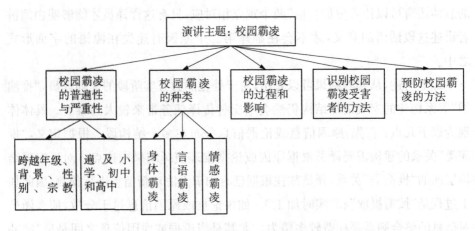

图 5-37　语篇 B1 宏观结构图

和"阐述关系",演讲者阐明了识别霸凌受害者和预防校园霸凌的 5 种方法。从语篇的顶层结构来看,通过分析实验数据可知,虽然每部分对应的译文都存在不同程度的信息缺失和信息错误,但 95% 的受试对象都可以将上述几部分的结构和意义译出。低层信息的理解或记忆失误,并没有影响上层结构的搭建。下面,笔者将结合具体案例来分析受试对象的加工过程。

　　例 30:

　　例 30 中演讲者阐释了校园霸凌带来的长期后果和短期后果(见图 5-38)。因此,宏观语篇结构表现为"阐述关系"。受试对象均可以较完整地译出本段的结构和内容,个别受试对象存在信息错误。比如,受试对象 14 的译文是:"受害者产生怎样的影响呢? 简单来说可以分为短期影响和长期影响,短期影响可能会包括……呃……压……压抑啊,焦虑啊,愤怒啊,以及那个学业成绩下降,甚至严重的可能导致自杀。那么长期性……呃……长期的一个就是……后果呢可能就会使……呃……受害者长期感到就是不安,呃……他可能……呃……就是会极度的敏感,呃……并且甚至可能会产生……呃……比较强烈的一个报复心理。"从该译文可看出,受试对象在翻译短期影响时缺失了"感觉人生崩塌"这部分信息,在翻译长期影响时缺失了"缺乏信任感"这部分信息。但是尽管如此,微观结构层面信息的缺失并没有影响受试对象构建宏观语篇结构。再比如,受试对象 7 的译文是:"就是……呃……校园霸凌会有什么样的影响呢? 霸凌会有长期以及短期的影响,短期的影响呢包含沮丧,……呃……焦虑,以及一系列的不良情绪,这是由……呃……由,嗯……还有包括还有这个学学校的……呃……表现极差,甚至有可能造成自杀,就是因为他们对生活已经失去了希望,觉得自己的人生支离破碎。嗯……长期的呢,可能会导致不安全感,缺少别人的信任,以及……嗯呃……产生复仇的这个极端心理啊,还有以及极端性情绪,极端心理。"同样,该受试对象在翻译短期影响时,缺失了"愤怒"这一情绪,但并没有阻碍受试对象根据其他并列信息在结构段 54—57 之间搭建"阐述关系"结构,也没有影响受试对象搭建上一层 53—57 结构段的"阐述关系"结构。

例 31:

图 5 - 39 展示了演讲者介绍的预防校园霸凌的六项措施。很显然,6 项措施之间呈现"列举关系",所有措施和主题句之间呈"阐述关系"。分析发现,60% 的受试对象可以完整准确地将各项措施译出,其余 40% 的受试对象的译文存在问题,但问题主要存在于细节层面。比如受试对象 8 的译文是:"首先呢就是可以组织一个由多方人员构成的……呃……团队,这可能包含老师,呃……教育者,嗯……家长、学生以及教务专门的人员来组成一个特别专专门的项目来解决校园霸凌。另外就是要要让他们……呃……要很容易地来辨认出校园霸凌,以及如何去应对,那这这些呃……像上述提到的肢体、口头、言语的,以及情绪上的、心理上的霸凌都是……呃……都是可以……呃……通过我我包……包含这些,嗯……我们要建立是清楚的,呃……清楚的,第三点呢就是先建立清楚的……啊……规则,要明白违反的后果。第四点也是非常重要的一点,就是给……呃……学生创造一个能够让他们人人感觉到安全的一个学校校园环境。第五点就是,呃……能够最好能够提,呃……指定一些清楚的一些指导的价值观,有指导意义的价值观,嗯……比如说……呃……能能够展现出来提,我们提倡的鼓励的一些好的,嗯……价值观,嗯……比如说,呃……对人,为人友善,呃……正直,嗯……乐于助人,还有积极地参与。第六点呢,呃……我们要保证这些,我们要鼓励尽量提倡这些价值观,然后是让他们能够每个人都……呃……能够听到,去践行,呃……直到去践行。嗯……第六点也是最后一点,呃……我想强调我想强调一下,呃……教育者以及学校员工的……呃……学校员工需要得到专门的训练,可以需要专门的训练来及时……呃……适当地应对这些情况。当无论什么时候他们发现这些事情,都要及时地适当地处理,啊……就……可以是及时适当地去处理,学校要鼓励这些……呃……处理的好学生。嗯……呃……这些校园欺凌的行为是可以……呃……做出……呃……,鼓励这些作出积极行为应对的这些学……呃……学生。"该受试对象在翻译第二项措施时表达

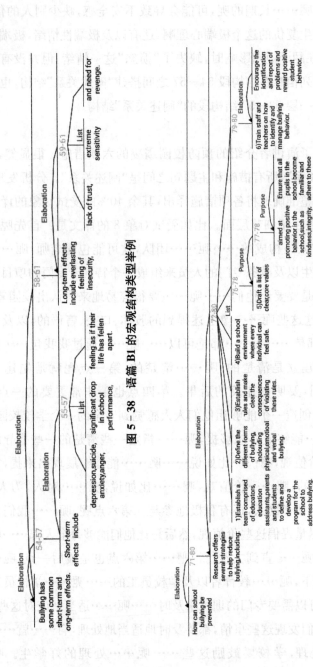

图 5 - 38 语篇 B1 的宏观结构类型举例

图 5 - 39 语篇 B1 的宏观结构类型举例

不准确，没有将"定义不同种类的霸凌"翻译出来；在翻译第五项措施时，出现了较多停顿和语气助词，可以推断其在加工时存在精力不济。而且，相较于源语，译语存在信息缺失，受试对象没有将"确保所有学生熟悉并坚持上述核心价值观"这句话翻译出来。在翻译第六项措施时，受试对象对最后一句的翻译过于笼统，源语中说明是"鼓励学生报告霸凌事件，并对这样做的学生予以奖励"，但是译语中只是概括为"鼓励处理好的学生"，不够确切。再比如，受试对象 10 的译文是："第一就是成立一个团队，这个团队由教育家，嗯……还有一些，嗯……支持者，由父母，由学生组成的这样一个团队，他们……呃……开发（不对）他们组……呃……建立一个项目来解决校园霸凌的问题，这样呢……呃……他们就更容易发现校园霸凌的发生了。校园霸凌可能是肢体的，呃……情绪上的，或者是言语上的，嗯……这是第二点。那么第三点就是要建立清晰的规则，而且也要……呃……让那些人非常清楚，一旦他们违反这个规则，就会面临怎样的后果。第四点就是要建立一个……呃……安全的学校的环境，让所有的每一个人在学校当中的每一个人都觉得安全。第五点就是……嗯……要建立一些清晰的核心的准则，有帮助的准则，呃……鼓励积极的、善意的行为，比如说表达善意、帮助他人以及正直，还有很对别人的关心，对校园事务的关心，积极的参与度，这样就能够，这样才能够确保每一个学生……嗯……建立这样的规则以确保所有的学生都熟悉，并且遵守这些价值观。第六点就是要让在校的教职员工他们经过很好的训练，他们能够帮助找出校园霸凌的行为，以及校园霸凌的受害者。建立这这种环境是非常重要的，这就能够鼓励积极的行为，也能够奖励……呃……奖励做出积极行为的那些人。"该译文的问题既包括宏观层面也包括微观层面。在宏观结构层面，受试对象没有将第二项措施的内容译出。虽然译文中出现了相关词语如"情绪上""言语上""肢体上"，但是本句的核心信息是"清晰定义不同类型的霸凌"。因此，这句没有传达讲话者希望传达的信息。在微观结构层面，受试对象在翻译第六项措施时候，仍然遗漏了最后一句的信息，没有把值得鼓励和奖励的行为的具体特征描述清楚。基于对上述两名受试对象口译产出的分析，笔者发现细节信息的失误没有影响受试对象搭建原文的宏观结构。而且，即便是宏观层面的信息存在失误或缺漏，受试对象仍然可以搭建起宏观结构。

综上所述，"添补类"关系构建的宏观语篇结构给交替传译带来难度较小的原因主要有两点：第一，在技能夯实阶段，受训译员的笔记能力和短期记忆能力都有所提高，因此可以正确加工更多微观层面信息。这为译员识别"添补类"关系构建的宏观结构提供了更多信息;第二,"添补类"关系的特征在于结构段之间不存在很强的依赖性,而且结构和内容之间也不存在很强的制约性,因此即使部分结构段出现翻译错误,受试译员仍然能够识别宏观信息,建立宏观语篇结构。

3. 分析总结

在上文中,笔者通过统计学方法和文本对比发现,对于技能夯实阶段的受训学员,"推演类"关系构建的语篇宏观结构给交替传译带来的难度大于"添补类"关系构建的语篇宏观结构。这一结论和宏观语篇结构对技能习得阶段受训学员的交替传译难度的影响结论一致,主要原因还是在于"推演类"关系和"添补类"关系的本质。对于"推演类"关系而言,如果原因或论据分布在多个结构段,或原因和结果相距较远,再或者原因和结果之间需要认知补充时,译员的认知负荷会显著增加。因此,可以看出,译员在技能夯实阶段,整体思维能力和认知补充能力仍然是译员培训的重点。这点从评分员对受试对象关于语篇 B1 和语篇 C1 的口译表现的评价中也可以看出。对于语篇 C1,两个评分员对受试对象的整体评价多是"逻辑缺失""逻辑较乱""逻辑混乱,自我修正过多""逻辑有错误"等字眼;对于语篇 B1,两个评分员对受试对象的整体评价多是"冗词多""中文表达不自然""语言较为支离破碎""重启句子多""部分词语翻译错误"等字眼。所以,多数受试对象对语篇 C1 的交替传译问题主要体现在语篇结构层面,而其对语篇 B1 的交替传译问题主要体现在词汇和表达层面。对于语篇 B1 来说,随着受试对象口译各分项技能的提高,他们可以处理更多"添补类"关系所包含的信息。再加上"添补类"关系构建的宏观结构较易识别,对微观结构段的依赖较少,因此受试对象可以较好地构建宏观层面的"添补类"关系并再现源语信息。值得注意的是,当"推演类"关系为主的宏观语篇结构是建立在以"添补类"关系为主的微观结构之上时,则给译员带来的加工负荷最大。受训译员虽然能够更完整准确地加工"添补类"关系,但耗费的认知资源仍然较大,时刻存在认知负荷饱和的状态;在此基础上再整合信息加工宏观层面"推演类"关系,无疑给受试对象的口译信息加工能力提出了巨大的挑战。

第 6 章　研究结论

本章作为全书最后一章，是对研究内容的总结和升华。笔者首先结合实验结果和数据分析，详细回答了第 2 章所提出的研究问题。接下来，笔者从口译难度影响因素研究和口译教学材料难度分级两个维度论述了本书研究的四方面贡献。但与此同时，由于口译活动的复杂性，本书研究在研究方法上存在不足。这一方面说明本书研究结论的局限性，另一方面也证明了后续研究的必要性。未来对于口译教学语料难度的探讨，可以将语篇结构与文本内其他因素以及文本外因素相结合，最终为教学材料难度分级提供一套科学合理的量化指标体系。

6.1　研究结论

本书研究旨在探索源语语篇结构对交替传译教学材料难度的影响。通过回顾交替传译的认知过程、信息处理过程以及质量评估标准，本书研究将语篇结构细化为"信息层级"和"修辞关系"两大核心要素。通过梳理交替传译教学的阶段目标和特征，本书研究采用历时研究法，考察了处在"技能习得阶段"和"技能夯实阶段"的学生对不同语篇结构所带来的交替传译难度的感知。根据实验设计和数据分析，本书研究得出以下结论：

针对"信息层级"，实验结果显示，信息层级并不会对交替传译教学材料的难度产生显著影响。从受试对象的口译表现可以看出，当信息层级增加时，受试译员在交替传译中感受到的认知压力并没有随之而增加，有时反而在减少。究其原因，在于所增加的信息层级上的修辞关系的类型有所不同。有些修辞关系可能不但不会增加认知负荷，反而会减少认知负荷。因此笔者得出结论：信息层级并不直接作用于交替传译教学材料难度。信息层级上的修辞关系类型才是影响难度的直接因素。

针对"修辞关系",笔者从横向和纵向两个维度探讨了修辞关系对交替传译教学材料难度的影响。从横向来讲,本书研究将修辞关系分为"推演类"关系和"添补类"关系。而且根据其功能,本书研究进一步将其划分为"推演类"关系构建的宏观结构和微观结构以及"添补类"关系构建的宏观结构和微观结构;从纵向来讲,本书研究将修辞关系对交替传译教学材料难度的影响分为"技能习得阶段"和"技能夯实阶段"。总体来说,数据表明修辞关系在不同教学阶段对教学材料难度都会产生显著影响。

在交替传译技能习得阶段,微观结构以"推演类"关系为主的语篇比以"添补类"关系为主的语篇的交替传译难度更低。笔者通过分析口译表现,认为其原因在于对两类修辞关系加工方式的不同。"推演类"关系属于图示知识,受训译员对内容有一定的心理预期,会在加工前从长期记忆中提取相关信息。由于这种关系存在于语篇局部,所以预期会很快得到验证。这样,一方面节省了加工的时间和精力,另一方面保证了加工过程的连贯和顺畅。而且,由于"推演类"关系中结构段之间联系紧密,内容依存度高,因此便于整体记忆;相反,"添补类"关系无论从内容还是结构来看,受训译员都很难做到提前预测,只能进行实时加工。对于技能习得阶段的受训译员,短期记忆能力仍然处于形成阶段,因此能够存储在短期记忆中的信息相对较少。而且,受试译员还没有形成自己的笔记体系和惯用的笔记符号,笔记和脑记之间的协调能力还相对较弱,因此译员在"实时提取"信息时所承受的认知负荷较大。此外,"添补类"关系的内容之间关联性弱,没有固定的顺序,所以译员用于追踪记忆的线索有限,很难将其作为一个整体来记忆。因此,"推演类"关系构建的微观结构无论从理解还是记忆的角度来看都比"添补类"关系构建的微观结构更加容易。

宏观结构以"推演类"关系为主的语篇比以"添补类"关系为主的语篇的交替传译难度更高。不同于微观结构,"推演类"关系构建的宏观结构涉及的层次和内容更多,推理关系更加复杂,往往并非众所周知的因果现象或道理,而是演讲者自身观点的演绎。因此,译员在听辨理解时大脑中没有相应的图示框架可以激活,无法对演讲内容进行预测。即便译员做出推断,多数情况下由于原因和结果在语篇中相隔甚远,预测内容也会因长时间无法得到回应而被淡忘。所以,在整体连贯中,译员对"推演类"关系的加工方式和对"添补类"关系的加工方式是一样的,即一边输入一边加工,不存在提前提取和预测。研究发现,在处理"推演类"关系构建的整体连贯时,受试译员的口译失误多体现为关系结构无法构建。

造成这一现象的根本原因在于在"推演类"关系中,结构段之间制约性强,彼此互为充分条件或必要条件。笔者通过文本分析发现,具体有以下四方面因素导致"推演类"关系构建的整体连贯较难加工:第一,原因和结论在文中距离相隔较远,译员在构建结构关系过程中会不断被其他内容所打断,影响了理解的连续性。而且,较长的时间间隔也给译员在听到结论后回忆前文出现的原因增加了困难。第二,原因分布的信息层次较多。信息层次反映的是信息的主次关系和所属关系,下层信息构成了上层信息的基础。原因的分布层次越多,内容之间依存性越大,对原因中任何一部分内容的理解失误都可能导致整体关系结构无法构建。第三,表示原因的内容之间距离较远。在"推演类"关系中,结论得以推出的前提是原因必须具有足够的充分性。而如果原因分布较散,译员对"推演类"关系的追踪会被频繁打断。译员需要不断构建新的起点,在前面加工基础上完成推理演绎的过程。这样,不但消耗了大量认知资源,而且还给译员的长期记忆带来压力。第四,逆向推理。某些情况下,由于原因没有明确的指向性,译员只能在结论出现后不断向前追溯,直到满足推论条件。这给译员的长期记忆带来了巨大的压力,如果不能激活相关原因,"推演类"关系便无法构建。相比之下,在处理"添补类"关系构建的整体连贯时,受试译员可以搭建起体现"添补类"关系的宏观结构。尽管译员对部分内容存在翻译失误,但这并不影响其对整体结构的把握。究其原因,也在于"添补类"关系的特征。在"添补类"关系中,结构段之间只是简单的添加和补充,彼此制约性弱,并不互为基础。因此在构建"添补类"关系时,译员不需要跨越语篇的多个层次和结构段调动大量文本信息。只需要听到核心句和核心词,便可以搭建关系。而且,由于构建的是整体连贯,"添补类"关系一般位于语篇的顶层或较高层,下面有大量信息对顶层信息进行说明,而信息间又不相互制约,所以译员有足够的时间来识别顶层结构。综上所述,在加工宏观结构时,"推演类"关系比"添补类"关系需要调动更多信息,对译员统筹全文的能力以及分析综合的能力要求更高,因此交替传译难度更大。

在技能夯实阶段,统计学方法显示,微观结构以"推演类"关系为主的语篇和以"添补类"关系为主的语篇在交替传译难度上没有出现显著差异。受训译员在对两类语篇进行交替传译时,译语错误均主要体现在词汇和句子层面,而非语篇层面。究其原因,主要是由于经过集中训练,受训译员的听辨理解能力、短期记忆能力和笔记能力都有了显著提升。译员可以在单位时间内理解更多的信息。因此,根据吉尔的精力分配模型,译员便有更多的时间用于短期记忆、笔记和协调。而且,在技能夯实阶段,训练的主要目标在于加强交替传译各分项技能之间的协调能力,因此译员在协调环节被占用的精力也相对较少。译员可以有更充足的认知资源对信息进行实施提取,因此在处理"添补类"关系所构建的微观语篇结构时可以更准确地理解和记忆信息。所以不同于技能习得阶段,技能夯实阶段的受训译员在处理微观层面的"推演类"关系和"添补类"关系时并没有展示出显著差异。但值得一提的是,通过文本对比和基于调查问卷结果,本书研究还发现部分"推演类"关系和"添补类"关系所构建的微观结构仍然会给交替传译教学材料带来难度:当交替传译中"推演类"关系的构建需要认知补充时,受训译员的认知负荷会明显增加;当交替传译中"添补类"关系构建的微观结构连续多个出现时,受训译员的认知负荷会明显增加;当交替传译中出现"让步关系"构建的微观结构时,受训译员容易在处理辅助结构段信息时发生错误。在宏观结构层面,以"推演类"关系为主的语篇的交替传译难度会显著高于以"添补类"关系为主的语篇。主要原因在于:第一,原因位于结果之后。译员在听完表示结果的结构段信息时,无法预测后面的结构属于"因果关系",因此只能将其搁置。在听到原因时,再进行反向加工。第二,原因信息和结果信息之间位置相距较远;第三,原因信息分布较为分散。关于第二点和第三点,笔者已在上一段详细说明,此处不再赘述。第四,原因信息和结果信息之间需进行认知补充。而且,交替传译中当源语语篇的宏观结构以"推演类"关系为主,微观结构以"添补类"关系为主时,译员则最有可能认知负荷过大。而对于"添补类"关系而言,由于其自身特征,结构段之间的依存度较低,而且译员对微观结构处理能力的提升也促进了其识别宏观结构,因此"添补类"关系构建的宏观结构给译员带来的交替传译难度仍然较低。

通过将技能夯实阶段和技能习得阶段源语语篇结构对交替传译教学材料难度的影响做对比,本书研究发现:通过训练,受训学员显著提升的是对源语中"添补类"关系所构建的微观语篇结构的处理能力。受训学员仍有待提高的是对"推演类"关系构建的语篇结构的处理能力。在"推演类"关系中,当相互依存的信息之间距离较远或不符合人类认知习惯时,译员需要有较强的整体思维能力和抽象思维能力;当信息之间关系的搭建需要认知补充时,由于认知补充的来源既包括上下文信息又包括译员自身的专业知识,因此译员不仅需要有较强的整体思维能力、抽象思维能力,还需要有丰富的背景知识。这一发现也符合前人的描述,即译员的策略发展过程是从局部策略到整体策略,译员的思维发展过程是从具象思维到形象思维再到抽象思维。所谓整体策略,是指译员的信息处理对象为语篇。译员从字词句层面的加工逐渐转换为篇章层面的加工。而后者对于交替传译来说更加重要,因为交替传译中译员是在信息量达到一定程度的基础上以关键信息为突破口,依据信息间的关系实现对序列信息串的理解。根据杨承淑(2010:142)对交替传译信息传输路径的描述,译员对源语信息进行的是"批处理",通过结构布局和投射规律来重建一个意义完整的话语内容。因此,交替传译源语理解过程是译员在语篇层面对信息的分析和整合,语篇信息整合是交替传译思维理解的主导方法(鲍刚,2011:93)。从学生的口译表现可看出,这应该成为贯穿"技能习得阶段"和"技能夯实阶段"交替传译教学的重点。

6.2　主要贡献

本书研究的主要贡献体现在以下四方面:

第一,本书研究对交替传译中语篇结构核心要素的定义和分类,尤其是对其给交替传译教学材料带来不同程度认知负荷的探索,为日后研究语篇结构对交替传译难度的影响奠定了一定的理论基础。本书研究证明,在交替传译技能习得阶段,"推演类"关系构建的微观结构比"添补类"关系构建的微观结构在交替传译中更容易加工;而"推演类"关系构建的宏观结构比"添补类"关系构建的宏观结构在交替传译中更难于加工。后续研究者可将这一结论作为新的理论起点,进一步探索"推演类"关系和"添补类"关系进行不同方式的组合之后所形成的语篇结构对交替传译教学材料难度的影响。

第二,本书研究为语篇结构对交替传译教学材料难度产生影响提供了有力的实证支撑。前人研究中多处提出过意层和逻辑关系(即修辞关系)会影响交替传译难度,但是只是主观判断,没有数据支持。本书研究采用实验法和调查问卷法证明了信息层级不会直接作用于交替传译难度,而修辞关系直接作用于源语难度,不同修辞关系对交替传译难度会产生显著影响。这种通过实证研究的方法所得出的结论更具说服力。

第三,本书研究尝试解释修辞关系给交替传译认知负荷带来影响的原因,并列举出影响译员加工修辞关系的因素,这是对口译难度研究领域的丰富和延伸。前人有关口译难度的研究多是对影响因素的梳理和验证,较少深入探讨影响产生的原因。本书研究从宏观层面和微观层面分析了译员对于修辞关系的加工机制,尤其是对整个宏观结构下的修辞关系的加工,反映了交替传译中译员应具备的分析整合能力的重要性。

第四,本书研究为口译教学中教学材料和测试材料的选择提供了具有实际意义的参考。本书研究考察了对于不同教学阶段的学生不同类型的语篇结构对于交替传译教学材料难度的影响。教师在甄选教学材料时,对于处在交替传译技能习得阶段初期的学生,可以选择宏观语篇结构是"添补类"关系,而微观语篇结构是"推演类"关系的源语材料;对于交替传译技能习得阶段中后期的学生,可以选择宏观语篇结构是"添补类"关系而微观语篇结构也是"添补类"关系的源语材料。对于技能夯实阶段初期的学生,可以选择宏观语篇结构是"推演类"关系而微观语篇结构也是"推演类"关系的源语材料;对于技能夯实阶段中期的学生,可以选择宏观语篇结构是"推演类"关系而微观语篇结构是"添补类"关系的源语材料。教师在甄选测试材料时,可以将宏观语篇结构以"添补类"关系为主的源语材料作为区分技能习得阶段的学生口译能力的标准之一;将宏观语篇结构以"推演类"关系为主的源语材料作为区分技能夯实阶段的学生口译能力的标准之一。

6.3 研究局限性

本书研究尝试运用实证研究的方法探索语篇结构对交替传译教学材料难度的影响。由于口译活动的复杂性和客观条件的限制,本书研究存在以下四点局限:

第一,参与实验的受试对象数量有限。本研究包括 5 项实验,由于受试对象需在语言能力和交替传译能力方面水平相近,因此本书研究随机抽选的是同一所大学同年级的 32 名学生,每项实验的受试对象数量为 15—16 名。尽管受试对象具有一定代表性,但根据统计学原理,受试对象数量一般至少达到 30 名才具有统计意义。因此,本书研究只是一次探索性尝试,结论仅在小范围内适用。

第二,实验材料的局限性。首先在数量上,本书研究共采用 7 篇实验材料,分析语篇结构对交替传译教学材料难度的影响。孙三军(2014)有关笔译测试的实证研究共采用了 15 篇文章。尽管本书研究采用的是控制变量的方法,不同于孙三军所做的相关分析,但每项实验只通过对比一组语篇(2 篇)来分析不同信息层次和修辞结构对交替传译难度的影响具有一定随机性;其次在质量上,为保证口译实验的生态效度,本书研究采用的是自然语篇,但是出于实验需求,又必须控制变量。因此,本书研究只能最大程度上寻找除语篇结构外其他各指标相近的语篇,但并不是严格意义上的相等。由于上述两点,实验结果的可信度在一定程度上受到影响。

第三,实验过程的局限性。本书研究中所有受试对象参与实验的地点是会议室。但由于资源和时间的有限,口译过程并没有听众参与,因此口译的现场感有所减弱。此外实验材料是提前录制好的音频,尽管播放设备并未出现故障,但是其声音质量还是和现场口译有所差别。再加上音频无法显示演讲者的动作和表情,这对实验受试对象完整获取源语信息带来了阻碍。

第四,主观性局限。首先,在质量评估方面,本书研究采用的是专家评估和命题数量评估相结合的方法。每个受试对象的口译产出都由两名专家打分。笔者认为,由于是主观评判,如果条件允许,专家的数量可以增加到 3 名或 4 名,这样评分结果更具说服力;其次,在修辞关系的判断方面,根据前文所讲,修辞关系反映的是语篇连贯。它处于语篇底层,是接收者理解的结果。因此,本书研究对于修辞关系的判断只限于"合理性判断"。由于存在主观性,笔者认为可以多找几名英语母语者作为听众对原文修辞关系的种类进行区别。最后,在分析修辞关系对交替传译原语难度产生影响的原因时,本书研究是基于实验受试对象的口译表现。由于口译是一种短时间内发生的复杂活动,口译员的大脑运作是一个黑匣子,所以直接研究口译过程的方法目前还很有限。但是,通过口译产出倒推口译过程的方法带有研究者的主观判断,不能完全作为分析原因的依据。

6.4　对未来研究的启示

基于本书的研究结论,笔者认为未来研究可以在以下五方面做进一步探索:

第一,将语篇体裁和交替传译教学材料难度相结合。口译研究者和口译教师都提出过将语篇体裁类型作为区分口译难度的指标之一,但这一观点并没有有力的数据支持。其中的难点之一在于体裁类型不易界定,无法确切反映在词汇和语法层面(何继红、张德禄,2016)。目前,修辞结构理论的主要应用之一就是从功能的角度对不同体裁的特点进行描写,如叙述语篇中出现频率较高的结构关系包括序列、环境、并列、阐述关系等;而议论语篇中出现频率较高的结构关系包括证据、解释、条件、证明关系等。叙述语篇主体结构一般分布在第三层到第五层,而描述语篇的主体结构一般分布在第二层到第四层(孔庆蓓,2008)。因此可看出,修辞关系的种类和位置可用于界定不同体裁特征。本研究回答了修辞关系对交替传译认知负荷的影响,后续研究者可以在此基础上进而探索体裁类型对交替传译源语难度的影响。由于体裁结构反映的是语篇在社会交际中的功能,研究不同体裁的交替传译难度是将交替传译置于交际的视域之下,因此笔者认为更具有现实意义。

第二,考察语篇结构和信息密度对交替传译源语难度的共同作用。口译是一种信息传播。从本质上来讲,信息密度体现的是信息的"量",而语篇结构体现的是信息的"质"。前人研究多注重量的考察,本研究着重质的考察。后续研究可以将信息的"质"和信息的"量"相结合,对口译难度做一个相对全面的评估。从本研究可以看出,语篇 C 的信息密度低于语篇 A 和语篇 B,然而它的交替传译难度却最大。所以,不难推测,单一因素对难度的作用会在另一个因素加入后有所改变。本研究考察了在信息密度较低的情况下,语篇结构对交替传译源语难度的影响。后续研究可以考察在信息密度较高的情况下,语篇结构对交替传译教学材料难度的影响。然后将二者作对比,分析语篇结构对信息密度较高的源语产生的影响和语篇结构对信息密度较低的源语产生的影响之间是否存在差异。

第三,将语篇结构和韵律音调相结合,考察其对交替传译源语难度的影响。口译与笔译最大的不同之处在于译员是通过声音媒介接收源语信息的,因此译员对源语结构的判断也是以声音为介质的。有研究表明,修辞结构、语义层级和韵律之间存在一定关系(Oden,Nordman,& Turken,2009;杨晓红、杨玉芳,2009)。也有研究表明,韵律对语篇理解产生影响(杨玉芳,2015)。因此,后续研究可以将语篇的修辞结构、韵律音调等相结合,研究其对交替传译语篇理解的共同作用。当前,关于交替传译难度的研究多是单独考察语言内因素(如词汇、句法等)或单独考察语言外因素(如语速)。但是,两类因素在口译活动中是不可分割的。因此,将言内因素和言外因素相结合才能更加真实地反映口译难度。

第四,考察语篇结构对同声传译教学语料难度的影响。不同于交替传译,同声传译的工作机制是顺句驱动,因此从工作形式上来看,译员确实是在词句层面加工信息。但从工作的要求来看,口译的特点又要求译员须时刻考虑前后文信息以及进行认知补充。那么,语篇结构对同声传译教学语料的影响是否和交替传译一致?而且,一般来讲,同声传译学习者都已经完成了交替传译全部阶段的学习,因此口译能力不同于交替传译技能习得阶段和技能夯实阶段的学习者。那么语篇结构是否可能成为这一阶段学生在同声传译信息处理过程中的障碍?这些都是后续研究有待思考的问题。此外,后续研究还可以把同一类型的语篇结构对同声传译和交替传译难度的影响进行对比分析,从而探索口译工作模式对口译难度的影响,进一步将针对口译难度影响因素的实证研究从源语语篇扩展到口译工作条件,扩展这一领域的研究维度。

第五,对修辞关系对交替传译难度的影响作进一步划分。本书研究根据修辞关系的本质特征将其分为"添补类"关系和"推演类"关系两大类。然而,根据特征的典型性,每类关系还可以进一步划分为最典型、一般典型、不典型以及处于模糊地带的关系。笔者猜测,在同类修辞关系中,关系类型的典型与否也会影响其所带来的口译认知负荷。因此,后续研究可以针对同一类修辞关系内部作深入探讨,比如探索典型的"推演类"关系和非典型的"推演类"关系给交替传译难度带来的影响是否存在程度上的差异等。通过进一步细分,有利于研究者寻找到对交替传译难度产生最明显影响的修辞关系,它们可以被列为影响交替传译源语难度的主要因素。这对于口译测试、口译教学以及口译研究无疑都具有重要意义。

附录1 7篇实验材料的原文转写

语篇 A: Social Networking

How many of you guys are involved in social networking? Recent studies show that 98% of Americans between 18 and 24 use social networking on a daily basis. Yes, 98%. Why do people use social networking? There are plenty of reasons, be it education, communication, socializing, or just innocent entertainment. Therefore, it's vital that we're aware of its impact on our everyday lives.

Through what I will share with you today, I hope you can understand how social networking affects us as a society and as individuals as well. As social networking users you should be conscious of four things. First, heavy networking users tend to get lower grades. Second, the things you post on Instagram or Facebook can never be completely deleted. Third, the network entices people to waste time. And fourth, social networking affects people's face-to-face communication.

First, let's talk about school grades and how social networks actually affect them. Some may argue that social networking doesn't affect grades at all and I've got some friends who believe this. I have no doubt that they're wrong. Let me ask you, how many of you guys can honestly say you never said "Please wait, last Tweet" or use Snapchat with friends during class or while doing homework. According to a study of the effects of social media on students, 80% of students who frequently check their social network during study sessions reported lower grades. While social networking is not a drug, it can be addictive. Students who become addicted to social networking suffer the most academically because they are so consumed that they forget the assignment they have to do. There are many ways to limit the distractions of social media. For example, there should be age restrictions on social networking sites. In the US, children under the age of 13 are ineligible to sign up for Facebook, Twitter or MySpace since heavy use of social networks may pose a threat to children's cognitive development. Moreover, developing good habits like doing sports or reading printed books can also help to solve this problem. By running or reading, students learn to concentrate on doing one thing well and shift their focus from the online world.

Moving onto my second point, you should be careful about the things you post. Once it is out, it can never be completely deleted. One hasty tweet or one inappropriate photo may possibly tarnish your reputation or harm your goal of attending a certain school or getting your dream job. Picture this, you are at your friend's wedding and you may have had a good time. Your arms are around your fiance's shoulder and everything is going pretty well. You just snap, snap, snap and post these photos on Twitter or Facebook. You think it is no big deal until your future employer is doing a googlesearch about you. After seeing these pictures he thinks you aren't a very serious person and may not fit into his company. The first impression, apart from a firm handshake, is made by the way you behave. Therefore, you need to be very careful about what you show on social media. Sometimes, it may also put you or your possessions in a rather precarious position. One day my friend went out with his family. He updated his Facebook status saying that he was going to a concert. Later that night when they got home, 10,000 dollars worth of possessions from his house were gone. Luckily, the security video in his house recorded the whole thing. One of the suspects was his friend on the Facebook whom he hadn't seen for 20 years. So the next time you go out and take selfies, make sure your belongings at home are not left unattended.

My third point is that social networking makes time more alluring. I don't want to give you the impression that using networking is a complete waste of time. We just need to find a balance between wasting time and necessary networking. Facebook is a great absorber of time and attention. People spend most of their time on Facebook. In the past, I put 150% of my attention into my school and my job. But now, due to social networking, I've developed the habit of procrastinating which I really want to get rid of. It's so easy get sucked into social media. On the social network, we usually don't realize how much time we've wasted. How many times have you logged onto Facebook or Twitter, visited a friend's page, followed one of their links to another page, and then suddenly found yourself on YouTube only to realize that the only thing you've succeeded in accomplishing is wasting two hours of your life that you'll never get back? When we are visiting a site for work, we easily get distracted by other interesting posts. So next time plan ahead and map out a weekly schedule outlining the specific days and time you'll spend on social media. And above all, stick to your plan.

Moving along, let's see how social networking affects the way people interact and communicate. Social media certainly affect how we engage with one another, from face to face or screen-to-screen. Texting is not only popular but has also become the preferred method of communication among people today. However, I believe our interactions on social media weaken our ties because we don't connect with others as much as we would if we were talking face to face. Although we may also see each other's face or hear each other's voices on the social network, our memories of a person are not as strong as we think. There are barriers between us, be it the long distance or the gadget we are using to make contact. To some extent, I think social networking actually disconnects us. It makes us occupied online but we ignore the people around us. I see couples on dates or family members going out. They are clearly together but each one is chatting or texting on their cell phones. If I were one of them, I would go nuts. To me it means someone on the other end of the screen is way more important than me, and I'm sitting right in front of them. I think we could all live better if we had hands to hold rather than keys to click.

I hope I've made you aware of the effects of social media on our everyday lives. As I have illustrated above, social networking can be a blessing as well as a curse. If we put it to the right use at the right time, it can make our lives easier and benefit us a lot. Otherwise, it may cause us a lot of trouble and complicate our lives.

语篇 B: Body Language

Today I will be talking about body language. That's how you interpret someone's physical gestures to better understand what's really on inside their mind. In our daily life, we use body language a lot more than we would think. Body language can really help us whenever we meet new people or any time we are related to others or trying to decide whether or not the candidate is trustworthy. Today I will elaborate some basic aspects of body language and how you can interpret them. We will be learning about the distance we keep between ourselves and others, facial expressions, barriers and finally how to tell if someone is lying. When interpreting body language, we must be very careful not making judgments based on only one body language signal. This is because some body language signals may have different outcomes.

With this on mind, let's move onto the first major aspect of body language, which is how we position our body relatively to others. Everyone keeps an invisible boundary between themselves and others based on how well they know the person they are interacting with. We always see good friends go hand in hand or arm in arm. However, when we meet strangers, we tend to keep an appropriate distance, which is a way to maintain personal space. Have you ever been told to move away from others because you were told invading their personal space? Our personal space extends about four feet around and if someone enters without first establishing trust, then we begin to feel defensive. Therefore, how we position our body to others is foundational to the effect of our communication. For instance, if I move too close to you, you will start feeling uncomfortable. If I am too far away, you will also feel strange. Another aspect of body position you want to look for is how people angle their bodies when they are talking to someone. The angle we orient our bodies are important clues to our attitudes and our relationship. If we are directly facing another person, this generally means one or two things, be it either having a private conversation or a confrontational one. Studies find that on most occasions, people subconsciously tend to establish their bodies angled to up 45 degrees to one another.

The next aspect of body language you want to be aware of is facial expression. According to the anthropologist, human can make and recognize some around 20 facial expressions. Among them, there are 6 facial expressions that are recognized by all cultures even those isolated societies. Happiness is the most recognizable facial expression. But it's also the most probably faked one. We all recognize that when people are happy, their lips turn up. But if you want to know if the smile is real or not, look for wrinkles around the eyes. False smiles don't raise the eyes or up the cheeks. How to detect someone is expressing sadness, don't just look for downturn lips. Instead, the signal of true sadness is that the inner corner of eyebrows being pulled up. What is genuine fear? You should not only see the stretched mouth or wide eyes but also eyebrows raised up and pulled together. Disgust and anger are both emotions people try to hide. If you watch someone's face closely, you can detect people who disgust with a wrinkled nose. If someone is in heavy anger, his looks are pressed together hard. And finally surprise. Surprise is conveyed by raised eyebrows, opened eyes and partly curled up lips.

The next part of body language I am going to talk about is barriers, which are discussed in a book named the *Definitive Book of Body Language*. Barriers are anything put between a person and someone else. The most common barrier is to cross your arms in front of people. Examples of barriers are in a more subtle way apart from crossing arms like holding a purse, coffee cup or other objects in front of your body. Assume there are times when there are parties or other social gatherings, having these barriers help people feel more secure especially when they run into people they don't know very well. People are not only crossing their arms but also their legs. That is a fairly reliable indication of their defensiveness. Feet also convey important information in interpreting body language. When people are standing in a group, their foot always tends to point the person they are most interested in. If two people turn their closest foot toward you, this means you are welcome to join their conversation.

Now we have talked a bit about barriers, let's talk about how people build rapport. When you began to trust the people you are talking with, the barriers start to come down. Our legs are uncrossed, our arms are uncrossed. Actually then people tend to copy each other's body language. This is recognized as mirroring when people tend to trust or agree with someone.

So far, we've talked about personal space, facial expression, barriers and mirroring. What are the keys to discerning someone is telling the truth or not? Well, one of the easiest signals to spot is whether the palms of the person who is speaking are exposed or hidden. People tend to hide their pose in any way possible. Another sign of lie is people patting their face, especially their nose.

Today you learn a lot about body language. Hopefully from now on you learn to maintain the personal space, or understanding the messages of facial expression, barriers and foot position, and finally some of the signs of deception. My hope is that you take this knowledge of body language and use them to better understand the people around you. Thank you.

语篇 C: Why Do We Work?

(https://www.ted.com/talks/barry_schwartz_the_way_we_think_about_work_is_broken/transcript)

Today I'm going to talk about work. And the question I want to ask and answer is this: "Why do we work?" Why do we drag ourselves out of bed every morning instead of living our lives just filled with bouncing from one

TED-like adventure to another? You may be asking yourselves that very question. Now, I know of course, we have to make a living, but nobody in this room thinks that that's the answer to the question, "Why do we work?" For folks in this room, the work we do is challenging, it's engaging, it's stimulating, and it's meaningful. And if we're lucky, it might even be important. So, we wouldn't work if we didn't get paid, but that's not why we do what we do. And in general, I think we think that material rewards are a pretty bad reason for doing the work that we do. When we say of somebody that he's "in it for the money," we are not just being descriptive. Now, I think this is totally obvious, but the very obviousness of it raises what is for me an incredibly profound question. Why, if this is so obvious, why is it that for the overwhelming majority of people on the planet, the work they do has none of the characteristics that get us up and out of bed and off to the office every morning? How is it that we allow the majority of people on the planet to do work that is monotonous, meaningless and soul-deadening? Why is it that as capitalism developed, it created a mode of production, of goods and services, in which all the nonmaterial satisfactions that might come from work were eliminated? Workers who do this kind of work, whether they do it in factories, in call centers, or in fulfillment warehouses, do it for pay. There is certainly no other earthly reason to do what they do except for pay. So the question is, "Why?"

And here's the answer: the answer is technology. Now, I know, I know—yeah, yeah, yeah, technology, automation screws people, blah blah—that's not what I mean. I'm not talking about the kind of technology that has enveloped our lives, and that people come to TED to hear about. I'm not talking about the technology of things, profound though that is. I'm talking about another technology. I'm talking about the technology of ideas. I call it, "idea technology"—how clever of me. In addition to creating things, science creates ideas. Science creates ways of understanding. And in the social sciences, the ways of understanding that get created are ways of understanding ourselves. And they have an enormous influence on how we think, what we aspire to, and how we act. If you think your poverty is God's will, you pray. If you think your poverty is the result of your own inadequacy, you shrink into despair. And if you think your poverty is the result of oppression and domination, then you rise up in revolt. Whether your response to poverty is resignation or revolution depends on how you understand the sources of your poverty. This is the role that ideas play in shaping us as human beings, and this is why idea technology may be the most profoundly important technology that science gives us. And there's something special about idea technology that makes it different from the technology of things. With things, if the technology sucks, it just vanishes, right? Bad technology disappears. With ideas—false ideas about human beings will not go away if people believe that they're true. Because if people believe that they're true, they create ways of living and institutions that are consistent with these very false ideas.

And that's how the industrial revolution created a factory system in which there was really nothing you could possibly get out of your day's work, except for the pay at the end of the day. Because the father—one of the fathers of the Industrial Revolution, Adam Smith—was convinced that human beings were by their very natures lazy, and wouldn't do anything unless you made it worth their while, and the way you made it worth their while was by incentivizing, by giving them rewards. That was the only reason anyone ever did anything. So we created a factory system consistent with that false view of human nature. But once that system of production was in place, there was really no other way for people to operate, except in a way that was consistent with Adam Smith's vision. So the work example is merely an example of how false ideas can create a circumstance that ends up making them true. It is not true that you "just can't get good help anymore." It is true that you "can't get good help any more" when you give people work to do that is demeaning and soulless. And interestingly enough, Adam Smith— the same guy who gave us this incredible invention of mass production, and division of labor—understood this. He said, of people who worked in assembly lines, of men who worked in assembly lines, he says: "He generally becomes as stupid as it is possible for a human being to become." Now, notice the word here is "become." "He generally becomes as stupid as it is possible for a human being to become." Whether he intended it or not, what Adam Smith was telling us there is that the very shape of the institution within which people work creates people who are fitted to the demands of that institution and deprives people of the opportunity to derive the kinds of satisfactions from their work that we take for granted.

The thing about science—natural science—is that we can spin fantastic theories about the cosmos, and have complete confidence that the cosmos is completely indifferent to our theories. It's going to work the same damn way no matter what theories we have about the cosmos. But we do have to worry about the theories we have of human nature, because human nature will be changed by the theories we have that are designed to explain and help us understand human beings. The distinguished anthropologist, Clifford Geertz, said, years ago, that human beings are the "unfinished animals." And what he meant by that was that it is only human nature to have a human nature that is very much the product of the society in which people live. That human nature, that is to say our human nature, is much more created than it is discovered. We design human nature by designing the institutions within which people live and work. And so you people—pretty much the closest I ever get to being with masters of the universe—you people should be asking yourself a question, as you go back home to run your organizations. Just what kind of human nature do you want to help design?

语篇 D: Body Language (abridged version)

Today I will be talking about body language. That's how you interpret someone's physical gestures to better understand what's really going on inside their mind. In our daily life, we use body language a lot more than we would think. Body language can really help us whenever we meet new people or any time we are relating to others or trying to decide whether or not the candidate is trustworthy. Today I will elaborate some basic aspects of body language and how you can interpret them. We will be learning about the distance we keep between ourselves and others, facial expressions, barriers and finally how to tell if someone is lying.

When interpreting body language, you must be very careful not making judgments based on only one body language signal. This is because some body language signals may have different outcomes. With this in mind, let's move onto the first major aspect of body language, which is how we position our body relative to others. Everyone keeps an invisible boundary between themselves and others based on how well they know the person they are interacting with. We always see good friends go hand in hand or arm in arm. However, when we meet strangers, we tend to keep an appropriate distance, which is a way to maintain personal space.

Have you ever been told to move away from others because you were told invading their personal space? Our personal space extends about four feet around us and if someone enters without first establishing trust, then we begin to feel defensive. Therefore, how we position our body in relation to others is foundational to the effect of our communication. For instance, if I move too close to you, you will start feeling uncomfortable. If I am too far away, you will also feel strange.

Another aspect of body position you want to look for is how people angle their bodies when they are talking to someone. The angle we orient our bodies are important clues to our attitudes and our relationship. If we are directly facing another person, this generally means one or two things, be it either having a private conversation or a confrontational one. Studies find that on most occasions, people subconsciously tend to stand with their bodies angled to up 45 degrees to one another.

The next aspect of body language you want to be aware of is facial expression. According to the anthropologist, humans can make and recognize some around 20 facial expressions. Among them, there are 6 facial expressions that are recognized by all cultures, even isolated societies. Happiness is the most recognizable facial expression. But it's also the most commonly faked one. We all recognize that when people are happy, their lips turn up. But if you want to know if the smile is real or not, look for wrinkles around the eyes. False smiles don't raise the eyes or up the cheeks.

To detect someone is expressing sadness, don't just look for downturn lips. Instead, the signal of true sadness is that the inner corner of eyebrows being pulled up. What is genuine fear? You should not only see the stretched mouth or wide eyes but also eyebrows raised up and pulled together. Disgust and anger are both emotions people try to hide. If you watch someone's face closely, you can detect people who are disgusted with a wrinkled nose. If someone is in heavy anger, his looks are pressed together hard. And finally surprise. Surprise is conveyed by raised eyebrows, opened eyes and partly curled up lips.

The next part of body language I am going to talk about is barriers, which are discussed in a book named the *Definitive Book of Body Language*. Barriers are anything put between a person and someone else. The most common barrier is to cross your arms in front of people. Examples of barriers are in a more subtle way apart from crossed arms like holding a purse, coffee cup or other objects in front of your body. Assume there are times when there are parties or other social gatherings, having these barriers help people feel more secure especially when they run into people they don't know very well. People are not only crossing their arms but also their legs. That is a fairly reliable indication of their defensiveness. Feet also convey important information in interpreting body language. When people are standing in a group, their foot always tends to point the person they are most interested in. If two people turn their closest foot toward you, this means you are welcome to join their conversation.

Now we have talked a bit about barriers, let's talk about how people build rapport. When you began to trust the people you are talking with, the barriers start to come down. Our legs are uncrossed, our arms are uncrossed.

Actually then people tend to copy each other's body language. This is recognized as mirroring when people tend to trust or agree with someone.

So far, we've talked about personal space, facial expression, barriers and mirroring. What are the keys to discerning someone is telling the truth or not? Well, one of the easiest signals to spot is whether the palms of the person who is speaking are exposed or hidden. People tend to hide their palms in any way possible. Another sign of lie is people patting their face, especially their nose.

Today you learn a lot about body language. Hopefully from now on you learn to maintain the personal space, or understanding the messages of facial expression, barriers and foot position, and finally some of the signs of deception. My hope is that you take this knowledge of body language and use it to better understand the people around you. Thank you.

语篇 A1: College Tuition

Anyone who has thought about going to college or knows someone in college is aware of how incredibly expensive it is. According to data from the Labor Department, the price index for college tuition grew by nearly 80% between August 2003 and August 2013. As a junior in high school, I hope to go to college, but cost is a huge worry. Every day, we hear about people forced to live in poverty because they don't have access to a quality education.

Nowadays, college is a valuable and enriching experience that comes, however, at a higher and higher cost. Students can no longer work their way through college, like their parents or grandparents. Based on these observations, today I want to talk about the reasons I have found that explain the rise in college fees, how government budget cuts to education affect our tuition, and why college should be free.

First, the reasons behind escalating college tuition fees: one of the key causes I found was that in the 1970s, the government changed how colleges were funded. Instead of supporting colleges directly through federal funding programs, the government shifted to providing subsidies to schools so that they could take out private loans. This change was introduced amid anxiety about the bad state of the economy and worries about inflation. As wages fell, the amounts borrowed by prospective college students went up. At the same time, government spending on education was cut, making it more difficult to make ends meet. As a result, colleges had to raise their tuition fees to make up for the lack in government assistance, leading to the spiraling cost of education.

Second, the impact of government austerity. Government cuts have changed the way colleges cover their costs. Despite federal budget reductions colleges have actually been spending more and more. One reason for this is competitive college environment. Colleges want to win new students and keep them enrolled, so they need to have the best campus equipment, the best reputation, and the best sports team. A significant part of the extra spending by colleges has therefore been on sports. Coaches are now often overpaid while fellow professors remain underpaid. According to a 2013 survey, the average annual salary for head coaches at major colleges was 1.64 million dollars whereas full professors in higher education institutions could only hope to achieve 127,000 dollars.

Government cuts have also led to a hike in housing and food costs for students. Across the country, room and board costs have been steadily rising about three percent every year. The escalation is not due to items like electricity or water, but rather the ballooning price of room and board which pays for non-essentials like fancy gyms or new kitchens. In 2015, the cost of someone living on campus at the university was 14,200 dollars, marking an increase of 7.6% in the four years from 2011.

Finally I'd like to say why I think college should be free. College today, more than ever before, is an indispensable step in life. The current federal minimum wage is 7.25 dollars an hour. Working a 44-hour week, means you can scrape about 319 dollars a week. If you were to live in Houston, Texas, the average rent for a one-bedroom apartment is 1,300 dollars a month. Now I know what you're all thinking, it's not just teenagers who work for the minimum wage, the average age of a minimum-wage worker is thirty-five years old. It comes as no surprise then, to hear that one in six people in Texas live below the poverty line. Think of the difference that a college education can make in someone's life. The difference between generations of people living in poverty and generations of people thriving in their lives, lies in higher education. If that education was available for everyone, we would see a decrease in poverty, crime, and drug use for years to come.

College education is necessary for most well-paid jobs. The generations before us could expect to earn a decent salary in manufacturing or fishing, even without a college degree. But many of those jobs are not available to us anymore. The fishing industry has collapsed because of global warming and fishing quotas. American manufacturing has been off-shored to countries with lower labor costs. That means that most of our clothing, cars and furniture are not made in the US. Low-skilled jobs are scarce, making it all the more essential to get a college education.

In closing, I hope that the reasons for escalating college fees are clearer, and that the argument for free college education is stronger. Everyone who has the determination and will to study deserves to be able to, regardless of their economic circumstances. And even if you aren't perhaps affected by the cost of education, you should be affected by the growing level of poverty and inequality. I hope this speech has opened your eyes to the struggle of low income students in college.

语篇 B1: School Bullying

Today, I am going to talk about school bullying. Bullying is quite common in most schools. According to the American Psychological Association, approximately 40% to 80% of school-age children experience bullying at some point during their life at school. Bullying can happen to anyone, regardless of grade, socioeconomic background, gender, or religion. The following statistics illustrate the severity of bullying in schools: 20 – 40% of bullying victims actually report being bullied; 70% of middle school and high school students experience bullying at school; while 5 – 15% of students say they are regularly bullied.

Due to the low number of students who actually report incidents of bullying, teachers need to have a certain level of awareness about the problem. This starts with understanding what bullying is and what forms of bullying there are: bullying can be physical, verbal, or emotional.

Physical bullying is any unwanted physical contact between the bully and victim. This is one of the most easily identifiable forms of bullying. Examples include: punching, kicking, inappropriate touching, school pranks, pinching and fighting.

Verbal bullying is the spreading of false information or making hurtful remarks that cause the victim emotional distress. Examples include: mocking a person's name by distorting it, commenting negatively on their looks, clothes or body, or using foul language towards them.

Emotional bullying is any form of bullying that damages a victim's emotional well-being. Examples include: spreading malicious rumors, making fun of the person, ignoring them on purpose, harassment and provocation.

Where can bullying happen? In schools, bullying can happen anywhere. It can take place anywhere in or around the school, although more often than not, people are bullied during PE, in corridors, in the toilets, or on school buses and in classes where group work is required.

How does bullying happen? Bullying in school sometimes consists of a group of students taking advantage of or isolating one student in particular and gaining the loyalty of bystanders who, in some cases, want to avoid becoming the next victim. These bullies humiliate and tease their target before physically aggressing them. Targets of bullying in school are often pupils who to begin with are considered unusual or different by their peers.

What kind of effect does bullying have on students? Bullying has some common short-term and long-term effects. Short-term effects include depression, suicide, anxiety, anger, significant drop in school performance, feeling as if their life has fallen apart. Long-term effects include everlasting feeling of insecurity, lack of trust, extreme sensitivity and need for revenge.

The consequence of school bullying can be tragic. Schooling bullying is a major cause of school shootings. 71% of attacks were perpetrated by people who had been bullied.

So how do educators identify victims? Victims of bullying are typically physically smaller, more sensitive, unhappy, cautious, anxious, and quiet. They are often described as passive or submissive. Possessing any of these qualities makes these individuals vulnerable to being victimized.

How can school bullying be prevented? Research offers several strategies to help reduce bullying, including:

1) Establish a team comprised of educators, education assistants, parents and students to define and develop a program for the school to address bullying.

2) Define the different forms of bullying, including physical, emotional and verbal bullying.

3) Establish rules and make clear the consequences of violating these rules.

4) Build a school environment where every individual can feel safe.

5) Draft a list of clear, core values aimed at promoting positive behavior in the school, such as kindness, integrity, willingness to help, and engagement. Ensure that all pupils in the school become familiar and adhere to these core values.

6) Train staff and teachers on how to identify and manage bullying behavior. Encourage the identification and report of problems and reward positive student behavior.

School bullying is common at school and yet, it can cause lasting harm to those who are targeted. For this reason, the problem deserves proper attention, and schools should introduce suitably strict measures to address the issue with a view to building a better and safer environment for students.

语篇 C1：Our Body Language Shapes Our Mind

So the second question really was, you know, so we know that our minds change our bodies, but is it also true that our bodies change our minds? And when I say minds, in the case of the powerful, what am I talking about? So I'm talking about thoughts and feelings and the sort of physiological things that make up our thoughts and feelings, and in my case, that's hormones. I look at hormones. So what do the minds of the powerful versus the powerless look like? So powerful people tend to be, not surprisingly, more assertive and more confident, more optimistic. They actually feel that they're going to win even at games of chance. They also tend to be able to think more abstractly. So there are a lot of differences. They take more risks. There are a lot of differences between powerful and powerless people. Physiologically, there also are differences on two key hormones: testosterone, which is the dominance hormone, and cortisol, which is the stress hormone.

So what we find is that high-power alpha males in primate hierarchies have high testosterone and low cortisol, and powerful and effective leaders also have high testosterone and low cortisol. So what does that mean? When you think about power, people tended to think only about testosterone, because that was about dominance. But really, power is also about how you react to stress. So do you want the high-power leader that's dominant, high on testosterone, but really stress reactive? Probably not, right? You want the person who's powerful and assertive and dominant, but not very stress reactive, the person who's laid back. So we know that in primate hierarchies, if an alpha needs to take over, if an individual needs to take over an alpha role sort of suddenly, within a few days, that individual's testosterone has gone up significantly and his cortisol has dropped significantly. So we have this evidence, both that the body can shape the mind, at least at the facial level, and also that role changes can shape the mind. So what happens, okay, you take a role change, what happens if you do that at a really minimal level, like this tiny manipulation, this tiny intervention? "For two minutes," you say, "I want you to stand like this, and it's going to make you feel more powerful."

So this is what we did. We decided to bring people into the lab and run a little experiment, and these people adopted, for two minutes, either high-power poses or low-power poses, and I'm just going to show you five of the poses, although they took on only two. So here's one. A couple more. This one has been dubbed the "Wonder Woman" by the media. Here are a couple more. So you can be standing or you can be sitting. And here are the low-power poses. So you're folding up, you're making yourself small. This one is very low-power. When you're touching your neck, you're really protecting yourself. So this is what happens. They come in, they spit into a vial, we for two minutes say, "You need to do this or this." They don't look at pictures of the poses. We don't want to prime them with a concept of power. We want them to be feeling power, right? So two minutes they do this. We then ask them, "How powerful do you feel?" on a series of items, and then we give them an opportunity to gamble, and then we take another saliva sample. That's it. That's the whole experiment.

So this is what we find. Risk tolerance, which is the gambling, what we find is that when you're in the high-power pose condition, 86 percent of you will gamble. When you're in the low-power pose condition, only 60 percent, and that's a pretty whopping significant difference. Here's what we find on testosterone. From their baseline when they come in, high-power people experience about a 20-percent increase, and low-power people experience about a 10-percent decrease. So again, two minutes, and you get these changes. Here's what you get on cortisol. High-power people experience about a 25-percent decrease, and the low-power people experience about a 15-percent increase. So two minutes lead to these hormonal changes that configure your brain to basically be either assertive, confident and comfortable, or really stress-reactive, and, you know, feeling sort of shut down. And we've all had the feeling, right? So it seems that our nonverbals do govern how we think and feel about ourselves, so it's not just others, but it's also ourselves. Also, our bodies change our minds.

But the next question, of course, can power posing for a few minutes really change your life in meaningful ways? So this is in the lab. It's this little task, you know, it's just a couple of minutes. Where can you actually apply this? Which we cared about, of course. And so we think it's really, what matters, I mean, where you want to use this is evaluative situations like social threat situations. Where are you being evaluated, either by your friends? Like for teenagers it's at the lunchroom table. It could be, you know, for some people it's speaking at a school board meeting. It might be giving a pitch or giving a talk like this or doing a job interview. We decided that the one that most people could relate to because most people had been through was the job interview. So we published these findings, and the media are all over it, and they say, "Okay, so this is what you do when you go in for the job interview, right?" (Laughter) You know, so we were of course horrified, and said, "Oh my God, no, no, no, that's not what we meant at all. For numerous reasons, no, no, no, don't do that." Again, this is not about you talking to other people. It's you talking to yourself. What do you do before you go into a job interview? You do this. Right? You're sitting down. You're looking at your iPhone—or your Android, not trying to leave anyone out. You are, you know, you're looking at your notes, you're hunching up, making yourself small, when really what you should be doing maybe is this, like, in the bathroom, right? Do that. Find two minutes. So that's what we want to test. Okay?

So we bring people into a lab, and they do either high- or low-power poses again, they go through a very stressful job interview. It's five minutes long. They are being recorded. They're being judged also, and the judges are trained to give no nonverbal feedback, so they look like this. Like, imagine this is the person interviewing you. So for five minutes, nothing, and this is worse than being heckled. People hate this. It's what Marianne LaFrance calls "standing in social quicksand. " So this really spikes your cortisol. So this is the job interview we put them through, because we really wanted to see what happened. We then have these coders look at these tapes, four of them. They're blind to the hypothesis. They're blind to the conditions. They have no idea who's been posing in what pose, and they end up looking at these sets of tapes, and they say, "Oh, we want to hire these people,"—all the high-power posers—"we don't want to hire these people. We also evaluate these people much more positively overall. " But what's driving it? It's not about the content of the speech. It's about the presence that they're bringing to the speech. We also, because we rate them on all these variables related to competence, like, how well-structured is the speech? How good is it? What are their qualifications? No effect on those things. This is what's affected. These kinds of things. People are bringing their true selves, basically. They're bringing themselves. They bring their ideas, but as themselves, with no, you know, residue over them. So this is what's driving the effect, or mediating the effect.

附录 2 教师评分标准说明

> ➤ 评分体制
>
> √ 采取 1—5 分。分数包括整数和小数,即 1;1.5;2;2.5;3;3.5;4;4.5;5。
>
> √ 3 分以下不及格,3 分是及格分,4 分是良好,4 分以上是优秀。
>
> √ 如果打分在整数和小数之间,请加＋或者－号,比如介于 3.5 和 4 之间,
> 可以加 3.5＋或者 4－。
>
> ➤ 评分项目
>
> 1) 内容:基于准确度、完整度和连贯性三方面对内容进行打分(1—5)。
>
> 2) 表达:从是否可以实现有效沟通的角度对表达进行打分。
>
> 3) 总评:
>
> √ 对口译产出做一个综合评分,包括但不限于上述内容和表达两方面,是
> 基于一个整体印象的打分。
>
> √ 总评依据描述

3 分以下(不及格)	无法完成翻译任务,没有明显正确的逻辑
3(及格)	基本完成篇章翻译任务,主要信息中有几处正确的翻译,汉语不符合语言习惯。
3.5	主要信息基本正确但有遗漏,表达不影响收听,但汉语能力不足,意思在但是不够清晰明了。
4(良好)	主要信息正确或几乎无错误,次要信息有遗漏,细节有小错误,汉语表达有助于听众理解,不会引起听众反感。
4.5	主要信息正确,次要信息基本正确,细节有不准确的地方,汉语表达有效,自然,有助于听众理解。
5	主要和次要信息几乎无错误,表达赏心悦目,汉语能力好。

语篇 A

学生编号	教师评分 1	教师评分 2	命题得分	总分
1	3.5＋	4—	76	75
2	4	4	81	80.5
3	4.5—	4.5—	85	85
4	4＋	4.5—	84	84
5	3.5	3.5	72	71
6	3—	4	65	61.5
7	4.5	4.5	86	88
8	4	4	84	82
9	4	4	81	80.5
10	4	4	75	77.5
11	4.5—	4.5—	80	82.5
12	4	4	78	79
13	4	4	79	79.5
14	4.5—	4.5—	80	82.5
15	5—	5—	88	91.5
16	4	4	81	80.5

语篇 B

学生编号	教师评分 1	教师评分 2	命题得分	总分
1	3.5	3.5	63	66.5
2	3.5	3.5	72	71
3	4+	4+	81	82
4	4−	3.5+	77	75.5
5	3.5+	3.5+	77	64.25
6	3+	3	64	62.75
7	4+	4+	85	84
8	4−	4−	80	77
9	3.5+	3.5+	77	75
10	3+	3	67	75
11	4+	4+	86	84.5
12	3+	3+	61	62
13	4−	4−	84	80.5
14	4+	4+	84	83.5
15	3.5+	3.5+	78	75.5
16	4	4	83	81.5

语篇 C

学生编号	教师评分 1	教师评分 2	命题得分	总分
1	3	3	60	60
2	3−	3−	56	56.5
3	4−	4	58	68.25

（续表）

学生编号	教师评分1	教师评分2	命题得分	总分
4	4—	4—	77	77
5	3	3	68	64
6	3+	3+	76	73
7	4—	3.5	65	70.5
8	3—	3—	52	54.5
9	3—	3	60	59.25
10	3—	3—	62	59.5
11	3—	3—	67	62
12	4	4	81	80.5
13	3+	3+	72	71
14	4+	4+	93	91.5

语篇 D

学生编号	教师评分1	教师评分2	命题得分	总分
1	4—	4—	74	75.5
2	4	4	77	77.5
3	3	3	62	61
4	3.5	3.5+	71	71.25
5	3.5—	3.5—	63	64.5
6	4	4	82	81
7	4—	4—	77	77
8	4—	4—	74	75.5
9	4.5—	4.5—	85	85.5
10	3.5—	3.5—	66	66.5

（续表）

学生编号	教师评分 1	教师评分 2	命题得分	总分
11	3.5＋	3.5＋	71	72
12	4－	4	75	75.5
13	3＋	3＋	60	61.5
14	3.5＋	3.5＋	71	72
15	4	4	80	80
16	4	4	79	79.5

语篇 A1

学生编号	教师评分 1	教师评分 2	命题得分	总分
1	62	62	62	62
2	71	70	76	73.25
3	80	80	75	77.5
4	76	75	85	80.25
5	70	69	70	69.75
6	82	80	60	70.5
7	69	69	70	69.5
8	80	80	65	72.5
9	60	60	60	60
10	70	70	70	70
11	70	70	70	70
12	78	77	68	72.75
13	71	70	70	70.25
14	86	85	90	87.75
15	82	82	84	83

语篇 B1

学生编号	教师评分 1	教师评分 2	命题得分	总分
1	71	70	70	70.25
2	90	90	90	90
3	89	90	85	87.25
4	78	78	70	74
5	82	82	80	81
6	79	79	80	79.5
7	70	69	60	64.75
8	80	79	90	84.75
9	66	65	60	62.75
10	70	70	60	65
11	81	80	82	81.25
12	86	85	82	83.75
13	90	89	90	89.75
14	90	90	90	90
15	89	89	90	89.5

语篇 C1

学生编号	教师评分 1	教师评分 2	命题得分	总分
1	50	50	50	50
2	63	60	60	60.75
3	60	60	57	58.5
4	70	70	75	72.5

（续表）

学生编号	教师评分 1	教师评分 2	命题得分	总分
5	60	58	55	57
6	72	70	55	63
7	70	70	55	62.5
8	77	75	85	80.5
9	59	60	55	57.25
10	60	60	68	64
11	80	78	65	72
12	77	78	80	78.75
13	60	60	50	55
14	76	75	70	72.75
15	85	85	70	77.5

语篇 A

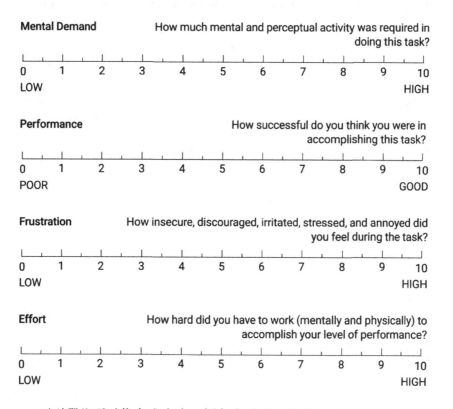

An Adapted NASA-TLX for Measuring Consecutive Interpreting Difficulty

1. 下列哪些项对你完成本次口译任务造成了困难？（如果多选，请在下面横线上按照其影响程度由高到低排序）

A. 词汇复杂　　　　B. 信息密度大　　　　C. 逻辑结构不易理解或记忆

D. 语速快　　　　E. 句子结构复杂　　　　F. 其他_____

请对多选项按照影响程度由高到低排序：_____

2. 针对本文的逻辑结构，请选择下面你认为对的一项：

A. 本文逻辑结构比较简单，容易理解和记忆。

B. 本文逻辑结构容易理解，但不容易记忆。

C. 本文逻辑结构较难，不易理解。

语篇 B

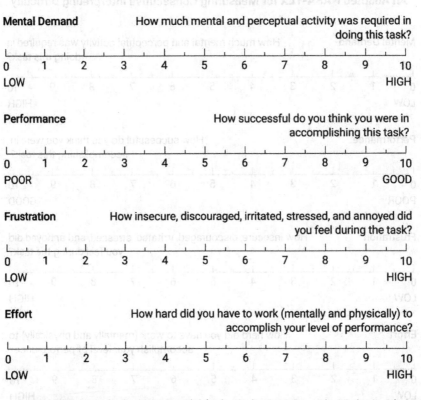

An Adapted NASA-TLX for Measuring Consecutive Interpreting Difficulty

Mental Demand　　How much mental and perceptual activity was required in doing this task?

0　1　2　3　4　5　6　7　8　9　10
LOW　　　　　　　　　　　　　　　　　　　　HIGH

Performance　　How successful do you think you were in accomplishing this task?

0　1　2　3　4　5　6　7　8　9　10
POOR　　　　　　　　　　　　　　　　　　　　GOOD

Frustration　　How insecure, discouraged, irritated, stressed, and annoyed did you feel during the task?

0　1　2　3　4　5　6　7　8　9　10
LOW　　　　　　　　　　　　　　　　　　　　HIGH

Effort　　How hard did you have to work (mentally and physically) to accomplish your level of performance?

0　1　2　3　4　5　6　7　8　9　10
LOW　　　　　　　　　　　　　　　　　　　　HIGH

1. 下列哪些项对你完成本次口译任务造成了困难？（如果多选，请在下面横线上按照其影响程度由高到低排序）

　A. 词汇复杂　　　　　　　　　　B. 信息密度大

　C. 逻辑结构不易理解或记忆　　　　D. 语速快

E. 句子结构复杂　　　　　　　　　F. 其他_____

请对多选项按照影响程度由高到低排序：_____

2. 与语篇 A(Social Media)相比，本文的逻辑结构，请选择下面你认为对的一项：

A. 本文逻辑结构更简单，容易理解和记忆。

B. 本文逻辑结构更易理解，但不易记忆。

C. 本文逻辑结构理解难度相当，但记忆难度更大。

D. 本文逻辑结构的理解和记忆都更难。

语篇 C

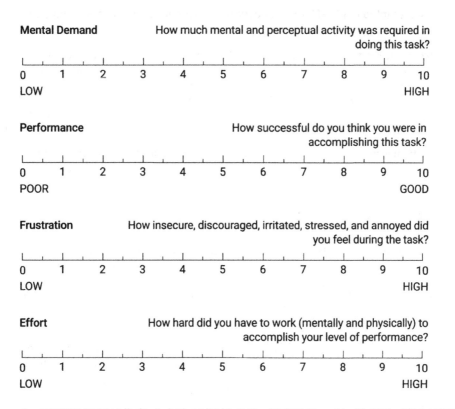

An Adapted NASA-TLX for Measuring Consecutive Interpreting Difficulty

Mental Demand　　How much mental and perceptual activity was required in doing this task?

0 LOW　1　2　3　4　5　6　7　8　9　10 HIGH

Performance　　How successful do you think you were in accomplishing this task?

0 POOR　1　2　3　4　5　6　7　8　9　10 GOOD

Frustration　　How insecure, discouraged, irritated, stressed, and annoyed did you feel during the task?

0 LOW　1　2　3　4　5　6　7　8　9　10 HIGH

Effort　　How hard did you have to work (mentally and physically) to accomplish your level of performance?

0 LOW　1　2　3　4　5　6　7　8　9　10 HIGH

1. 下列哪些项对你完成本次口译任务造成了困难？（如果多选，请在下面横线上按照其影响程度由高到低排序）

A. 词汇复杂　　　　　　　　　　B. 信息密度大

C. 逻辑结构不易理解或记忆　　　　　D. 语速快

E. 句子结构复杂　　　　　　　　　　F. 其他_____

请对多选项按照影响程度由高到低排序：_____

2. 与语篇 B(Body Language)相比，本文的逻辑结构，请选择下面你认为对的一项：

A. 本文逻辑结构更简单，容易理解和记忆。

B. 本文逻辑结构更易理解，但不易记忆。

C. 本文逻辑结构的理解难度相当，但记忆难度更大。

D. 本文逻辑结构的理解和记忆都更难。

语篇 D

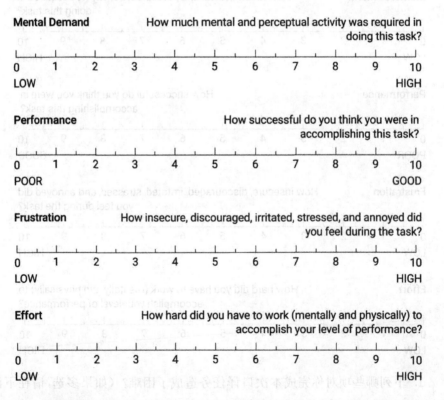

An Adapted NASA-TLX for Measuring Consecutive Interpreting Difficulty

Mental Demand — How much mental and perceptual activity was required in doing this task?

0 LOW　1　2　3　4　5　6　7　8　9　10 HIGH

Performance — How successful do you think you were in accomplishing this task?

0 POOR　1　2　3　4　5　6　7　8　9　10 GOOD

Frustration — How insecure, discouraged, irritated, stressed, and annoyed did you feel during the task?

0 LOW　1　2　3　4　5　6　7　8　9　10 HIGH

Effort — How hard did you have to work (mentally and physically) to accomplish your level of performance?

0 LOW　1　2　3　4　5　6　7　8　9　10 HIGH

1. 下列哪些项对你完成本次口译任务造成了困难？（如果多选，请在下面横线上按照其影响程度由高到低排序）

A. 词汇复杂   B. 信息密度大

C. 逻辑结构不易理解或记忆   D. 语速快

E. 句子结构复杂   F. 其他_____

请对多选项按照影响程度由高到低排序：_____

2. 与语篇 B（Body Language）相比，本文的逻辑结构，请选择下面你认为对的一项：

A. 本文逻辑结构更简单，容易理解和记忆。

B. 本文逻辑结构更易理解，但不易记忆。

C. 本文逻辑结构的理解难度相当，但记忆难度更大。

D. 本文逻辑结构的理解和记忆都更难。

语篇 A1

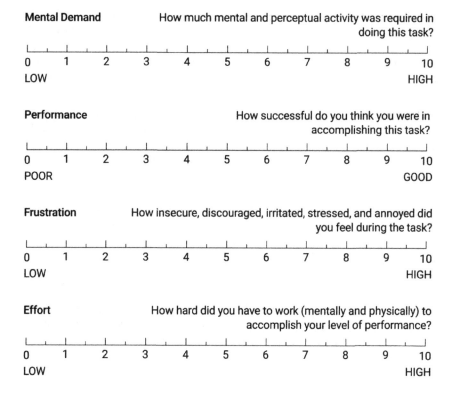

An Adapted NASA-TLX for Measuring Consecutive Interpreting Difficulty

Mental Demand   How much mental and perceptual activity was required in doing this task?

0 LOW   1   2   3   4   5   6   7   8   9   10 HIGH

Performance   How successful do you think you were in accomplishing this task?

0 POOR   1   2   3   4   5   6   7   8   9   10 GOOD

Frustration   How insecure, discouraged, irritated, stressed, and annoyed did you feel during the task?

0 LOW   1   2   3   4   5   6   7   8   9   10 HIGH

Effort   How hard did you have to work (mentally and physically) to accomplish your level of performance?

0 LOW   1   2   3   4   5   6   7   8   9   10 HIGH

1. 下列哪些项对你完成本次口译任务造成了困难？（如果多选，请在下面横线上按照其影响程度由高到低排序）

A. 词汇复杂　　　　　　　　　　B. 信息密度大

C. 逻辑结构不易理解或记忆　　　D. 语速快

E. 句子结构复杂　　　　　　　　F. 其他＿＿＿＿＿＿

请对多选项按照影响程度由高到低排序：＿＿＿＿＿＿＿＿＿＿＿＿＿＿＿＿

2. 针对本文的逻辑结构，请选择下面你认为对的一项：

A. 本文逻辑结构比较简单，容易理解和记忆。

B. 本文逻辑结构容易理解，但不容易记忆。

C. 本文逻辑结构较难，不易理解。

语篇 B2

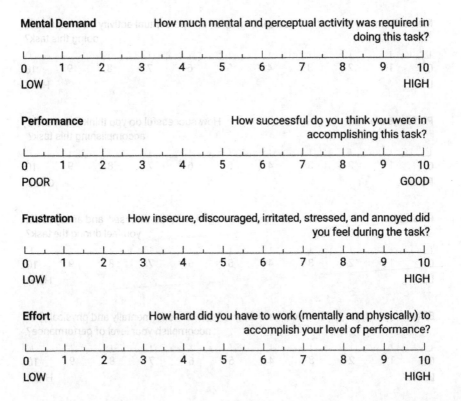

An Adapted NASA-TLX for Measuring Consecutive Interpreting Difficulty

Mental Demand　How much mental and perceptual activity was required in doing this task?

0　1　2　3　4　5　6　7　8　9　10
LOW　　　　　　　　　　　　　　　　　　　　HIGH

Performance　How successful do you think you were in accomplishing this task?

0　1　2　3　4　5　6　7　8　9　10
POOR　　　　　　　　　　　　　　　　　　　GOOD

Frustration　How insecure, discouraged, irritated, stressed, and annoyed did you feel during the task?

0　1　2　3　4　5　6　7　8　9　10
LOW　　　　　　　　　　　　　　　　　　　　HIGH

Effort　How hard did you have to work (mentally and physically) to accomplish your level of performance?

0　1　2　3　4　5　6　7　8　9　10
LOW　　　　　　　　　　　　　　　　　　　　HIGH

1. 下列哪些项对你完成本次口译任务造成了困难？（如果多选，请在下面横线上按照其影响程度由高到低排序）

A. 词汇复杂 　　　　　　　　B. 信息密度大

C. 逻辑结构不易理解或记忆 　　D. 语速快

E. 句子结构复杂 　　　　　　　F. 其他_____

请对多选项按照影响程度由高到低排序：_____

2. 与语篇 A1（College Tuition）相比，本文的逻辑结构，请选择下面你认为对的一项：

A. 本文逻辑结构更简单，容易理解和记忆。

B. 本文逻辑结构更易理解，但不易记忆。

C. 本文逻辑结构理解难度相当，但记忆难度更大。

D. 本文逻辑结构的理解和记忆都更难。

语篇 C1

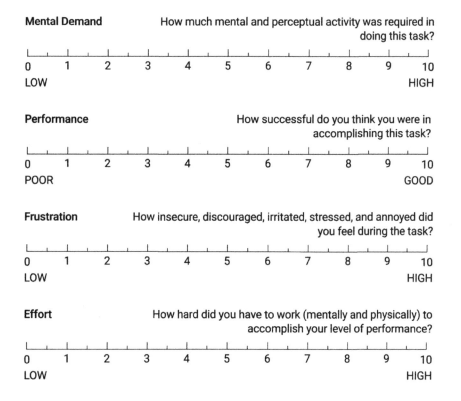

An Adapted NASA-TLX for Measuring Consecutive Interpreting Difficulty

Mental Demand — How much mental and perceptual activity was required in doing this task?

0 LOW — 10 HIGH

Performance — How successful do you think you were in accomplishing this task?

0 POOR — 10 GOOD

Frustration — How insecure, discouraged, irritated, stressed, and annoyed did you feel during the task?

0 LOW — 10 HIGH

Effort — How hard did you have to work (mentally and physically) to accomplish your level of performance?

0 LOW — 10 HIGH

1. 下列哪些项对你完成本次口译任务造成了困难？（如果多选，请在下面横线上按照其影响程度由高到低排序）

A. 词汇复杂   B. 信息密度大

C. 逻辑结构不易理解或记忆 D. 语速快

E. 句子结构复杂   F. 其他_____

请对多选项按照影响程度由高到低排序：_____

2. 与语篇 B(School Bully)相比，本文的逻辑结构，请选择下面你认为对的一项：

A. 本文逻辑结构更简单，容易理解和记忆。

B. 本文逻辑结构更易理解，但不易记忆。

C. 本文逻辑结构的理解难度相当，但记忆难度更大。

D. 本文逻辑结构的理解和记忆都更难。

语篇 A

受试译员编号	心智需求	绩效(修正后)	挫败感	努力程度	总分
1	6	6	6	6	24
2	6	5	5	7	23
3	4	2	2	4	12
4	5	5	4	6	20
5	6	5	5	8	24
6	5	7	6	5	23
7	5	3	5	5	18
8	7	4	3	6	20
9	3	2	3	4	12
10	4	3	5	8	20
11	5	5	3	5	18
12	6	5	4	8	23
13	3	5	2	4	14
14	6	4	4	9	23
15	5	2	3	6	16
16	6	4	5	6	21

语篇 B

受试译员编号	心智需求	绩效(修正后)	挫败感	努力程度	总分
1	7	8	6	6	27
2	7	6	6	7	26
3	4	4	5	4	17
4	6	7	6	5	24
5	6	7	7	8	28
6	6	6	8	7	27
7	7	5	7	7	26
8	6	5	5	6	22
9	6	6	6	6	24
10	3	3	5	5	16
11	5	7	7	6	25
12	8	7	6	9	30
13	3	6	3	4	16
14	6	4	0	7	17
15	6	5	9	8	28
16	5	5	6	7	23

语篇 C

受试译员编号	心智需求	绩效(修正后)	挫败感	努力程度	总分
1	9	6	7	8	30
2	8	7	6	5	26
3	7	6	6	7	26

(续表)

受试译员编号	心智需求	绩效(修正后)	挫败感	努力程度	总分
4	8	7	7	6	28
5	7	4	7	8	26
6	8	6	6	8	28
7	10	6	8	9	33
8	6.5	6	4	7	23.5
9	8	8	8	7	31
10	8	5	7	8	28
11	8	7	7	7	29
12	6	6	6	6	24
13	6	3	3	5	17
14	3	2	3	8	16

语篇 D(为区别上述受试译员,本组受试译员编号为 n')

受试译员编号	心智需求	绩效(修正后)	挫败感	努力程度	总分
$1'$	6	5	6	5	22
$2'$	6	6	5	6	23
$3'$	7	7	7	6	27
$4'$	8	5	7	6	26
$5'$	7	7	7	5	26
$6'$	6	5	6	5	22
$7'$	5	6	5	7	23
$8'$	5	5	6	6	22
$9'$	4	4	4	5	17
$10'$	6	7	6	6	25

（续表）

受试译员编号	心智需求	绩效(修正后)	挫败感	努力程度	总分
11′	5	6	6	5	22
12′	5	4	5	6	20
13′	7	7	5	8	27
14′	5	7	6	5	23
15′	4	5	5	4	18
16′	4	6	4	6	20

语篇 A1

受试译员编号	心智需求	绩效(修正后)	挫败感	努力程度	总分
1	5	5	4	5	19
2	3	3	2	3	11
3	4	3	5	4	16
4	2	2	4	4	12
5	4	3	5	4	16
6	5	4	4	5	18
7	5	5	5	5	20
8	5	6	5	6	22
9	6	5	3	4	18
10	6	7	5	5	23
11	4	5	6	5	20
12	4	5	2	4	15
13	4	3	5	4	16
14	4	5	4	5	18
15	4	5	3	6	18

语篇 B1

受试译员编号	心智需求	绩效(修正后)	挫败感	努力程度	总分
1	5	4	5	6	20
2	3	3	3	3	12
3	6	2	6	6	20
4	2	5	5	3	15
5	4	1	3	5	13
6	3	3	3	4	13
7	4	4	6	6	20
8	3	3	2	3	11
9	7	5	5	7	24
10	4	5	4	4	17
11	3	3	4	4	14
12	4	4	2	3	13
13	3	2	2	3	10
14	4	6	4	5	19
15	2	4	2	3	11

语篇 C1

受试译员编号	心智需求	绩效(修正后)	挫败感	努力程度	总分
1	7	6	7	7	27
2	7	7	7	7	28
3	7	8	9	7	31
4	7	7	6	7	27

（续表）

受试译员编号	心智需求	绩效(修正后)	挫败感	努力程度	总分
5	8	8	7	7	30
6	8	7	8	8	31
7	8	7	6	8	29
8	6	5	6	7	24
9	6	8	7	6	27
10	6	7	6	6	25
11	7	7	6	7	27
12	7	6	6	6	25
13	8	7	7	8	30
14	5	5	5	6	21
15	8	7	6	8	29

附录 6　受试译员口译产出转写示例

语篇 A

受试译员 1：

你们有多少人在用社交社交网络或者社交的……一些网站,在美国 18 岁到 29 岁年轻人之中,98% 每天都在在交社交性的软件,或者网络,是的,98 那为什么会有这么高的……有这么高的频率和这么高的人数呢? 那人们一般都会……这里边涉及到一些教育娱乐或者社会的一些因素,所以我们理解社交网络会对我们的生活造成什么影响这是非常重要的。

我今天就想向大家谈……社交网络怎样影响社会和个人,对于社交网络的用户来说有 4 件事情是……非常,4 件事情是非常重要的后果。那第一个就是会导致学习成绩更变……低的学习成绩;第二个是……第二个是会浪费时间;第三个是……会影响人们在进行面对面交谈的时候……所所所面对面交谈的表现;那么……最后一个是会会……影响会影响是人们会花太多的时间,在 Facebook 等网站上面,而这些网站通常都不能完全的消除上网……用户发布的信息。

那我首先谈一下第一点就是学生成绩的影响,有一些人包括我的一些朋友都认为,玩社交网络不会对学业造成影响,我非常怀疑这一点,我觉得这绝对是错误的,有多少次你曾经被身边的朋友说我这是发最后一条最后一条,或者微博。有或者说有有你在做作业的时候,你的同学在大声地用社交网络交谈,研究显示有 80 的学生玩社交网络会导致低的成绩,社交网络虽然并不是一种……毒品,但是他也会让人上瘾,比如说学生……在玩社交网络之后很容易就能就忘记布置的作业。那在美国,百分……在美国 16 岁以下的……儿童其实是不允许注册 Facebook 等一些网站的,因为这会影响这会对他们造成……这会对他们的……发……社会的发展造成威胁,在其实社交网络会对人造成不好的后果,其实学生可以采取一些更好的一些……课外活动,比如说参加运动或者进行读书写字,读书写字能够帮助学生更好地把注意力集中在一件事上,而是社交网络只会让学生更容易地分心。

那我现在讲第二点,那就是当我们把信息发布到一些社交网站上的时候,我们要非常的小心因为这些信息其实是不能完全被消除的。你发到……推特上的一些信息或者是照片,有可能会影响你的名誉或者会影响你进入某一个学校得到某一份工作的目标,可能你会觉得和朋友一起或者……玩或或或者和朋友一起玩或者在发布一些……有趣的信息到社交网站上,比如 Facebook 或者是推特儿……推特是一件非常正常的事情,但在可能在不久的将来你在学……你在申请工作的时候,你的雇主通过谷歌的搜索……搜索到你的社交账号,他可能会断定你不是一个非常严肃的人,那你就会失去这一次工作的机会,所以人们要非常小心他们发布到社交网络上的一些信息,当然有时这种信息的暴露不仅仅是会影响你的声誉,还可能会把你处于非常危险的境地中,比如有一个事例就是……有有一个人把自己晚上要去……音乐会的事情发布到了社交网络上,那他当他回到家的时候他发现家里有一万美金的财务失窃了。那这个盗窃的人就是因为看是他的一个二十年没有联络的联络的朋友,但他看到了他在社交网络上发布的信息之后,可以判定他家里没有人那就进行了盗窃。在发布这些信息的时候,你要非常小心,造成的后果可能是你家里……如果完全没有人照料就完成了一些财务的,财务或者人身的安全。

第三点是我们在社交网络上花花了非常多的时间,而我们这些……这些都是非常社交网络是非常吸引我们注意力的一个事物,……可能……你不会可能你不会有特别深的印象,因为这一切都是在无意识中间,那你也不会觉得社交网络浪费了你很多时间,但其实我们应该在浪费时间和必要的……浏览社交……社交网络的中间做一个平衡,比如说 Facebook 他就会大量地占用我们的时间和注意力,比如说我每天就花费大量的时间在这些社交网络上面,以前我可能会把 100% 的精力放在学历和工作上面,但现在有了社交网络,我染上了拖延症,我非常想要改掉拖延症,但是社交网络真的是一个非常容易吸引人进进入其中并且不可自拔的一个工具。那……在使用社交媒体的时候,你可能并不意识到你花费了多少时间,这些时间都被无意识地浪费了。你有计算过你有多少时间是花在社交网络上浏览……查看朋友的更新或者是查看一些相关朋友间相关的东西,在完成这一些之后可能两个小时就已经过去了而你完全不知不觉。有时我们甚至在浏览一些工作的为了工作而浏览网站的时候都容易受到这些干扰,那我们这个时候就应该制定一个严格的计划,那我们可以根据这个计划来进行时间管理。

但社交网络还会影响人们相互交往交流的方式,那它会对我们的交流产生……不好的影响,虽然说社交网络是一种,虽社交网络现在是一种非常受欢迎的交流的方式,也是我们通常见通常联系我们身边的人的时候都现在已经习惯用社交网络,但是事实上社交网络会减弱我们之间的个人个人联系,因为社交网络我们缺乏一些面对面的交流,虽然在社交网络上我们可以运用这些软件……进行视频或者语音,但是这些并不能让我们对对我们的朋友产生一个朋友的交往产生一个深刻的记忆。那我们……这社交网络创建了一个距离,距离的问题同样他作为一种电子的工具,也有它的局限,在某一种程度上我们其实其社交网络是让我们切断了这种感情上的联系,我们变得忽视身边的人,忽视真实的交流,比如当一家人出去游玩的时候,每个人……每个人虽然都在一起但是每个人都在看自己的手机,在进行电子的……在进行电子设备的交……交流,这往往会让我感觉到非常的非常的无奈,因为我们我们身边的人才是对我们最重要的人,我宁愿看到我们的我们和身边的人手牵手,也不需不愿看到我们只是在手机的另一端进行交流。社交网络对人民来说既是一个好的事情也是一个坏的事情,如果社交网络能被正确地使用的话,他能够让我们的生活更加容易方便,也会给我们带来许多的好处,但如果如果没有能够好好地利用社交网络,它可能会给我们造成一些造成一些麻烦,使我们的生活变得更加复杂。

语篇 B

受试译员 1:

大家有没有想……大家有没有好奇过怎么判断一个人是不是在说真话?或者说是当你进入一个房间的时候,你怎么判断这个房间里的人群到底是欢迎你进来呢,还是不欢迎你进来?有时候我们可以通过人的表情来判断。那么今天我就想和大家讲讲怎么通过一个人的肢体语言来判断……来通过这个人的肢体语言,肢体上的姿势或者动作来判断他的脑子里到底在想些什么。……今天我会讲到的一些肢体语言的方面也可以帮助你更好地了解别人的想法。我今天会讲到四个方面。第一个方面是人与人之间保持的距离。第二个是一个人的脸部表情。第三点是人和人之间的障碍。第四点是如何判断一个人是否在撒谎。其实肢体语言比我们大家所想象的……在日常生活中使用得更加频繁。根据调查研究显示,有95%的交流都是由肢体语言做出的,而只有5%的交流是我们真正在说话,跟别人聊天的。所以了解别人的肢体语言,懂得解读别人的肢体语言不仅可以帮助你认识新的朋友,也可以帮助你了解在和朋友交往……或者在工作中遇到的一些问题,就是发生了什么。甚至可以帮助你判断政治选举中的候选人,在说话的时候可不可信,有没有在撒谎。但是大家务必要小心,就是不要只根据一个肢体语言就判断这个人,就完完全全做出下定论……就完完全全给这个人做出定论。因为有的时候一个肢体语言可能有不同的解释。比如说一个人在挠头的话,用他的手在挠他的头发,那他可能是不确定他所说的内容,也可能是很苦恼。总而言之就是不能一个肢体语言就判断这个人心里到底想的是什么。

那么接下来首先我想和大家讲讲人和人之间的交往中的距离。就是身体和身体的距离。不知道大家有没有这样的经验,有没有这样的经历。有的时候别人会告诉你离他们稍微近一点,或者离他们稍微远一点。因为每个人在自己身边的一定范围都是有一个私人领域的。而别人能不能侵犯你的私人领域,别人能和你离着多近,就取决于你对这个人有多了解多少。一般来说,四英尺是一个人的私人领域,如果一个人靠近你小于4英尺的时候,你会觉得自己受到了冒犯。比如说你坐在候诊室等医生给你看病的时候,比如说有另外一个病人进来了。旁边都有位置的情况下,他坐在了离你最近的椅子上,那是不是你觉得很受到冒犯呢?一个研究显示,一般来说一个人进入一个房间的时候,会坐在离陌生人较远的位置来保持私人领域不受侵犯。就比如说,比较常见的是,两个不认识的人,通常一个会坐在头,另一个会坐在尾。直到其他人进来,把他们中间的位置再填起来。大家才会坐着离着比较近。所以说今天我们讲到的任何人身体的距离是人身体语言中最为根本的一个方面。如果你离别人靠太近,别人会觉得不舒服。但如果你离着别人太远的话,大家又会觉得很奇怪。

另外有一点跟肢体语言比较有趣的是,人们在和别人聊天,和别人交流的时候,通常会把自己的身体扭曲成一个角度。这个角度通常可以代表他对别人的态度，或者他和这个人的关系。如果你是直直面对一个人讲话的，那么有两种情况。第一种情况就是你和这个人很熟，另外一种情况就是对峙的感觉，感觉你们两个在对峙。所以在日常生活中我们很少直接面对……跟着别人直面来交流的。因为就是感觉对峙的感觉，感觉有对峙的情况，给人的感觉不是非常舒服。大多数情况别人……大家都是用 45 度的角度扭曲自己的身体，然后和别人交流的。这也是一个比较合适的角度。我的妈妈第一次听说这个理论的时候，她表示非常怀疑。但是她的态度后来改变了。主要是她去一个聚会的时候，她和别人聊天儿的时候，身体就是呈 45 度角度的。所以她就相信了这个理论。那么我们也可以看出，一个人在跟别人聊天时候的肢体语言，往往都是潜意识的。

　　第二点，刚刚说过了，我现在要谈一谈人的面部表情。人可以认出并且识别 20 种面部表情。其中有 6 种是所有文化都承认并且理解的，哪怕是一些非常与世隔绝的、非常偏远的文化。他们也是认可这 6 个面部表情的。第一个，就是开心喜悦。这是人们最容易辨别的，也是最容易造假的表情。怎么说呢？当你开心的时候，你的嘴唇会往上翘。但是一个人到底是真正开心还是假装开心，我们还是要看他的眼睛。而且真正开心的人是不会把自己颧骨的肌肉向上提升的。说到伤心的话，最常见的就是人们的嘴角会往下，而且眉毛会皱在一起。恐惧的时候，瞳孔会放大。眉毛会抬起。另外还有两个面部表情，一个是愤怒，一个是恶心。那么这两个表情是人们经常会隐藏起来的表情，所以不是很好观察。整体来说，如果你近距离观察这个人的面部表情的话，你才能发现他们是不是很愤怒还是很恶心。愤怒的时候，人们通常会紧闭双唇，而感到恶心的时候人会皱鼻子。至于说惊讶的表情呢，人们通常会把嘴巴抿起来。把自己的眉毛向上提，放大自己的瞳孔，就代表这个人现在感到非常惊讶。

　　那么接下来我们说一说人和人肢体语言中常见的一些障碍。最常见的障碍，就是两个人在交流的时候身体上摆出的姿势，证明他现在是处在防御状态的。最常见的一个姿势就是双手抱胸，双手环绕在一起抱在胸口。这说明这个人现在非常紧张，不耐烦，并且防御意识很高。比如说有时候在一群人之中，有的人就会坐在那里，双手抱胸，说明他现在非常紧张，或者非常防御性很高。那么销售人员会通常给他一杯咖啡，让他把自己的双手解开，不要再环绕在胸前。这样也是降低他们防御性的一种方法。另外一个例子是有时候人们在交流过程中会喜欢抓住钱包或者他的咖啡杯，也就是他身体面前的所有东西。特别是在社交场合，比如说是在聚会的时候，人们这样做会感到自己比较有安全感。而且这种情况绝大多数发生在周围的人都是他不认识的情况下。另外一种姿势是双腿环绕。双腿环绕也是说明这个人现在的防御意识很高。这也是我们解读身体语言中一个重要的标志。在一群人中，一个人通常把他的腿放在一群人中他最感兴趣的人最近的地方。也就是说他的腿会靠近他在这一群人中最感兴趣的那个人。如果你要去参与一起要讨论的人，你可以用以下的方法来判断他们是否欢迎你加入他们的谈话。如果他们把头转向你的话，说明他们欢迎你。但是这也不一定，有的时候他们让你坐下来的时候，才是真正的欢迎。如果他们不看你，说明他们并不欢迎你。如果他们离你很近的话，如果他们把身体靠近你的话，那也是说明他们欢迎你加入他们的讨论中的。刚才说了这么多，现在我们讲一讲如何能建立人和人之间的信任。如何能让别人不要再对你产生一种身体上的隔绝。第一点就是不要让他的双手或者双脚重叠在一起，然后你就会发现别人开始模仿你的身体语言了。这也就是我们的"镜子理论"。比如说一个人和另一个人在建立信心的过程中，两个人会是同步的。这也表明，两个人正在建立信任，或者双方正在同意彼此的看法。那么目前我们讲到了人和人之间的身体语言内，面部表情，包括镜子效应。下面我们讲非常重要的一环，就是如何能鉴别一个人是否在说谎。最简单的是看一个人是把他的手藏起来还是就这样放着。因为一个人……研究显示，一个人在撒谎的时候，会把手藏在口袋里或者放在背后，总之就是不会让你看到他的手。另外一个非常明显的标志就是拍拍自己的脸或者鼻子。这也是我们通常所说的匹诺曹效应，就是说好像说一个人撒谎的时候，鼻子会变长，所以他要摸摸自己的鼻子。那么研究显示，一个人撒谎的时候，会有些化学物质的分泌，让他想要去触碰自己的鼻子。

那么今天说了这么多，我希望大家都能够理解个人领域，能够识别，能够去解读别人的面部表情，看看别人的脚在哪里放着。我希望大家可以运用今天所学到的知识去更好地了解你身边的人。谢谢。

语篇 C

受试译员 1：

今天我要跟大家聊一聊工作，我想要提问并且回答的一个问题就是我们为什么要工作，为什么每天早上我们要强迫自己早起赶到办公室去在开始工作，然后在每天做日复一日的工作呢,这这难道不是非常痛苦的一件事吗? 很多人会……我知道大家肯定会说工作是为了赚钱,是为了能够自己养活自己,但是我相信在座的各位肯定不会认为这是一个最为合适的解答。我们有的时候工作是因为我们的工作还很挑战性,能让我们身临其境能让我们感觉人生充满意义,并且如果你是那个幸运儿的话,你的工作可能对一群人来说是非常重要的,所以工资并不是我们工作的唯一的原因。事实上我们在说有的人如果我们说那个人工作是为了钱的话,我们其实并不是只仅仅是中立的描述的语气的,在暗地里其实是看不起这样的人的,所以今天我们要问的我要回答并且要问的非常难回答的问题,一个非常碰瓷的问题,我们到底为什么要工作? 为什么大多数都要每天早上都要强迫自己起床在匆匆忙忙地赶到办公室,开始做那些日复一日单调无聊的工作? 资本主义已经我们规划好了固有的生产模式和服务的模式,那些天天在那些天天在客服客服电话,那些天天做客服电话员或者是在仓库里面工作的人,他们每天……他们的每天工作都是单调无聊的,那么他们工作的原因只有一个就是他们想要赚钱,没有其他的原因了。所以今天我在……所以今天我们要回答的问题就是为什么人们要选择工作。那么下面我就要回答这个问题,我的回答就是人们工作是为了技术,嗯我知道大家现在……现在都在想……什么……技术啊自动化啊使我们生活变得越来越可怕的缘由,但其实我今天讲的不是那一个,我今天讲的不是那种可以让我们的社会发展可以让我们……就是生活到不同的产品的那种,使我们产品发展具有技术,今天我要讲的是另外一种技术是观点的技术,也就是我给他取了个名字叫做……观点技技术论,我是不是很聪明啊? ……所以说科学那么科学除了给我们一些产品以外,它还教会了我们如何理解一些事情,如何理解一些事物并且如何触到了自己的观点,这样一种观点这样一种观点在社会中这样的一种观点可以影响你是如何看待自己的,也可以影响你是你是怎么样想一件事情或者是你做出怎样的举动,比如说如果你认为你之所以很穷是因为上就是上帝的指示,这是上帝安排的,那你可能就每天都在祈祷。如果你认为很穷,你自己的贫穷是源于你自己能量力量不足,自己没有足够的……没有自己没有足够的自己不够聪明,自己不够有力量的话,那你可能就自己感觉非常的失望。如果你认为贫穷是因为统治阶级的暴政的话,你可能就会揭竿而起……打倒这些统治者。所以我们可以看到你会做出怎样的举动其实是取决于你如何理解一件事情的,所以一个观点不可以不仅可以塑造一个人还可以塑造一种人生,那么这样一种我所说的观点技术论就是科学给我们的非常重要的一部分,教会我们非常重要的一点。观点技术和我们普通技术是不一样的,它有非常特别之处,如果是专门指一个产品中的科技成份的话,如果这个产品最后发表出来不成功或者是这个技术实验了以后并不是非常对大家有帮助,那可能这个技术就此消失云际了。但是我们说的观点技术是和人有关的,那么只要有人相信这样一个观点,这一个观点技术就永远也不会消失,因为人们会建立⋯⋯相应的生活方式,或者说是机构来定制它们所相信的这样一种观点,比如说工业革命是由于一种技术观点带来的,为什么当时人们建立了这么多血汗工程,主要就是因为工业革命之父亚当·斯密,他信奉的技术观点观点技术就是人天生是懒惰的,如果你不给他一些奖励不给他刺激的话,如果你不给他们一些刺激让他们认为自己所付出的劳动是非常值得的话,他们是永远不会去选择工作的。

所以说这才是为什么我们工作的唯一的理由,我们之所以建立工厂是因为我们对人性做出了人性本身就非常懒惰这样一种判断,那一旦这样一种观点的形成一旦这样大家相信这样的一个观点,那么每个人就开始到这个工厂里去工作,也就是说与这个作出与这个科技,与这个技术观点相一致的一些活动。所以我们可以看到⋯⋯亚当·斯密所建立的这样的一种人性非常懒惰的观点,就是掀起后来带来了我们所说的工业革命的血汗工厂。亚当·斯密本人在描述这些配送线上日复一日干着同样的一种工作的人,他说出下面这段话,这些人变得越来越愚蠢甚至达到了人可以愚蠢的最极限的程度。我们注意一下他用的这个词,变得越来越愚蠢,甚至愚蠢到一个人所能达到的最极限的程度,所以说他嗯所以说他变得愚蠢和他想不想变得愚蠢没有关系,他就是因为这样一种工作他变得越来越蠢,这样一种机构这样的一种血汗工厂,他给予了人一定的要求,并且剥夺了人们对自己的工作感到满意这样的一个机会,而这样的一种满意也是我们现在所经常⋯⋯这样一种对工作满意程度也是我们经常会忽视的一方面。

语篇 A1

受试译员 2:

女士们、先生们,如果你们的想要去大学,或者是你们认识某个人已经去了大学,那么你们可能就知道现在大学的学费是多么的昂贵了。根据美国劳动局的数据,在 2003 年 8 月到 2013 年 8 月这个期间,大学的学费增加了 80%……我是一名……高中生,所以我非常希望上大学,但是大学的昂贵的费用真的让我担心不已。每一天我都能看到有很多人被迫嗯……嗯生活在贫困的嗯日子中,因为他们根本没有条件接受好的有质量的大学教育。现在嗯……大学教育已经成为一个非常嗯珍贵以及会丰富人经……丰富人的嗯……体验的一种经历,但是大学的学费却是越来越贵。嗯学生们现在也没办法像他们的父母或者祖父母那样嗯……接受好的大学,嗯从以上这些观念来看,接下来我将来谈一谈为什么大学学费增加了这么多,以及嗯政府的预算为什么在大学学费上逐渐减少,以及为什么我认为大学应该是免费的,为所有人提供。

　　首先,大学学费增加的一个原因,一个核心因素,我认为就是在上世纪 70 年代的时候,联邦政府改变了大学的嗯筹……嗯资金筹集方式。嗯他们嗯不再采用之前直接为大学运营提供资金支持的服务嗯……而是选择为大学提供补贴。所以大学会慢慢地开始私人……私人……却慢慢地开始进行私人借贷。这主要是因为当时经济运行不好,嗯工资水平降低,嗯经济整个大环境不好,所以嗯大学会逐渐增加借贷。与此同时,政府对高等教育的支出也在逐渐降低,这使得大学越来越难以嗯……进行基本运营,所以,大学为了弥补嗯开支上面的这一缺口,慢慢地就开始增加了大学学费。第二点就是嗯……政府所采取的紧缩措施对……紧缩战略对大学学费所造成的影响,政府不断缩减开支,将会影响大学学费。尽管联邦政府对大学教育的嗯拨款越来越少,但是实际上大学的开支却越来越大,因为大学为了保持嗯每个大学的竞争性,为了确保它们能赢得精英学生,为了能确保它们能留住学生,为了能维持自己的吸引力,它们要提供最好的校园设施,它们要维持自己嗯优秀的名气,它们要提供最好的体育团……嗯体育嗯……它们要提供最好的体育队。

　　大学学费,嗯大学学费嗯巨额增加其中的一个很大的……很大的部分都是因为对体育开支的增加。嗯在大学中,一个体育教练往往会收到过高的收入,而……而一个教授往往却会收到嗯相对于工作能力来说较少的收入。根据 2013 年的一项调查研究表明,嗯一个知名大学的主要教练的年均收入,可以达到十……可以达到嗯 164 万美元,而嗯……大学里的全职教授的嗯年均收入仅能达到 127 000 美元。嗯除此之外,政府削减对大学教育的嗯拨款,同时也会增加嗯大学生的住房以及食品开销,大学生的住房年均增长 3%,而且不是因为电力嗯电以及水费电费水费增加,而是因为一些非核心因素,比如说嗯……富丽堂皇的体育馆以及新的厨房的增加其生活啊成本。2013 年,嗯在嗯大学校园生活的学生的平均成本是 14,200 美元,嗯……较四年前 2011 年增加了 7.6%。

最后,想谈一谈,为什么我要认为嗯大学教育应该是免费的呢? 现在,大学教育已经比以往任何时候,对我们生活来说,都是必要的一个阶段。嗯为什么说它们必要的? 就是现在,我们的嗯……现在我们的嗯每小时嗯最低工资是 7.25 美元,也就是说如果你一个星期工作 44 小时,那么你一个星期可以得到 319 美元的酬劳。那么休斯敦,如果你在休斯敦想要租一个嗯一个房间的公寓,那么每个月的酬金……每个月的租金就是 1 300 美元,那么这个时候你可能会说,啊怎么会这样呢? 是的,不仅仅是青少年拿着每小时最低工资,嗯……在美国,每小时最低工资中的嗯人数最大群体是 35 岁。嗯或许听到这个你会感到很吃惊,嗯要知道嗯,在有田纳西州有 1/6 的人口都生活在贫困线以下。那么这个时候我们就要想一想高等教育究竟对我们的人生会产生什么样巨大的意义,究竟那些生活在贫困之中,以及嗯生生……究竟那些贫困人口和富有人口他们之间真正的区别在哪儿? 我想答案就是,是否接受过大学教育。所以,我希望如果每个人都可以或接受大学教育、高等教育,那么我们就可以看到,在未来的这些年,贫困、贫困率、犯罪率以及吸毒率都会大大降低。

大学教育是你以后想获得嗯更高收入,想要获得更高收入的工作的一个必要的一步。嗯在我们之前,我们的前……他们可以获得一个很好的收入,仅仅在工厂里面工作或者是从事打渔业,而不需要一个大学学历。但是现在,很多工作都已经……但是现在,很多工作都已经不不复存在了。由于全球气候变暖以及捕鱼嗯……捕鱼配额制,使得渔业的发展越来越艰难,嗯制造业也慢慢地转移到了那些劳动成本低的国家。也就是说在美国,比如说很多服装、汽车以及家具都不是在美国制造的。那些低……那些对技能要求水平低的工作越来越少,这使得大学教育越来越重要。最后,我希望嗯大学学费上涨的原因你们都能清楚地知道,我也希望嗯……呼嗯……要求大学教育免费的呼声可以越来越强烈,我非常希望每一个有志于嗯从事嗯有志于接受大学教育的人,应该每每个人想,每一个从有志于接受大学教育的人,有志于想要继续学习的,应该接受大学教育。不管他们的经济条件如何,如果他们要考虑到大学嗯……学费对他们产生的影响,那么他们就要考虑一下嗯……日益发展的贫困以及贫富差距越来越大对他们造成的影响。我真的希望我今天的这番演讲可以为大学……可以为那些收入低的学生,收入低苦苦挣扎的学生开阔眼界。

语篇 B1

受试译员 2：

女士们、先生们,今天我想要谈论霸凌现象,霸凌现象在很多学校都非常常见。根据美国心理协会的数据表明,有40%到80%的学龄儿童在他们的校园生活中都经历过校园霸凌。校园霸凌可以发生在任何人的身上,不管他们的年级、家庭背景、性别以及宗教信仰;根据数据表明,我将要借用一系列数据来表明校园霸凌的严重性。有20%到40%的霸凌受害者迈出了勇敢的一步,公布出自己受到霸凌的事实,然而我们都知道,大部分的霸凌受害者从不会说出自己受到霸凌的这一事实。有70%的初中和高中生受过校园霸凌,而只有5%到15%的学龄儿童会说出自己定期受到霸凌的事实。鉴于极少数学生选择说出霸凌的事实,老师应该意识到霸凌这一问题的严重性,他们需要理解什么是校园霸凌以及校园霸凌分为哪几种形式。校园霸凌分为肢体霸凌、言语霸凌以及情感霸凌。

第一种是肢体霸凌,肢体霸凌指的就是一个欺凌者对被害者所施予的被害者并不期望的接触。肢体霸凌非常容易辨认,比如说,比较常见的例子包括:踢、捶、敲、不合适的触摸、打架之类的等等。第二种是言语霸凌,言语霸凌通常包括的是宣传一些关于受害者虚假的信息,或者是对受害者做出一些负面的评论,而这些可能会使受害者抑郁;它的一些比较常见的例子包括:宣传一些对受害者扭曲的言论、对受害者的长相、衣服、身体进行负面的评论,甚至还会对他们说出一些肮脏的语言。第三种情感霸凌,情感霸凌更加难以辨认,但是它会对受害者的心理造成非常严重的影响;情感霸凌也有一些例子,比如说,宣传一些关于受害者的不实谣言、在背后取笑受害者、骚扰受害者以及激怒受害者,等等。那么校园霸凌究竟会发生在哪里呢?事实上,校园霸凌可能发生在校园里的任何地方,可能会发生在校园里,也可能会发生在校园周围;经常会出现的状况是在体育课上、在厕所里、在校车上,以及在需要小组作业的课堂里,等等。

那么校园霸凌是怎么发生的呢?校园霸凌有时候是由一群学生,他们会利用,或者是孤立某一个人,从而获得别人对他们的忠诚;有时候这些对他们忠诚的人就会在旁边,就会在旁边观看霸凌过程,从而避免自己成为下一个受害者。在这些所谓的朋友的支持下,这些霸凌者往往会羞辱受害者,然后之后再进一步地激怒受害者。校园霸凌的目标往往是一开始那些看起来就与同龄人，一开始就不太寻常，与同龄人呈现较大差别的学生。那么校园霸凌会对学生产生哪些影响呢？分为短期影响和长期影响。短期影响包括抑郁，会使学生抑郁，不安、充满恐慌、生气、愤怒，而且还会使他们的学业成绩越来越差，有的学生还会自杀，因为他们感觉他们的生活已经支离破碎了。那么长期影响则包括学生会有一种持续的不安全感，他们会失去信任，他们会变得极度敏感，有的甚至还会走上复仇之路。

校园霸凌所产生的后果往往是非常悲剧的，校园霸凌早已经成为了校园枪击事件的一大主要诱因。根据数据表明，在美国，71%的校园枪击案件的犯罪人都曾经是校园霸凌的受害者，所以那么教育界人士可以做些什么呢？那么他们该如何辨别校园霸凌的受害者呢？校园霸凌的受害者通常数量更小，他们更加敏感，他们往往郁郁不乐（闷闷不乐），而且他们会更加谨慎、更加不安，通常也更加安静。按照描述，他们会更加悲观，往往甚至对生活都没什么兴趣，正是这些潜质才使得他们有可能会成为校园霸凌的受害者。那么我们究竟如何来防止校园霸凌事件发生呢？根据一项研究报道，有很多策略可以减少校园霸凌的发生，包括，第一个就是建立一个专业团队，这个专业团队由教育人士、教育助手、父母，以及学生共同组成。他们的任务就是要判别、判定，以及发展减少校园霸凌的教学项目。其次，教育人士要判断不同种类的校园霸凌，要使得它们更容易地来辨认出来。比如说，刚刚所提到的肢体霸凌、情感霸凌和言语霸凌。第三点就是校方必须要建立一些清晰明确的规则，而且还必须说明如果违反了这些规则将面临什么样的处罚。

第四点，非常重要的是学校要建立一个让每个学生都感觉到安全的校园环境；第五点，就是，第五点非常有用的一点，就是建立一个清晰的指导核心原则，这个核心原则将鼓励学生们践行积极的行为，比如说，善良、诚信、助人为乐，以及参与校园事务的精神、核心价值观。这一点能够确保校园里每个人都互相熟悉，而且能够遵循这些核心价值观。第六点，也是最后一点，就是教职工都能够经过精心的培训来辨别校园暴力以及解决校园暴力的行为，一旦发现校园暴力的存在。非常重要的一点是学校必须建立一个这样的校园环境，学校必须鼓励大家辨别校园暴力，及时将校园暴力大声说出来并且为那些行为进行积极阳光的学生给予奖励。校园暴力、校园霸凌非常常见，而且它还会对目标学生造成持久的、难以言喻的伤害。鉴于此问题的严重性，我们需要花费精力，在这一方面，学校花更多的精力采取更直接的措施来解决这一问题,从而给学生们提供一个更好的、更安全的环境。

语篇 C1

受试译员 3:

那么我们的第二个问题是什么呢?我们知道心理会影响身体,但是反过来身体也会影响心理,那么我们的心理和权力关系之间又有什么联系呢?我们知道自己的所思所想,自己的心理,其实也就是荷尔蒙,它对权力会有哪些关系呢?那些非常有权力的人,往往都会更加肯定自己,信心满满,积极进取,甚至他们表现出这些倾向的时候,他们甚至并没有什么胜利的打算。当然他们仍然这么看待自己,他们愿意以一种更加抽象的方式进行思考,这便是有权者与无权者之间的不同。那么,在物理层面上,他们又是怎么表现的呢?他们他们的荷尔蒙分泌就会有所不同,比如,对于分泌 T 激素较多的人而言,他们就会感到更加有支配欲,对于分配,分泌 C 激素较多的人,他们会感到更加的压抑。那么对于权力,权力感来说,T 激素就会增多,C 激素便会减少。对于政客而言,他们的 T 激素便较 C 激素要多得多。

那么当人们感到有权时,他们也许都会想到 T 激素的问题,因为 T 激素代表着支配,但是同时权力也包括对于如何如何面对权力时感到压力,如何面对对压抑、压力进行反应,那么可惜人们并,对此的研究并不多。我们在想象一个有权者时,我们希望他们非常自我肯定,信心满满,并不希望他们感到十分有压力。那么我们可以想到,在一个更加私密的空间里,在这样一个等级制度下,一个人如果骤登高位的话,他的 T 激素会急速上升,与此同时,他的 C 激素也会急速下降,所以我们有大量的证据来证明这一点。

身体可以影响人的心灵,那么人的肢体语言也会影响心灵。事实上,就是这样一个小小的操作就会,操纵就会使事情变得大为不同。一个人的,一个人要是这样站的话,他会感到非常有权力,所以我们决定做一些实验,把一些人带到我们的实验室里,让他们每人用两分钟来适应一个非常高姿态的姿势,或者一个低姿态的姿势。一共有五个这样的姿势,这样是一个高姿态的姿势,这也是一个,这儿又是一个。那么我我们也有站着的姿势和坐着的姿势,这里呢则是一个比较低的姿势,这里也是一个比较低的姿势,这个姿势就相当低了,感到非常的无权。

所以接下来就是这样进行实验的,在接下来的两分钟内,大家都保持着这样一个姿势、姿势,我们不会给他们去看这些姿势高低的图片,我们不希望他们直接看到这些权力关系,我们希望他们能够感受到自己的权力关系。那么,那么是在两分钟之后呢,我们希望用一些实验来来体现他们此时内心中的权力感,所以我们会要求,我们会请问他们是否愿意做一场赌博,这就是我们实验的大致过程。那么我们可以看到,在实验结束后,统计可见,当那些高姿势的人面临选择时,80%都选择了去赌一赌,而那些处在低姿势的人呢,则是有 60%选择去赌一赌。那么下面我们可以看到,对于 T 激素的变化而言,那些处于高高姿势的人,也就是感到自己大权在握的人,他们的 T 激素产生量升高了 20%。对于那些处于低姿势状态下无权势的人呢,他们感到自己的 T,他们的 T 激素产生量则降低了 10%,两分钟就发生了如此之多的改变。下面我们看看 C 激素,对于那些高姿势有权者而言,他们的 C 激素则降低了 25%,对于那些低姿势感到自己无权的人,他们的 C 激素上升了 15%。两分钟便使得荷尔蒙的分泌发生了改变。我们很容易去感到自己非常自信满满,有肯定人格,同时我们也很容易便堕入压力与不自信之中。我们所有的人都是这样的,所以肢体语言确实会影响我们自己,而我们的身体也会影响我们的心灵。

那么接下来的问题是什么呢?就是如此短时间的权力感受真的会造成有意义的影响吗?毕竟这个时间太短了。我认为这项实验真正的用处在于,人们可以使用这些方法使用这些战略来面对社会威胁,因为我们的人生往往会被他人所评估,被我们的朋友所评估,在一次聚会中所评估,或者是在一次求职面试时可能会被面试官所评估。所以,当我们这项研究成果刚刚发表时,媒体问了这样一个问题,"难道你们你们都会像这样把脚翘在桌子上去面试吗?"我们当然会说,不不不,我们不是这样想的,别别别在面试时这么做。你你你要在面试时去对自己暗示自己的权力状态,你应该在面试,你在面试时往往肯定都会把自己缩得很渺小,但是你可以在卫生间扩展一下自己,让自己感到更有自信。所以我们又做了一些新的实验,我们拉那些感到非常压力的人进行一次五分钟的面试。

(嗯)那些人都被,那些人在面试时都得到了录像,他们也被他人所评价,但是他们得不到什么好的反馈,就等于像 5 分钟,你什么都没有,什么信息都没有得到。这比受到诘问更加恐怖,这其实就是一个陷阱。他们可能会想知道你发生了什么,这么 5 分钟后,他们这 5 分钟之间他们会作出种种的假设,接受,(呃)考虑种种的条件。然后我们将这个录像交给了一些评判者。这些评判者会认为他们更想要雇佣那些感到非常有权力感的人,而不是那些感到自己(呃)无权可依的人。影响他们判断的并非是这些人的演讲,而是这些人的表,这些人的肢体表现。他们并不关心演讲的结构,或者是演讲的质量,他们关心的是能否在面试中表现他们自己,表现他们自己,而不是其他剩下的那些杂物。

参考文献

Ais, C. A. 1998. "Quality assessment in simultaneous interpreting: The importance of nonverbal communication." In F. Pöchhacker & M. Shlesinger (eds.). *The Interpreting Studies Reader*, pp. 327 – 336. London/New York: Routledge.

Alexieva, B. 1999. Understanding the source language text in simultaneous interpreting. *The Interpreters' Newsletter*, 9: 45 – 59.

Alexieva, B. 1994. "Types of texts and intertextuality in simultaneous interpreting." In M. S. Hornby, F. Pochhacker, & Klaus Kaindi (eds.), *Translation Studies: An Interdisciplinary*, pp. 179 – 188.

Akbari, A. & W. Segers. 2017. Translation difficulty: How to measure and what to measure. *Lebende Sprachen 62*(1): 3 – 29.

Andres, D. 2015. "Easy? Medium? Hard? The Importance of Text Selection in Interpreter Training." In D. Andres & M. Behr (eds.). *To Know How to Suggest: Approaches to Teaching Conference Interpreting*, pp. 103 – 124. Berlin: Verlag fur Wissenschaftliche Literatur.

Balzani, M. 1990. "Le contact visuel en interpretation simultanee: resultats d'une experience." In L. Gran & C. Taylor (eds.) *Aspects of Applied and Experimental Research on Conference Interpretation*, pp. 93 – 100. Udine: Campanotto.

Barik, H. C. 1973. Simultaneous interpretation: Temperal and quantitative data. *Language and Speech* (*3*): 237 – 270.

Bateman, J. & J. Delin. 2006. "Rhetorical Structure Theory." In K. Brown (ed). *Encyclopedia of Language and Linguistics*, pp. 296 – 558.

Amsterdam: Elsevier.

Beaugrande, R. & W. Dressler. 1981. *Introduction to Text Linguistics*. London/New York: Routledge: 88 – 110.

Behr, M. 2015. "How to back the students: Quality, assessment and feedback." In Doert Andres & Martina Behr (eds.). *To Know How to Suggest: Approaches to Teaching Conference Interpreting*, pp. 201 – 218. Berlin: Verlag fur wissenschftliche Literatur.

Besznyák, R. 2020. "Increasing source text difficulty in interpreter training projects by analysing lexical pitfalls." In R. Besznyák., M. Fischer, & C. Szabó (eds.) Fit-For-Market Translator and Interpreter Training in Digital Age. Wilmington: Vernon Press.

Biber, A.D. 1989. Typology of English Text. *Linguistics* 27(1): 3 – 44.

Black, J.B. & H. Bern. 1981. Causal coherence and memory for events in narratives. *Journal of Verbal Learning and Verbal Behavior* (20): 267 – 275.

Bloom, L. *et al*. 1980. Complex sentences: Acquisition of syntactic connectives and semantic relations they encode. *Child Language* (7): 235 – 261.

Bower, G. 1974. Selective facilitation and interference in retention of prose. *Journal of Educational Psychology* 66(1): 1 – 8.

Britton, B.K., S.M. Glynn, & G.W. Smith. 1985. "Cognitive demands of processing expository text: A cognitive workbench model." In Britton, B. K. & J. B. Black (eds.). *Understanding Expository Text*. Hillsdale: Erlbaum.

Campbell, S. 1999. A cognitive approach to source text difficulty in translation. *Target* 11(1): 33 – 63.

Caron, J.C.H. Micko & M. Thuering. 1988. Conjunctions and the recall of composite sentences. *Journal of Memory and Language* (27): 309 – 323.

Carrasco Flores, J. A. 2020. Analysing English for translation and interpreting materials: Skills, sub-competences and types of knowledge. *The Interpreter and Translator Trainer*. Advance online publication.

Carrell, L. & U. Connor. 1991. Reading and Writing Descriptive and Persuasive Texts. *The Modern Language Journal 75*(3). 314 - 324.

Clark, E. V. 1971. On the acquisition of the meaning of BEFORE and AFTER. *Journal of Verbal Learning and Verbal Behavior* (11): 750 - 758.

Clark, H. & P. Lucy. 1975. Understanding what is meant from what is said: A study in conventionally conveyed request. *Journal of Verbal Learning and Verbal Behavior* (14): 56 - 72.

Clifford, *et al*. 2004. "The effect of text difficulty on machine translation performance: A pilot study with ILR-Rated Texts in Spanish, Farsi, Arabic, Russian, and Korean." In Proceedings of the Language Resources and Evaluation Conference (LREC), pp. 343 - 346. Lisbon, Portugal.

Dam, V. H. 2001. On the option between form-based and meaning-based interpreting: The effect of source text difficulty on lexical target text form in simultaneous interpreting. *The Interpreters' Newsletter 11*: 27 - 55.

Dahl, O. 2004. *The Growth and Maintenance of Linguistic Complexity*. Amsterdam: John Benjamins.

Dejean, L. F. K. 1982. "Why impromptu speech is easy to understand?" In N. L. Enkvist (ed.) *Impromptu speech: A Symposium*, pp. 221 - 239. Abo: Abo Akademi.

Dillinger, M. 1994. "Comprehension during interpreting: What do interpreters know that bilinguals don't?" In S. Lambert & B. Moser-Mercer (eds.). In *Bridging the Gap in Simultaneous Interpreting*, pp. 155 - 189. Amsterdam/Philadelphia: John Benjamins.

Dooley, R. A. 1990. *A Non-categorical approach to coherence relations: Switch reference constructions in Mbya Guanani*. Unpublished Manuscript. Summer Institute of Linguistics.

Downie, J. 2020. *Interpreters vs Machines: Can Interpreters survive in an AI-dominated world?* London/New York: Routledge.

Dragsted, B. 2012. Indicators of difficulty in translation: Correlating product and process data. *Across Languages and Cultures 13*(1): 81 - 98.

Ericsson, K. A. & P. F. Delaney. 1999. "Long-term working memory as an alternative to capacity models of working memory in everyday skilled performance." In A. Miyake & P. Shah (eds.) *Models of Working Memory: Mechanisms of Active Maintenance and Executive Control*, pp. 257 – 297. Cambridge: Cambridge University Press.

Ericsson, K. A. & W. Kintsch. 1995. Long-term working memory. *Psychological Review 102*(2): 211 – 245.

Farahzad, F. 2003. Sequencing texts on the basis of difficulty in a translation programme. *Translation Studies Quarterly 1*(1).

Fernández, E. I. 2015. "Making sense of interpreting difficulty through corpus-based observation: correlations between speaker's speech rate, mode of presentation, delivery profile and experts' judgements of difficulty." In C. Zwischenberger and M. Behr (eds.). *Interpreting Quality: A Look Around and Ahead*. Berlin: Verlag fur Wissenschaftliche Literatur.

Fulcher, G. 1997. Text Difficulty and accessibility: Reading formula and expert judgement. *System 25*(4): 497 – 513.

Gerver, D. 1969. "The effects of source language presentation rate on the performance of simultaneous conference interpreters." In F. Pöchhacker & M. Shlesinger (eds.). *The Interpreting Studies Reader*, pp. 53 – 66. London/New York: Routledge.

Gerver, D. 1971. *Aspects of Simultaneous Interpretation and Human Information Processing*. Oxford: Oxford University.

Gile, D. 1984. Les noms propres en interpretation simultanee. *Multilingua 3* (2): 79 – 85.

Gile, D. 1985. *Basic Concepts and Models in Interpreter and Translator Training*. Amsterdam/Philadephia: John Benjamins.

Gillies, A. 2013. *Conference Interpreting: A Student's Practice Book*. London/New York: Routledge.

Graesser, A. C., M. Singer, & T. Trabasso. 1994. Constructing inferences during narrative text comprehension. *Psychological Review* (4): 371 – 395.

Guelich, E. & W. Raible. 1975. "Textsorten-Probleme." In E. Guelich &

W. Raible (eds.). *Linguistische Probleme der Textanalyse*, pp. 97 – 144. Duesseldorf: Padagoischer Verlag Schwam.

Hale, S. & S. Campbell. 2002. The interaction between text difficulty and translation accuracy. *Babel* (1): 14 – 33.

Hale, S. & S. Campbell. What makes a text difficult to translate? [EB/OL]. [1999 – 09 – 07][2017 – 8 – 8]. http://www. latrobe. edu. au/alaa/proceed/ camphale. html.

Halliday, M. A. K. & R Hasan. 1989. *Language, Context and Text: Aspects of Language in a Social-semiotic Perspective*. Oxford: Oxford University Press.

Hart., S. & E. L. Staveland. 1988. "Development of NASA-TLX (Task Load Index): Results of empirical and theoretical research." In A. P. Hancock & N Meshkati (eds.). *Human Mental Workload*, pp. 139 – 183. Armsterdam/New York: North Holand.

Hatim, B. & I. Mason. 1997. *The Translator as Communicator*. New York: Routledge.

Hatim, B. & I. Mason. 2001. *Discourse and the Translator*, Shanghai: Shanghai Foreign Language Education Press.

Hatim, B. 1997. *Communication Across Cultures, Translation Theory and Contrastive Text Linguistics*. Exeter: University of Exeter Press.

Honig, H. G. 2003. "Piece of cake or hard to take?" In Nord, Britta, & S. Peter (eds.). *Traducta, Navis: Festschrift zum 60 Geburtstag von Chiristiane Nord*, pp. 69 – 82. Tubingen: Stauffenburg.

Horowitz. 1987. "Rhetorical structure and discourse processing." In Horowitz & Samule (eds.). *Comprehending Oral and Written Language*, pp. 117 – 160. New York: Academic.

Howard, D. L. 2016. *A quantitative study of translation difficulty based on an analysis of text features in Japanese-to-English short-passage translation tests*. Doctoral thesis. Universitat Rovirai Virgili.

Jensen, K. T. H. 2009. "Indicators of text complexity." In S. Göpferich, A. L. Jakobsen, & Mees (eds.). *Behind the Mind: Methods, Models, and*

Results in Translation Process Research, pp. 61 – 80. Copenhagen: Samfundslitteratur.

Jex, R. H. 1988. "Measuring the mental workload: Problems, progress and promises." In A. P. Hancock & N. Meshkati (eds.). *Human Mental Workload*, pp. 5 – 38. Armsterdam/New York: North Holand.

Jiang, X. & Y. Jiang. 2020. Effect of dependency distance of source text on disfluencies in interpreting. *Lingua*: 1 – 8.

Jones, R. 2002. *Conference Interpreting Explained*. New York: St. Jerome Publishing.

Keenan, J. M., S. D. Bailet, & P. Brown. 1984. The effects of causal cohesion on comprehension and memory. *Journal of Verbal Learning and Verbal Behavior* (23): 115 – 126.

Kintsch, W. 1977. "On comprehending stories." In M. A. Just & P. A. Carpenter (eds.) *Cognitive Processes in Comprehension*, pp. 75 – 85. NJ: Lawrence Erlbaum Associates.

Kintsch, W. & T. A. van Dijk. 1978. Toward a model of text comprehension and production, *Psychological Review 85* (5): 363 – 394.

Lamberger-Felber, H. 2001. Text-oriented research into interpreting: Examples from a case-study. *Hermes*, 26: 39 – 63.

Larson, L. M. 1984. *Meaning-based Translation*. Boston: University Press of America.

Lee, T. H. 1999. Speech proportion and accuracy in simultaneous interpretation from English to Korean. *Meta*, 44(2): 260 – 267.

Li, X. D. 2019. Material development principles in undergraduate translator and interpreter training: Balancing between professional realism and classroom realism. *The Interpreter and Translator Trainer* 13(1): 18 – 43.

Liu, M. H. & Y. H. Chiu. 2009. Assessing source material difficulty for consecutive interpreting: Quantifiable measures and holistic judgement. *Interpreting* 11(2): 244 – 266.

Liu, Y., B. Zheng, & H. Zhou. 2019. Measuring the difficulty of translation: The combination of text-focused and translator-oriented approaches. *Target 31* (1)：125 – 149.

Lourdes，M. 2007，Intonation and the structural organisation of texts in simultaneous interpreting. *Interpreting 9*(2)：177 – 198.

Louwerse，M. 2001. An analytic and cognitive parameterization of coherence relations. *Cognitive Linguistics* (3)：291 – 315.

Mackintosh，J. 1983. *Relay Interpretation：An Exploratory Study*. Birkbeck College，University of London.

Mackintosh，J. 1985. The Kintsch and van Dijk Model of discourse comprehension and production applied to the interpretation process. *Meta*，*30*(1)：37 – 43.

Mann，W. C. & S. A. Thompson. 1987. *Rhetorical Structure Theory：A Theory of Text Organization*. Los Angeles：Information Science Institute.

Martin，J. & D. Rose. 2008. *Genre Relations：Mapping Culture*. London：Equinax.

Mazzetti，A. 1999. The influence of segmental and prosodic deviations on source-text comprehension in simultaneous interpretation. *The Interpreters' Newsletter* (9)：125 – 147.

Meyer，B. J. F. 1975. *The Organization of Prose And Its Effect on Memory*. Amsterdam：North-Holland.

Meyer，B. J. F. & R. O. Freedle. 1984. Effects of discourse type on recall. *American Educational Research Journal* (21)：121 – 143.

Miller，G. A. & Selfridge，J. A. 1950. Verbal context and the recall of meaningful material. *The American Journal of Psychology* (63)：176 – 185.

Millis，K.，A. C. Graesser，& K. Haberlandt. The impact of connectives on the memory for expository texts. *Applied Cognitive Psychology* (7)：317 – 339.

Mishra，A.，P. Bhattacharyya，& M. Carl. 2013. *Automatically predicting sentence translation difficulty*. The 51st Annual Meeting of the Association for Computational Linguistics.

Moser-Mercer，B. 1996. "Quality in interpreting：some methodological issues."载蔡小红编：《口译研究新探：新方法、新概念、新趋势》，pp. 56 – 72.

香港：香港开益出版社.

Nord，C. 2005. *Text Analysis in Translation：Theory，Methodology，and Didactic Application of a Model for Translation-Oriented Text Analysis*. Amsterdam：Rodopi.

O'Donnell，D. R. & T. F. Eggemeier. 1986. "Workload assessment methodology." In R. K. Boff，L. Kauffman & P. J. Thomas（eds.）*Handbook of Perception and Human Performance*（Vol. II），pp. 88 – 112. New York：Wiley.

O'Donnell，M. 1997. "RST Tool：An RST Analysis Tool." In *Proceedings of the 6th European Workshop on Natural Language Generation*，pp. 66 – 71. Duisburg.

Palumbo. G. 2008. "*Translating science*"：*An empirical investigation of grammatical metaphor as a source of difficulty for a group of translation trainees in English-Italian translation*. Doctoral thesis University of Surrey.

Peng，G. 2009. Using Rhetorical Structure Theory（RST）to describe the development of coherence in interpreting trainees. *Interpreting 11*（2）：216 – 243.

Pio，S. 2003，The relation between ST delivery rate and quality in simultaneous interpretation. *The Interpreters' Newsletter*（12）：69 – 100.

Pöchhacker，F. 2004. *Introducing Interpreting Studies*. London：Routledge.

Reiss，K. 1982. Como averiguar o grau de dificuldade de uma tradução?. *Letras de Hoje*. 15（2）：7 – 19.

Robinson，P. 2001，Task complexity，task difficulty and task production：Exploring interaction in a componential framework linguistics. *Applied Linguistics*，22（1）：27 – 57.

Roy，C. B. 2000，*Interpreting as a Discourse Process*. Oxford：Oxford University Press.

Sabatini，E. 2000. Listening comprehension，shadowing and simultaneous interpretation of two 'non-standard' English speeches. *Interpreting 5*（1）：25 – 48.

Sanders, T. 1997. Semantic and pragmatic sources of coherence: On the classification of coherence relations in context. *Discourse Processes 24*(1): 119 – 147.

Sanders, T. & L. Noordman. 2000. The role of coherence relations and their linguistic markers in text processing. *Discourse Processes 29*(1): 37 – 60.

Sanders, T., W. Spooren., & L. Noordman. 1992. Toward a taxonomy of coherence relations. *Discourse Processes* (15): 1 – 35.

Sanders, T., W. Spooren, & L. Noordman. 1993. Coherence relations in a cognitive theory of discourse representation. *Cognitive Linguistics*(2): 93 – 113.

Sawyer, D. 2011. *Fundamental Aspects of Interpreter Education: Curriculum and Assessment*. Shanghai: Shanghai Foreign Language Education Press.

Seleskovitch, D. 1989. "Teaching Conference Interpreting." In P. W. Krawutschke (ed). *Translator and Interpreter Training and Foreign Language Pedogogy*, pp. 65 – 87. Amsterdam/Philadephia: John Benjamins.

Setton, R. & A. Dawrant. 2016. *Conference Interpreting: A Trainer's Guide*. Amsterdam: John Benjamins.

Setton, R. 1999. *Simultaneous Interpretation: A Cognitive-Pragmatic Analysis*. Amsterdam/Philadelphia: John Benjamins.

Setton, R. 2005. "Pointing to contexts: A relevance-theoretic approach to assessing quality and difficulty in interpreting." In H, Dam., J, Engberg, & H. Gerzymisch-Arbogast (eds.). *Knowledge Systems and Translation*. Berlin: De Gruyter Mouton.

Setton, R. 2010. From practice to theory and back in interpreting: The pivotal role of training. *The Interpreters' Newsletter* (15): 1 – 18.

Shlesinger, M. 1994. "Intonation in the production and perception of simultaneous interpretation." In S. Lambert & B. Moser-Mercer (eds.). *Bridging the Gap in Simultaneous Interpreting*, pp. 225 – 236. Amsterdam/ Philadelphia: John Benjamins.

Shlesinger, M. 2003. Effects of presentation rate on working memory in simultaneous interpreting. *The Interpreters' Newsletter* (12): 37 - 49.

Singer, M. , *et al*. 1992. Validation of causal bridging inferences. Journal of Memory and Language (31): 507 - 524.

Smith, K. H. & E. M. Linnet. 1970. "Understanding order information in sentences: Some recent work in Bell Laboratories. " In Giovanni & William (eds.). *Advances in Psycholinguistics*, pp. 253 - 274. Amsterdam: North Holand.

Snow, C. E. 2005. Toward a research and development program in reading comprehension[EB/OL]. [2016 - 7 - 6]. http://www. rand. org/pubs/monograph_reports/2005/MR1465. pdf.

Sun, S. J. & G. M. Shreve. 2014. Measuring translation difficulty: An empirical study. *Target*, *26*(1): 98 - 127.

Taboada, M. & W. Mann. 2006. Rhetorical structure theory: Looking back and moving forward. *Discourse Studies*, *2006*(3): 423 - 459.

Taboada, M. & W. Mann. 2006. Applications of rhetorical structure theory. *Discourse Studies*, *2006*(4): 567 - 588.

Taylor, C. 1989. "Primary and secondary orality in teaching interpreting technique." In J. M. Dodds (ed) *Aspects of English*, pp. 93 - 102. Miscellaneous Papers for English Teachers and Specialists, Udine: Campanotto.

Tommola, J. & M. Helevä. 1999. "Language direction and source text complexity: Effects on trainee performance in simultaneous interpreting." In L. Bowker, M. Cronin, D. Kenny, & J. Pearson (eds.) *Unity in Diversity: Current Trends in Translation Studies*, pp. 177 - 186. Manchester: St. Jerome.

Trabasso, T. & P. van den Broek. 1985. Causal thinking and the representation of narrative events. *Journal of Memory and Language* (24): 621 - 630.

Treisman, A. M. 1965. The effects of redundancy and familiarity on translating and repeating back a foreign and a native language. *British Journal of Psychology* (5): 112 - 145.

Vanroy，B.，Clercq，D. O.，& Macken，L. 2019. Correlating process and product data to get an insight into translation difficulty. *Perspectives 27* (6)：924 – 941.

van de Broek. 1990. Causal inferences and the comprehension of narrative Texts. *Psychology of Learning and Motivation* (25)：175 – 196.

van Dijk，T. A. 1980. *Macrostructures：An Interdisciplinary Study of Global Structures in Discourse，Interaction，and Cognition*. New Jersey：Lawrence Erlbaum Associates.

van Dijk，T. A. & W. Kintsch. 1983. *Strategies of Discourse Comprehension*. San Diego：Academic Press.

Voss，F，J.，& G. L. Bisanz. 1985. "Knowledge and processing of narrative and expository texts." In B. Britton & J. Black（eds.）*Understanding Expository Text*，pp. 173 – 198. London：Routledge.

Wason，P. C. & N. P. Johnson-Laird. 1972. *Psychology of Reasoning：Structure and Content*. London：Batsford.

Wilss，W. 1982. *Linguistic Communication Always Appears in Textual Form*. Gunter Narr：Verlag Tubingen.

Wilson，G. F. & F. T. Eggemeter. "Mental workload measurement." In W. Karwowski（ed）. *International Encyclopedia of Ergonomics and Human Factors*，pp. 814 – 817. Boca Raton，FL：Taylor & Francis.

Yan，X.，Pan，J.，& Wang，H. H. 2018. Research on Translator and Interpreter Training：A Collective Volume of Bibliometric Review and Empirical Studies on Learners. Singapore：Springer Nature Singapore Pte.

鲍刚，2011，《口译理论概述》，北京：中国对外翻译出版有限公司。

蔡小红，2003，论口译质量评估的信息单位，《外国语》(5)：75 – 80。

蔡小红，方凡泉，2003，论口译的质量与效果评估，《外语与外语教学》(3)：41 – 48。

柴明颎，2007，口译与口译教学，《中国翻译》，(1)：48 – 50。

陈卫红，2014，论心理认知与口译记忆，《外语教学理论与实践》(1)：85 – 95。

程琪龙，1998，信息流中的语篇连贯，《外国语》(1)：6 – 11。

戴炜华，薛雁，2004，修辞体裁和修辞结构论，《外语教学》(3)：35 – 38。

董敏,2011,科技语篇隐性逻辑语义关系的 RST Tool 分析,《第十四届全国科技翻译研讨会论文汇编》,广州：广东省科学技术协会科技交流部：54-82。

董燕萍,王斌华,2013,口译过程的两阶段解读：以一般语言理解和产出为参,《中国翻译》(1)：19-24。

高彬,徐珺,2012,口译教材与口译人才培养契合之实证研究：基于我国三大出版社的教材统计分析(1999—2011),《外语界》(5)：42-48。

何继红,张德禄,2016,语篇结构的类型、层次及分析模式研究,《外语与外语教学》(1)：74-80。

黄晓佳,2010,汉英交替传译的逻辑关系,《天津外国语学报》(3)：49-54。

黄晓佳,鲍川运,2016,交替传译教学材料难度分级探析：以全国高端应用型翻译人才培养基地建设项目为例,《中国翻译》(1)：58-62。

加洛蒂,2005,《认知心理学》,吴宏国译。西安：陕西师范大学出版社。

康馨尹,2015,英汉交替传译中笔记逻辑结构和口译质量之间关系的实证研究,北京外国语大学硕士学位论文。

勒代雷,2001,《释意学派口笔译理论》,刘和平译。北京：中国对外翻译出版有限公司。

李承,2004,同声传译和交替传译在质量评估标准上的差异,广东外语外贸大学硕士学位论文。

林超伦,2004,《实战口译》,北京：外语教学与研究出版社。

刘桂玲,2005,影响语篇记忆因素研究之评述,《长春师范学院学报》(5)：104-107。

刘和平,2011,翻译能力发展的阶段性及其教学法研究,《中国翻译》(1)：37-45。

刘和平,2005,《口译理论与教学》,北京：中国对外翻译出版有限公司。

刘和平,2011,《口译技巧：思维科学与口译推理教学法》,北京：中国对外翻译出版有限公司。

刘宓庆,2006,《口笔译理论研究》.北京：中国对外翻译出版公司。

刘世铸,张征,2003,修辞结构理论与 RST 工具,外语电化教学(4)：20-23。

刘先飞,2016,MTI 口译课程听辨教学素材难度分级,《广东外语外贸大学学报》(2)：79-84。

刘学华,2007,因果关系和时间表征对情境模型加工的影响,河北师范大学硕士学位论文。

罗少茜,2008,任务型评价中的任务难度因素,《中国外语教育》(1):66-80。

罗少茜,2008,从认知角度看影响语言测试任务难度的因,《基础英语》(6):25-34.

罗淑兰,2005,口译信息传递原则与策略,《国际商务研究》(3):61-64。

孔庆蓓,2008,从修辞结构理论看叙述语篇与描写语篇的区别,《南开语言学刊》,(2):92-104。

欧阳倩华,2015,系统功能视域下的口译意义评估:一项针对学生译员的实证研究,《解放军外国语学院学报》(4):120-128。

潘菽,2002,《教育心理学》,北京:人民教育出版社。

钱敏汝,1988,戴伊克的话语宏观结构论(上),国外语言学(2):87-93。

钱敏汝,1988,戴伊克的话语宏观结构论(下),国外语言学(3):128-131。

塞莱斯科维奇,勒代雷,2001,《口译训练指南》,闫素伟、邵炜译。北京:中国对外翻译出版有限公司。

孙海琴,2012,源语专业信息密度对同声传译"脱离原语外壳"程度的影响:一项基于口译释意理论的实证研究,上海外国语大学博士学位论文。

孙三军,文军,2015,论翻译难度的测量:理论与方法,《外语界》(5):71-78。

孙雪,2015,全国翻译专业资格(水平)考试英语笔译实务汉试题难度研,广东外语外贸大学硕士论文。

唐嘉忆,2011,汉译英口译材料的难度判断,首届海峡两岸外语教学与研究学术研讨会暨福建省外国语文学会论文,福建厦门。

王斌华,2007,"口译能力评估"和"译员能力评估":口译的客观评估模式初探,《外语界》(3):44-50。

王斌华,2011,口译能力的评估模式和测试设计再探:以全国英语口译大赛为例,《外语界》(1):66-71。

王斌华,2012,从口译标准到口译规范:口译评估模式建构的探索,《上海翻译》(3):49-54。

王斌华,2019,《口译理论研究》,北京:外语教学与研究出版社。

王丹,2011,《交替传译》,北京:外语教学与研究出版社。

王柳琪,2008,口译信息重组的认知心理分析,《牡丹江大学学报》(9):93-95.

王树槐,王若维,2008,翻译能力的构成因素和发展层次研究,《外语研究》(5):

80 - 88。

王全智,2001,宏观结构与意义关系,《外语教学》(9)：8 - 12。

王伟,1994,修辞结构理论评介(上),《国外语言学》：8 - 13。

王伟,1995,修辞结构理论评介(下),《国外语言学》：10 - 16。

武光军,2005,交替传译中的语篇结构转换模式。载罗选民主编,《国际译联第四
　　届亚洲翻译家论坛论文集之二》,北京：外文出版社,第 352 页。

吴磊,2008,原语语篇类型对汉英口译任务复杂度的影响,《广西青年干部学报》
　　(5)：85 - 87。

吴子牛,2014,汉英交替传译原语材料难度判断的量化指标,北京外国语大学硕
　　士论文。

熊学亮,1994,从信息质量看语用认知模型,《外国语》(3)：12 - 18。

熊学亮,1996,话语的宏观结构,《外语教学与研究》(1)：19 - 23。

徐海铭,柴明颎,2008,汉英交替传译中译员笔记困难及其原因的实证研究：以
　　国际会议职业受训译员和非职业译员为例,《外语学刊》(1)：122 - 127。

许明,2010,口译认知过程中"de-verbalization"的认知诠释,《中国翻译》(3)：
　　5 - 11。

许明,2014,局部连贯类型对二语语篇理解和重读过程的影响研究,《河北大学学
　　报》(3)：74 - 81。

许明武,邓军涛,2013,口译教学语料的难度甄别：功能语篇分析视角,《中国翻
　　译》(6)：29 - 33。

徐明玉,2016,论翻译中的认知与信息重组,《辽宁教育行政学院学报》(5)：
　　84 - 88。

杨承淑,2010,《口译的信息处理过程研究》。天津：南开大学出版社。

闫嵘,张磊,2015,任务复杂度、任务难度和自我效能感对外语写作的影响,《外语
　　界》(5)：40 - 72。

杨晓红,杨玉芳.2009,汉语语篇语义层级结构边界韵律表现,第十届全国人机语
　　音通讯学术会议暨国际语音语言处理研讨会论文摘要集,北京：清华大学：
　　153 - 157.

姚斌,2018,即兴发言汉英交替传译中的信息重组策略,《中国翻译》(2)：
　　106 - 110。

原颖,2013,RST 工具在环境评价导则中翻译中的应用研究,山西大学硕士

论文。

张发勇,2010,从认知心理学角度看长时记忆和工作记忆在口译工作中的作用,《外语电化教学》(5):74-79。

张乐金,2016,论口译情境与机构译员的话语策略:以2014年总理记者会为例,《语言与翻译》(1):74-80。

张魁,2007,修辞结构理论(RST)评析,《云南财经大学学报》(3):138-139.

章忆晶,2008,工作记忆与交替传译的关系研究,南京师范大学硕士论文。

索　引